Der amerikanische Südwesten

EINE KULINARISCHE REISE DURCH
ARIZONA, COLORADO, NEW MEXICO,
TEXAS UND UTAH

*To Alex – my son,
Enjoy the cooking and
the eating ! The learning too –

Much love, Papa

Aalen 2004*

Im Uhrzeigersinn von links unten: *Wachtelsalat mit gerösteter Kürbiskernen* (Rezept siehe Seite 117); *Entenbrust mit Wacholderbeeren und Rotweinsauce* (Rezept siehe Seite 120); *Gebratene gefüllte Wachteln* (Rezept siehe Seite 102)

Der amerikanische Südwesten

EINE KULINARISCHE REISE DURCH
ARIZONA, COLORADO, NEW MEXICO,
TEXAS UND UTAH

Mit mehr als 200 Originalrezepten
Rezepte von Barbara Pool Fenzl
Texte von Norman Kolpas
Foodfotos von E. J. Armstrong

> — ESSENTIALS —
> 1 EL / ESSLÖFFEL = TABLE SPOON
> 1 TL / TEELÖFFEL = TEA SPOON
> 1 MS / MESSERSPITZE = KNIFE-TIP/POINT
> Je = each
> g = gram A DICTIONARY WILL DO FOR THE REST!
> cl = centilitre (cent = 100) 1/100 of a litre
> ml = millilitre (1/1000 of 1L)

Christian Verlag

Aus dem Englischen übersetzt von
Wolfgang Glaser
Redaktion: Inken Kloppenburg Verlags-Service, München
Korrektur: Eva Klunker
Umschlaggestaltung: Ludwig Kaiser
Herstellung: Dieter Lidl
Satz: Fotosatz Völkl, Puchheim

Copyright © 1996 der deutschsprachigen Ausgabe
by Christian Verlag, München

Copyright © 1994 der Originalausgabe
SOUTHWEST THE BEAUTIFUL COOKBOOK
by Weldon Owen Inc., San Francisco

Rezepte: Barbara Pool Fenzl
Text: Norman Kolpas
Foodfotos: E. Jane Armstrong und Greg DeBoer
Foodstylisten: Diana Isaiou, Patty Wittmann, Phyllis Bogard

Produced by Weldon Owen Inc.
President: John Owen
Publisher: Jane Fraser
Production: Stephanie Sherman, Mick Bagnato, James Obata
Design: Tom Morgan, Blue Design und John Bull,
The Book Design Company
Karten: Kenn Backhaus
Illustrationen: Diana Reiss-Koncar

Produktion: Mandarin Offset, Hong Kong
Printed in China

Alle deutschsprachigen Rechte vorbehalten

ISBN 3-88472-288-3

Vorsatzblatt: Mehr als 300 Felszeichnungen schmücken das Newspaper Rock State Historical Monument im Südosten von Utah. Experten nehmen an, daß sie über einen Zeitraum von 3000 Jahren von prähistorischen Ureinwohnern, den Stämmen der »Korbflechter«, den Anasazi, Fremont, Ute, Navajo und sogar von weißen Siedlern in den Stein gegraben wurden.

Seiten 2–3: Wind und Regen haben den weichen Schlammstein um den härteren Fels herum abgetragen und so die hoch aufragenden Kuppen und steilen Gipfel des Monument Valley von Arizona geschaffen.

Rechts: Während des traditionellen Indianer-Festivals von New Mexico führen die Acoma Inter-Cultural Dancers mit Hingabe den uralten »Tanz des weißen Büffels« in den Ruinen von Gran Quivera auf.

Seiten 8–9: Von links im Uhrzeigersinn: Schwarze Bohnen und Fladen aus schwarzen Bohnen (Rezepte siehe Seite 162); Habanero-Pilaw (Rezept siehe Seite 169) und Maiskolben (Rezept siehe Seite 177)

Seiten 12–13: Die Havasu-Wasserfälle in der Westregion des Grand Canyon bilden eine bezaubernde Oase, die vergessen läßt, daß sie von einer Wüstenlandschaft umgeben ist.

Das von oben hereinfallende Licht modelliert die Sandsteinwände des Antilope Canyon in der Nähe von Page, Arizona, zu wallenden Formen.

Inhalt

Einführung 15

Die Wüsten des Südwestens 26

Vorspeisen und Salate 34

Zentrales Hochland 56

Suppen, Eintöpfe und Chilis 62

Das Colorado-Plateau 82

Fleisch, Geflügel, Wild, Fisch und Eierspeisen 92

Das Rio-Grande-Becken 122

Tortillas, Brot und Pasta 128

Das Rio-Grande-Tal 148

Gemüse, Reis und Bohnen 158

Der Llano Estacado 178

Salsas, Saucen und Beilagen 184

Die Grenzregionen 202

Desserts und Getränke 210

Glossar 234

Bezugsquellennachweis 237

Erläuterungen zu den Vignetten 238

Register 239

Cholla-Kakteen im Organ-Pipe-Nationalpark von Arizona.

EINFÜHRUNG

Viele von uns möchten der heutigen Zeit mit ihrem Streß, ihrer hektischen Eile und ihren ausufernden Städten entfliehen und ein einfacheres Leben im Einklang mit der Natur führen. Kein Wunder also, daß der amerikanische Südwesten mit seinen faszinierenden Naturwundern ständig an Anziehungskraft gewinnt.

Nirgendwo sonst bietet die Erde dramatischere Landschaften und Erlebnisse. Im Nordwesten von Arizona hat sich der Colorado River tief in die Schluchten des Grand Canyon eingegraben. Ein Anblick, der einem den Atem nimmt und selbst dem abgebrühtesten Touristen die Sprache verschlägt. Im Norden und Osten umfaßt das Colorado-Plateau nicht nur den Grand Canyon, sondern auch die megalithischen Felsformationen des Bryce Canyon, des Arches Nationalparks und des Monument Valley sowie die senkrecht abfallenden Hänge der Mesa Verde und des Canyon de Chelly.

Zweihundert Meilen südwärts erstreckt sich die Sonora-Wüste mit ihrer kargen Schönheit. Aus ihrer unfruchtbaren Weite ragen zerklüftete Gipfel auf und Saguaro-Kakteen, deren schöne Formen fast an menschliche Wesen erinnern. Durch New Mexico läuft als trennendes Band der südliche Ausläufer der Rocky Mountains. Hier fällt der Rio Grande aus den Hochtälern hinab in die Tiefebenen mit ihren fruchtbaren Böden. Die östlichen Grenzregionen des Südwestens werden von den Great Plains gebildet, weiten Ebenen, die sich durch New Mexico und den nordwestlichen Teil von Texas, dem sogenannten Panhandle (Pfannenstiel), erstrecken und an den steil abfallenden Klippen des Llano Estacado enden. Die südliche Grenze zwischen Texas und Mexiko wird vom Rio Grande, dem »Großen Fluß«, gebildet.

Der Zauber, der heute vom Süden ausgeht, hat nicht zuletzt mit der charakteristischen Küche dieser Region zu tun. Die Küche des Südwestens fängt wie ein Mikrokosmos den Reiz dieser unendlichen Landschaft ein: Mais-Tortillas und gekochte Pinto-Bohnen, robust und erdverbunden wie die Wüste; frische und getrocknete Chillies, brennend wie die Sonne über den Köpfen; Pinienkerne, Früchte der wilden Pinien, deren Holz mit jenem typischen aromatischen Rauch verbrennt, der überall in New Mexico in der Luft zu liegen scheint; Fleisch und Wild, das über den glimmenden Scheiten des Mesquite-Baumes, dessen knorrige Silhouette allgegenwärtig ist, gegrillt wird. Die Farbpalette der Lebensmittel – das dunkle Gelb oder das Schieferblau des Mais, das Purpurbraun und Schwarz der Bohnen, das Hellgrün frischer oder das Ziegelrot getrockneter Chilischoten – stammt aus der gleichen Natur, die der Region ihre charakteristische Prägung gibt.

Die heutige Küche des Südwestens verdankt ihre Entstehung einer Mischung von Kulturvölkern, die in dieser Gegend beheimatet waren, angefangen von prähistorischen Stämmen bis hin zu den heute noch hier lebenden Indianervölkern, von den ersten spanischen Eroberern bis zu den späteren mexikanischen Siedlern, von den englischsprechenden Pionieren bis hin zu den heutigen Zeitgenossen, die ihren modernen Garten Eden in den Wüsten und Bergen gefunden

Linke Seite: Der Grand Canyon in Arizona ist eines der größten Naturwunder der Welt. In ihm läßt sich die Entstehungsgeschichte der Erde wie in einer Chronologie ablesen: Einige seiner Felsschichten sind schon vor zwei Milliarden Jahren entstanden.

EINFÜHRUNG

haben. Dies alles hat zu einer Vielfalt von Gerichten geführt, die weit über die stereotypen *tacos, enchiladas, burritos, guacamoles* und Reis mit Bohnen hinausgehen.

Die ersten Menschen, die sich vor Tausenden von Jahren im Südwesten niederließen, waren wahrscheinlich aus Asien über die damals noch existierende Landbrücke an der nordpazifischen Beringstraße eingewandert. Sie lebten zunächst von der Jagd oder sammelten Wildpflanzen. Die geographische Vielfalt der Region – Wüste und Berge, Tiefebene und Buschland – bot reichlich Nahrung. Hirsche und Elche durchstreiften das Hochland, die Bergbäche waren reich an Forellen, in den Ebenen grasten riesige Bisonherden. Allgegenwärtige Jagdbeute und Fleischlieferanten waren auch Eselhasen *(jackrabbits)*, Waldkaninchen *(cottontails)*, Wildputer und die schweineähnlichen Pekaris. Auch der Boden gab Nahrungsmittel in Hülle und Fülle. Die im Südwesten ansässigen Stämme lernten, sich von Früchten, Bohnen, Samen und Nüssen zu ernähren und ergänzten ihren Speiseplan entsprechend mit Wildpflanzen und deren Früchten wie Agave, Feigenkaktus, Saguaro und Yucca, Mesquiteschoten und Pinienkernen, Bucheckern und Sonnenblumenkernen.

Schon bald entdeckten sie, daß selbstgezogene Pflanzen eine beständigere und zuverlässigere Nahrungsquelle darstellten, und entwickelten Techniken zum Säen, Bewässern und Ernten der Felder, die sie vor allem ihren drei Hauptnahrungsmitteln – Mais, Kürbis und Bohnen – anpaßten.

Das seßhafte Leben, das durch den Ackerbau bedingt wurde, führte dazu, daß sich im Südwesten drei große, zum Teil überschneidende Kulturkreise entwickelten. Im südlichen und mittleren Arizona, in der Sonora-Wüste und im Mogollon-Randgebirge bauten die Hohokam ihre Dörfer mit einem hochkomplizierten Netz von Bewässerungskanälen. Der Stamm der Mogollon, dessen Siedlungsgebiet vom

Ein Hochzeitskorb der Navajos. Die schneckenförmige Korbmitte symbolisiert den Beginn des Lebens und seinen Fortgang.

EINFÜHRUNG

Südwesten New Mexicos über das Zentralland von Arizona bis hin nach Nord-Mexiko reichte, baute Dörfer, deren Häuser aus mehreren Räumen bestanden, und hob zusätzlich Gräben aus, um seine Felder besser bewässern zu können.

Die größte Geschicklichkeit als Baumeister legten jedoch die Anasazi an den Tag, die sich auf dem Colorado-Plateau und dem Gebiet der heutigen *Four Corners,* wo die Grenzen von Arizona, New Mexico, Colorado und Utah im rechten Winkel aufeinandertreffen, niedergelassen hatten. In den archäologischen Stätten von Mesa Verde, Canyon de Chelly, Chaco Canyon und Bandelier lassen sich ihre architektonischen Wunder, in die Felsen gehauene Behausungen sowie ein überwältigender Reichtum an Höhlenmalerei, Felszeichnung und anderen Kunstwerken bestaunen, die einen tiefen Einblick in den Alltag ihrer Schöpfer ermöglichen.

Gegen Ende des 15. Jahrhunderts hatten sich diese Indianervölker in mehr als zwei Dutzend verschiedene, manchmal miteinander verwandte Stämme aufgespalten, denen der Südwesten noch heute seine Vielfalt an Indianerkulturen verdankt. Am bekanntesten sind die Stämme der Hopi, der Zuni, der Pima und der Papago. Zu jener Zeit wurde die Kulturvielfalt der Gegend durch den Zuzug der Athapasken aus dem Norden bereichert, die sich später in die Stämme der Navajo und Apachen aufspalteten.

Mit diesen Stämmen machte der spanische Botschafter Francisco Vasquez de Coronado Bekanntschaft, als er mit seinen Soldaten zwischen 1540 und 1542 das Gebiet auf der Suche nach den sagenhaften sieben goldenen Stätten von Cíbola durchstreifte. Die Spanier waren die ersten Europäer, die ihren Fuß auf den Boden des heutigen amerikanischen Südwestens setzten. Nachdem sie kein Glück bei der Schatzsuche hatten, vermachten sie das Gebiet von Nuevo México

Mexikanische Bräuche aus der Alten Welt leben auch im Südwesten weiter: Mariachis spielen in traditionellen Kostümen auf.

Linke Seite: Die Mission San Geronimo am Eingang des Pueblo Taos erinnert an die ersten Missionare, die hierherkamen, um die Ureinwohner des Südwestens zum christlichen Glauben zu bekehren.

Eine gigantische Silhouette voller bizarrer Gegensätze: Sturmwolken, die sich über dem Saguaro Nationalpark in Arizona zusammenballen, und Kakteen, die das Licht des Sonnenuntergangs zu Monumenten verzaubert.

EINFÜHRUNG

mit seinem Reichtum an zu bekehrenden Seelen den Franziskanermönchen, die hier Missionsstationen bauten. Den Missionaren folgte 1598 Don Juan de Oñate, der die erste bleibende spanische Siedlung auf diesem Gebiet in der Nähe des heutigen Española in New Mexico gründete.

Dies war der Beginn eines dynamischen Austausches zwischen verschiedenartigen kulinarischen Kulturen. Spanische und mexikanische Missionare brachten Rinder- und Schafherden in die Region sowie Pferde, die die harte Arbeit der Viehzüchter erleichtern sollten; so hielten Rind- und Lammfleisch, Milch und Käse Einzug in die Regionalküche. Die Missionare führten auch den Anbau von Weizen ein, da sie das feinere Weizenbrot dem aus grobem Maismehl gebackenen Indianerbrot vorzogen. Sie pflanzten Obstgärten an, in denen sie vor allem Pfirsiche und Aprikosen züchteten. Auch die ersten Weinberge, Vorläufer der exzellenten, aber noch wenig bekannten Lagen in vielen Gegenden des Südwestens, wurden von den Missionaren angelegt.

Das wichtigste Mitbringsel der Missionare aber war die Chilischote. Zwar war sie im Südwesten vorher nicht unbekannt – sie wuchs wild in der Sonora-Wüste, in den Ebenen von Südwest-Texas und an all den Orten, wohin Vögel die Samen der winzigen, beerenähnlichen Frucht des *chiltepín*-Chilis verschleppt hatten. Viele der Indianerstämme der Region machten von dem scharfen Gewürz in ihren Küchen Gebrauch, doch wurden die unterschiedlichen Zuchtformen der Chilischote aus dem südlich gelegenen Mexiko eingeführt, zusammen mit den heute im Süden als einheimisch geltenden Gemüsen wie Tomate und Avocado.

Die Unabhängigkeit Mexikos von Spanien führte dazu, daß sich der Südwesten in den zwanziger Jahren des 19. Jahrhunderts dem Handel mit den USA öffnen konnte. Im Laufe der Jahre und besonders nach dem Anschluß des Südwestens an die USA als Folge des mexikanisch-amerikanischen Krieges von 1848 kamen immer mehr Siedler ins Land, die kein Spanisch sprachen. Viele von ihnen kamen über den berühmten Santa Fe Trail, einer Landroute, die von Kansas bis zur Hauptstadt New Mexicos führte. Auch im Südwesten zeigte sich nun die Vielfalt der Einwandererkulturen, die sich mit der bodenständigen Kultur dieses Landstriches verband. Es entstand die typische Mischung, die die Küche des Südwestens noch heute prägt: der Cowboy-Koch, der sein Beefsteak auf seinem *chuck wagon* – einer fahrbaren Küche – am Abend im Llano Estacado grillt; der deutschstämmige Wurstmacher mit

Unten: *Anthropologen vermuten, daß die Navajos im 16. Jahrhundert von den Great Plains in den Südwesten einwanderten.*

Rechte Seite: *Im Organ Pipe Nationalpark von Arizona finden auf einer Fläche von 500 Quadratmeilen seltene Pflanzen und Tiere Schutz.*

seiner Metzgerei im texanischen Hügelland; die mexikanisch-amerikanische *abuelita* (Großmütterchen), die ihren feurig-scharfen Chili-Eintopf in San Antonio rührt.

Nichtsdestoweniger blieb der Südwesten ein dünn besiedeltes Gebiet, das als unwirtlich öde, heiß und trocken verrufen war. Paradoxerweise waren es gerade diese Eigenschaften, die im 20. Jahrhundert eine wahre Siedlungswut unter Künstlern und Schriftstellern auslöste. Die bekanntesten Neuankömmlinge waren D. H. Lawrence und Georgia O'Keeffe, die sich von der hinreißenden Schönheit der Landschaft inspirieren ließen. Der Architekt Frank Lloyd Wright schuf hier in Scottsdale, Arizona, Taliesin West, sein Winterquartier, »ein Haus in der Wüste … erhaben einfach in seinen Strukturen, so wie die Gegend selbst modelliert ist.« Sammler wie die Esso-Erbin Millicent Rogers und Dwight Heard, ein Geschäftsmann, der seinen Wohnsitz von Chicago nach Arizona verlegte, waren von der Volkskunst des Südwestens so begeistert, daß sie dafür Museen – in Taos und Phoenix – errichteten, die heute ihre Namen tragen.

Auch das US-Militär wurde vom Südwesten angezogen: Die Gegend um Los Alamos war ein idealer Platz, um im geheimen während des Zweiten Weltkriegs die Atombombe zu entwickeln; das dafür benötigte Uran fand sich reichlich in den Bergwerken des *Four Corners*-Gebiets. Heute lassen sich vor allem sonnenhungrige Pensionäre, Genesende, die ein trockenes, allergiefreies Klima benötigen, und rastlose Seelen auf der Suche nach höheren spirituellen Wahrheiten auf Dauer in der überwältigenden Landschaft des Südwestens nieder.

Mit den Zuwanderern haben sich auch die Eßgewohnheiten langsam, aber doch merklich geändert. Wer heute den Südwesten besucht, kann auf vielfältige Art und Weise speisen. Das kulinarische Hauptangebot besteht aus *tamales* und *enchiladas, posole* und *chimichangas*. In Texas steht natürlich die Kunst des *barbecue* an erster Stelle, gefolgt von *chili con*

Die zarten Blüten dieses Kaktus verraten nichts von dem harten Kampf, den die Pflanze führen muß, um sich unter den widrigen Bedingungen der Wüste zu behaupten.

Linke Seite: *Der Reichtum an Mineralien lockte im 19. Jahrhundert viele Bergleute in die San Juan Mountains von Colorado.*

Die 1871 gegründete Bergwerkssiedlung Silverton in Colorado mit ihren Spielhöllen, Saloons und Bordellen bietet ein authentisches Bild des Wilden Westens.

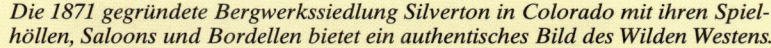

Oben: *Mehr als zwei Millionen Menschen besuchen jährlich den Grand Canyon. Hier machen sich Touristen bereit, ihre Maultiere für einen Tagesausflug durch den Canyon aufzusatteln.*

Rechte Seite: *Die Mandelbäume im Vordergrund mit ihrem zarten Blütenschleier vor der steinernen Kulisse unterstreichen die karge Schönheit der Wüstenlandschaft von Arizonas Painted Desert.*

carne. Doch im Prinzip findet jeder Gaumen seine Freuden: Es gibt chinesische, japanische und thailändische Restaurants, rustikale italienische Küche und französische Nouvelle cuisine, fettriefendes amerikanisches Junk-food und *New-Age-vegan*-Kost.

Es kam fast zwangsläufig, daß sich aus dieser kosmopolitischen Umgebung heraus eine neue regionale Küche entwickeln mußte. Man taufte sie auf den Namen »neue« oder »moderne Südwest-Küche«, wobei der letztere Terminus wahrscheinlich von dem aus Santa Fe stammenden Chefkoch John Sedlar geprägt wurde, der als erster Mitte der achtziger Jahre im ehemaligen Restaurant »Saint Estèphe« in Manhattan Beach, Kalifornien, eine höchst gelungene Mischung aus Südwest-Küche und französischer Nouvelle cuisine kreierte. Schon bald glänzte am kulinarischen Firmament des Südwestens eine ganze Galaxie von Starköchen, darunter Vincent Guerithault in Phoenix, Janos Wilder in Tucson, Mark Miller in Santa Fe, Robert Del Grande in Houston und Dean Fearing in Dallas. Ihre hochgelobten Küchenkreationen tragen die gleichen Merkmale, die man überall auf der Welt in der zeitgenössischen Küche findet: absolut frische Zutaten aus allen möglichen Küchen der Welt, schnell und einfach zubereitet, damit ihre natürliche Qualität nicht leidet, und auf dem Teller wie ein Kunstwerk präsentiert.

Fügt man dem Ganzen noch die traditionellen Zutaten und das Küchenvokabular des Südwestens hinzu, so entstehen daraus so verblüffende Kreationen wie ein Auflauf aus blauem Maismehl, Pinto-Bohnen-Pürees, Hummer-*tacos* und *chiles rellenos* mit Schokolade. Kein Wunder, daß sich Gourmets in Scharen einfinden, nicht nur, um die Südwest-Küche in ihrer modernen Form zu erleben, sondern auch, um ihren authentischen Wurzeln nachzuspüren.

Auch dieses Buch ist diesem Zweck gewidmet. Es muß sich leider auf eine Auswahl beschränken – um die gesamte Küche des Südwestens zu beschreiben, bräuchte man einige Bände –, gibt aber einen umfassenden Überblick über die Schönheiten der Landschaften des Südwestens, über die Menschen, die dort leben, und über das, was sie essen. Die vorliegende Sammlung von über 200 Rezepten ist nach den verschiedenen Gängen einer Mahlzeit und nach Zutaten gegliedert und präsentiert sowohl überlieferte Zubereitungen als auch zeitgenössische Schöpfungen aus allen im Südwesten beheimateten Küchen unterschiedlichster Herkunft. Die kurzen Einleitungen zu den einzelnen Kapiteln helfen, die Rezepte in ihrem historischen, regionalen und kulturellen Kontext zu sehen.

Vor allem aber ist es die Absicht dieses Buches, dem Leser ein Gefühl der lebhaften Schönheit der Landschaft und der Küche des Südwestens nahezubringen.

EINFÜHRUNG

Die Wüsten des Südwestens

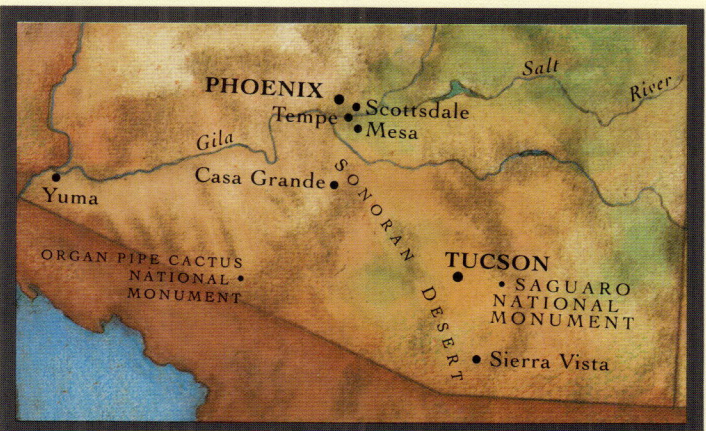

Die Wüsten des Südwestens

Von der südwestlichen Ecke New Mexicos quer durch Süd-Arizona und in einem nordwärts gewandten Bogen hin zur Nordwestecke von Arizona erstrecken sich in einem breiten Streifen die Wüstenzonen des amerikanischen Südwestens. Sie bieten einen Anblick atemberaubender Verlassenheit: trockene, mit wenig Strauchwerk bewachsene Ebenen, aus denen zerklüftete Berggipfel jäh aufragen. Erst in den letzten Jahrhunderten gelang es den Menschen, sich hier zum Herrn über die Natur aufzuschwingen und zwei der größten Städte der Region – Phoenix und Tucson – aufzubauen und um diese Ansiedlungen herum die Wüsten in einen blühenden Obstgarten zu verwandeln.

So kahl und öde die Wüsten auch scheinen mögen: sie waren immer voller Leben. Vor etwa 8000 Jahren kamen erstmals Jäger und Sammler in die Gegend der heutigen ausgedehnten Sonora-Wüste, die das südöstliche Drittel von Arizona bedeckt und im Westen nach Kalifornien, im Süden in die mexikanischen Staaten Sonora und Baja California hineinreicht. In den Tälern des Salt und des Gila River, wo heute die Städte Phoenix und Tucson liegen, entwickelte sich unter den ersten Siedlern eine Kultur, die heute unter dem Begriff »Hohokam« – was in der Sprache der Pima-Indianer soviel wie »Vorfahren« oder auch drastischer »verbrauchte Leute« bedeutet – bekannt ist. Die frühen Bewohner dieser Gegend lebten in kleinen Dörfern, in strohgedeckten Lehmhäusern.

Von ihrer Tätigkeit als Jäger und Sammler konnten die Hohokam nicht üppig, aber dennoch ausreichend gut leben. Wilde Hirsche und Kaninchen lieferten tierisches Eiweiß; die

Vorhergehende Seiten: Die Hänge der Tucson Mountains in Arizona sind ein typisches Bild für die Wüsten im Südwesten und für deren Landschaft überhaupt.
Links: Phoenix wurde 1870 gegründet und nach dem mythologischen Vogel benannt, um die Entstehung der Stadt aus den Ruinen der prähistorischen Hohokam-Zivilisation zu symbolisieren.

DIE WÜSTEN DES SÜDWESTENS

eiergroßen Früchte der Saguaro-Kakteen, die heute noch in großer Zahl im Saguaro-Nationalpark westlich von Tucson zu finden sind, enthielten ein süßes Fruchtfleisch, das wie eine Mischung aus Wassermelone und frischen Feigen schmeckte. Aus den harten Samen des Mesquite-Baumes kochte man eine Brühe oder zerrieb sie zu einem groben, aromatischen Mehl.

Schon einige Jahrhunderte v. Chr. begannen die Hohokam damit, Kanalsysteme zur Bewässerung anzulegen, wie zum Beispiel in Snaketown am Nordufer des Gila River. Sie schufen so eine erste primitive Form der Landwirtschaft, die es ihnen aber immerhin ermöglichte, zweimal im Jahr Mais, Kürbisse und Bohnen zu ernten. Archäologen, die die Skelette untersuchten, die man in Hohokam-Siedlungen gefunden hatte, stellten fest, daß vor allem Mais eine wichtige Rolle in der Ernährung der Hohokam gespielt haben muß. Ihre Zähne wurden im Laufe der Zeit durch den Steinstaub, der beim Mahlen der Maiskörner entstand, stark abgeschliffen, und die Handknochen der Frauen waren – bedingt durch das tägliche Drehen der schweren Steinmühlen – kräftig und gut entwickelt.

Um 1450 n. Chr. verliert sich die Spur der Hohokam im Dunkel der Geschichte, und die Stämme der Pima und Papago nehmen ihren Platz ein. Auch sie bauen Mais, Kürbis und Bohnen an. In regenreichen Jahren oder auf den immer feuchten Ufergebieten verzichten sie auf eine zusätzliche Bewässerung ihrer Felder, doch wo es nötig war, leiteten sie das Flußwasser durch Kanäle oder primitive Dämme auf ihr Ackerland um.

Die Papago und Pima würzten ihr Essen schon mit *chiltepíns,* kleinen, wildwachsenden Chillies, die heute noch im Mikroklima des Grenzlandes zwischen den Bergregionen und den Ebenen gedeihen. Für einige Stämme waren diese Chillies sogar so wichtig, daß sich zum Beispiel die Papago jedes Jahr auf die lange und beschwerliche Reise in die mexikanische Sierra Madre aufmachten, um dort die besten und im Überfluß vorhandenen Chilischoten zu sammeln.

Mit der Ankunft der spanischen Missionare wurde die Ernährung abwechslungsreicher. Der Jesuitenpater Eusebio Kino, der von 1683 bis zu seinem Tode 1711 in der Region lebte und viele Kirchen und Missionsstationen gründete (darunter die großartige Mission von San Xavier del Bac in Tucson), vermerkt in seinem Tagebuch, daß er an die Eingeborenen »Weizen, Kichererbsen, Lupinen, Linsen, Bohnen, Kohl, Salat, Zwiebeln, Lauch, Knoblauch, Anis, Pfeffer, Senf, Minze, Melonen, Wassermelonen und Zuckerrohr, Weinreben, Rosen und Lilien, Pflaumen, Granatäpfel und Feigen« verteilt habe. Der in der Liste als erster aufgeführte Weizen überflügelt im Laufe der Zeit den Mais in seiner Beliebtheit, und heute ißt man in diesem Teil Arizonas mehr Weizenmehl- als Mais-Tortillas.

Die spanischen Missionare hatten auch Hühner, Schafe, Schweine, Ziegen und Rinder mitgebracht, und die im Südwesten ansässigen Indianerstämme fanden bald Gefallen an dem zusätzlichen Angebot von tierischem Eiweiß, auch Molkereiprodukten wie Käse, den sie gern in ihren täglichen Speiseplan aufnahmen und der sich heutzutage immer noch großer Beliebtheit erfreut.

Im Gegenzug machten die Indianer die Missionare mit einigen ihrer lokalen Zutaten bekannt – manchmal mit unerwarteten Ergebnissen. »Ich konnte kein Wort sagen und glaubte, ich hätte alle Höllenfeuer in meinem Mund«, schrieb Pater Ignatz Pfeffercorn 1794, nachdem er das erste Mal eine *chiltepín*-Schote gekostet hatte.

Chiltepín-Chillies und auch mildere Chili-Varietäten werden für eine Zubereitungsart verwendet, die zu einem Erkennungszeichen von Tucson geworden ist und in der sich spanische und indianische Kochtraditionen verwoben haben. Die trockene Luft und der nie endenwollende Sonnenschein über der Sonora-Wüste boten schon immer gute Voraus-

Linke Seite: *Die farbige Blumenpracht der Naturgärten des Südwestens überrascht den Betrachter und erinnert ihn daran, daß die scheinbar tote Wüste voller Leben steckt.*

Unten: *In den Annalen des Wilden Westens ist Tombstone, Arizona, zu schaurigem Ruhm gelangt: Der O.K. Corral war Schauplatz der blutigen Schießerei zwischen den Earp-Brüdern und der Ike-Clanton-Bande.*

Oben: *Die Stuckmauern der barocken Missionskirche San Xavier in Tucson, Arizona, die im späten 18. Jahrhundert erbaut wurde, erstrahlen in makellos weißem Glanz.*

Rechte Seite: *Den majestätischen Saguaro-Kaktus gibt es nur in der Sonora-Wüste. Er braucht 25 Jahre, um 60 Zentimeter an Höhe zuzulegen, wird dafür aber bis zu 200 Jahre alt.*

setzungen, um Wildfleisch zu konservieren: Man schnitt es in dünne Streifen, würzte es und hing es im Freien auf, wo es trocknete und schrumpfte. Wendet man diese Technik auf Rindfleisch an, erhält man *carne seca* – wörtlich »trockenes Fleisch« –, welches überall in den unzähligen Restaurants in Hörweite der Glocken von San Xavier del Bac mit Zwiebeln, Knoblauch, Chillies und Tomaten gebraten wird und eine würzige Füllung für *burritos, tacos, enchiladas* oder ausgebackene gefüllte Tortillas, *chimichangas* genannt, abgibt. In der Umgebung von Tucson erzielt man einen ähnlichen geschmacklichen Effekt, indem man ein frisches Stück zähes Rindfleisch mit den gleichen Zutaten langsam weich schmort. Das so entstandene Gericht nennt sich *machaca*.

Im 19. Jahrhundert brachten Siedler unterschiedlichster Herkunft ihre Nationalküchen ins Gebiet der Sonora-Wüste mit: *cobblers,* Speisen unter einer Teigdecke, die im *Dutch oven,* einem schweren Metalltopf, gebacken wurden; Sauerteig, den die Pioniere und Cowboys auf dem *chuck wagon* zubereiteten; lebendfrische Austern, die von der Ostküste bis hierher auf Eisblöcken transportiert und während der Reise mit Maismehl gefüttert wurden. Den nachhaltigsten neuen Impuls löste jedoch 1868 der in der Grenzregion seßhafte Frank Swilling mit seiner Swilling Irrigation Canal Company aus, als die Firma begann, die seit Jahrhunderten nicht mehr benutzten Bewässerungskanäle der Hohokam in Salt River Valley wieder instandzusetzen. Wie der mythologische Vogel gleichen Namens, der sich neugeboren aus der Asche seines Scheiterhaufens erhob, entstand die Stadt Phoenix. Schon im Jahre 1870 gab es knapp 14 000 Hektar fruchtbares Land um die Stadt herum, und in den folgenden Jahren rang man der Wüste Obstplantagen ab, auf denen Zitrusfrüchte, Pekannüsse und Datteln gediehen. Schon bald machten sich Immobilienfirmen daran, aus der herrlichen Lage der von Bergen umgebenen Landschaft und ihrem immer blauen Himmel Kapital zu schlagen. Sie tauften sie in Valley of the Sun um und bauten Wohnungen, Ferienhäuser und Pensionistenkolonien, so daß Phoenix und die benachbarte Künstlergemeinde Scottsdale heute zu den am dichtesten besiedelten Regionen des Südwestens gehören.

Mit zunehmender Bevölkerungsdichte wurde auch das Angebot in den Restaurants weltläufiger. In Phoenix kann man Cowboy-Steaks ebenso genießen wie mexikanische Gerichte auf Sonora-Art oder auch provenzalische oder chinesische Hunan-Küche, frisch gepreßten Orangensaft aus Arizona wie frisch eingeflogene Fische vom Pazifik, dem Golf von Mexiko oder vom Atlantik. Die lokalen Meisterköche sind immer auf der Suche nach kreativen Möglichkeiten, um althergebrachte Zutaten und Gerichte zu neuen kulinarischen Schöpfungen weiterzuentwickeln.

Dieser Pioniergeist, kombiniert mit dem Trend zur Verfeinerung der traditionellen Küche, ist auch in vielen Restaurants Tucsons zu finden. Dennoch gibt es in beiden Städten bei den Einheimischen eine starke, fast missionarische Neigung, die traditionellen Gerichte mit Klauen und Zähnen zu verteidigen. Das in Tucson jährlich abgehaltene Festival »Tucson Meet Yourself« wird derart vom Essen und Trinken dominiert, daß es in »Tucson Eat Yourself« umbenannt wurde. Eine Wochenzeitung richtete sogar eine »tamale hotline« ein und forderte ihre Leser auf, die besten Quellen für diese Spezialität zu benennen. Wer nach Phoenix oder Tucson heimkehrt oder den Städten einen Besuch abstattet, wird unweigerlich als erstes bei seinem bevorzugten *taco-* oder *enchilada-*Lieferanten einkehren. Unter den Eingeweihten von Phoenix und Scottsdale kursieren Telefonnummern von Privatleuten, die angeblich die besten *tamales* in der Stadt zubereiten. Bei einigen Bewohnern des Südwestens nehmen diese Verhaltensweisen schon den Charakter einer milden Sucht an. Auch der Neuankömmling, der die Küche der Wüstenregionen des Südens zum ersten Mal kostet, schwebt durchaus in der Gefahr, dieser Abhängigkeit anheimzufallen.

DIE WÜSTEN DES SÜDWESTENS

Vorspeisen und Salate

Erst dann, wenn es in der Lage war, piki, *ein papierdünnes Maisbrot für festliche Anlässe, zu backen, durfte ein Hopi-Mädchen heiraten.*

VORSPEISEN UND SALATE

Zu den vielen Gebräuchen, die die spanischen Siedler in die Neue Welt mitbrachten, gehörte es auch, als Zeichen der Gastfreundschaft und als angenehmen Auftakt zu einer Mahlzeit Vorspeisen zu servieren. Heute ist es im Südwesten fast unmöglich, Imbissen und Knabberzeug aus dem Weg zu gehen, egal ob man eine Bar in El Paso, ein schickes Restaurant in Santa Fe oder eine Hopi-Behausung in einem Pueblo in Nordost-Arizona betritt.

Viele dieser Appetithappen sind eigentlich Abwandlungen der traditionellen mexikanischen *antojitos,* Gerichte der Straßenküche. Die mehr oder weniger raffinierten Variationen nördlich der amerikanisch-mexikanischen Grenze basieren auf dem traditionellen amerikanischen Einfallsreichtum wie auch auf den geographischen und geschichtlichen Einflüssen. Zum Beispiel die zahllosen Snacks, deren Grundlage Tortillas sind. In Mexiko beschreibt man mit dem Wort *quesadilla* normalerweise eine kleine, handgeformte Tortilla aus frischem Maismehl, die man um eine Käsefüllung, angereichert mit anderen Zutaten, faltet und sie dann in heißem Schmalz oder Öl ausbackt. Die *quesadilla* des Südwestens hingegen besteht aus einer großen Weizenmehl-Tortilla (eine Anpassung an den Geschmack bestimmter Europäer, die es gewohnt waren, Hefebrot zu essen), die mit Käse gefüllt und auf einem Backblech oder auf dem Grill gebräunt wird. Nur wenige traditionsbewußte mexikanische Köche würden Füllungen verwenden, wie sie in den USA heutzutage gang und gäbe sind, zum Beispiel Ziegenkäse, Chutney, Räucherlachs, gegrilltes Hühnerfleisch und tropische Früchte.

Vorhergehende Seiten, von links nach rechts: *»Sonnenblumen«-Artischocke* (Rezept siehe Seite 43), *»Teufels-Eier«* (Rezept siehe Seite 46), *Marinierte Garnelen* (Rezept siehe Seite 40)

Die bekannteste Abwandlung eines mexikanischen Snacks, die man im Südwesten findet, sind zweifellos *nachos.* Überall in Mexiko ist es üblich, Mais-Tortillas in dreieckige Stücke zu schneiden und sie dann zu knusprigen *totopos* auszubacken, die in den Vereinigten Staaten eher unter dem Namen *tostaditas* oder Tortilla-Chips bekannt sind. Sie dienen als eßbarer Löffelersatz für *salsas, guacamole* oder *chiles con queso,* einem Dip aus geschmolzenem Käse und Chillies. Als Ausgangspunkt der Idee, geschmolzenen Käse über die Chips zu geben und sie mit eingelegten *jalapeño*-Chilischoten zu garnieren, gilt nach zuverlässigen Quellen der während des Zweiten Weltkrieges vielbesuchte Victory Club in Piedras Negras, Mexiko, der gleich, wenn man den Eagle-Paß überquert hatte, jenseits der mexikanischen Grenze lag. Andere Berichte nennen als Ursprung ein Restaurant in Ciudad Acuna am Flußufer gegenüber von Del Rio. Wem auch immer der Ruhm der Erfindung gebührt, bei den Leuten des Südwestens erfreute sich der Snack bald allgemeiner Beliebtheit, ob auf dem Baseball-Platz, in der Cocktail-Bar und den meisten Restaurants im Lande. Wahrscheinlich waren nur amerikanische Köche, die traditionell wenig auf Regeln gaben, fähig, sich eine solche Vielfalt von Füllungen für *nachos* auszudenken, daß heutzutage ein Teller *nachos* eine ganze Mahlzeit ersetzt.

Der kulinarische Austausch zwischen den Vereinigten Staaten und Mexiko findet jedoch in beiden Richtungen statt. Der mexikanische Einfluß auf die Art der Appetithappen, die die Gastgeber in Scottsdale und Sedona, Albuquerque und San Antonio anbieten, ist unübersehbar. Während ein Koch oder eine Köchin im Mittleren Westen die Schärfe eines *deviled egg* mit einem Klacks Senf erzeugt, wird im

Südwesten mit gerösteten Chilischoten und einer würzigen Taco-Sauce ein höllisch scharfes Feuer entfacht. Beliebt auf Partys – vor allem in Arizona – sind Bohnenpürees mit ihrer cremigen Beschaffenheit, die gern als Dip serviert werden, besonders wenn sie dekorativ mit *guacamole,* Chillies, Käse und anderen Zutaten angerichtet werden, zum Beispiel in Form eines Aztekischen Kalenders. Krabbenküchlein, eine Spezialität der am Atlantik liegenden Bundesstaaten, verwandeln sich in ein Südwest-Essen, wenn eine herzhafte *salsa* aus Avocado und frischem Mais an die Stelle der traditionellen Tatarensauce tritt. Auch die aus dem Mittelmeerraum stammende Artischocke wird in Form einer Sonnenblume arrangiert, einer Pflanze, die seit uralten Zeiten von den Indianern angebaut wird.

Die Salate, die man heutzutage im Südwesten auftischt, spiegeln ebenfalls den innovativen Austausch zwischen den unterschiedlichen Kulturen der Region wider. Bevor die ersten Kolonisatoren vor etwa 500 Jahren eintrafen, waren Salate hier praktisch unbekannt, zumindest in der Form, wie wir sie heute kennen. Man kann zwar davon ausgehen, daß die prähistorischen Jäger und Sammler, die in den Wüsten und auf den Mesas lebten, Wildpflanzen pflückten und sie zu ihrer gebratenen Wildbeute verzehrten. Einige dieser Pflanzen haben über die Zeit sogar den Weg in die Gourmet-Küche gefunden: Die von den Hopi-Indianern *peehala* genannte Pflanze, heute überall in New Mexico als *verdolagas* bezeichnet, ist nichts anderes als der milde, fleischige Portulak, den die Franzosen in ihrer Küche gerne verwenden; auch der

Rote Chillies trocknen in der Herbstsonne. Später werden sie zu Girlanden, ristras *genannt, aufgezogen.*

Mais ist für die Indianer des Südwestens eine heilige Pflanze und wird mit besonderer Sorgfalt gepflanzt und geerntet.

zart-aromatische Feldsalat, der unter seinem französischen Namen *mâche* auf den Speisekarten auftaucht, wächst überall in der Region und ist unter dem Namen *quelites* bekannt.

Doch erst durch die Einwanderung europäischer Siedler, die ihre traditionellen Salatzutaten mitbrachten, wurden die einheimischen Rohmaterialien zu phantasievoll zubereiteten und kunstvoll arrangierten Gerichten. Die zaghaften Versuche, neue Kochgewohnheiten einzuführen, beschreibt Willa Cather in ihrem Mitte des letzten Jahrhunderts spielenden Roman »Death Comes for the Archbishop«, in dem sie Pater Latour, den zukünftigen Erzbischof von Santa Fe, sagen läßt:

> »Ich brachte ihm eine Flasche Olivenöl auf meinem weiten Ritt von Durango mit (ich betone: *Olivenöl,* denn hier bedeutet Öl etwas, mit dem man die Wagenräder schmiert!), und er bereitet eine Art von gekochtem Salat zu. Bei uns gibt es kein frisches Gemüse im Winter, und niemand scheint je von der gesegneten Pflanze Kopfsalat gehört zu haben.«

Die Segnungen der modernen Landwirtschaft haben inzwischen auch dem Südwesten den Kopfsalat beschert. Umgekehrt liefert die Region eine Vielfalt lokaler Zutaten, mit denen der Inhalt der Salatschüssel reichhaltiger wurde. Dazu gehören junge Triebe von Strandmelde und Löwenzahn, sogar zarte Yucca-Blüten. Von den unreifen Sprossen des Feigenkaktus, die *nopales* genannt werden, entfernt man die Stacheln und schneidet sie so zurecht, daß sie kleinen Zucchini ähneln. Sie werden gern mit Blattsalaten kombiniert. *Jícama* ist eine in den tropischen Regionen von Mexiko heimische Spezialität, die wegen ihrer knackigen Konsistenz geschätzt wird.

Mit einfachen Zutaten aus dem Südwesten lassen sich überraschende Effekte erzielen. Geröstete Kürbiskerne, eine beliebte Knabberei in Mexiko und im Südwesten der USA, geben einem Salat aus schwarzen Bohnen und Mais einen besonderen Biß und Geschmack. Dressings für die in den USA verbreiteten Standardzubereitungen wie Cäsar-, Kartoffel- und Krautsalat gewinnen durch die Zugabe von scharfen Chilischoten neue Geschmacksdimensionen. Eine gegenseitige Bereicherung, die aus dem harmonischen Zusammenspiel unterschiedlicher Küchentraditionen entsteht.

VORSPEISEN UND SALATE

Von links nach rechts: *Gazpacho-Salat, Quesadillas mit Räucherlachsfüllung*

SANTA FE, NEW MEXICO
GAZPACHO SALAD
Gazpacho-Salat

Wie gazpacho, *die klassische spanische Suppe, wird auch der Gazpacho-Salat aus Gurken, Tomaten und Paprikaschoten zubereitet. Er ist als Vorspeise ebenso geeignet wie als sommerliches Hauptgericht.*

SALAT

1 reife Avocado, geschält, ohne Kern in kleine Würfel geschnitten
1 EL frisch gepreßter Zitronensaft
1 große Gurke, geschält, längs geviertelt, Samen entfernt und in Scheiben geschnitten
Je 1 grüne, rote und gelbe Paprikaschote, Samen und Scheidewände entfernt und in Streifen geschnitten
3 reife Tomaten, Samen entfernt und in kleine Würfel geschnitten
185 g geriebener *Monterey-jack*-Käse (siehe Glossar)
30 g entsteinte schwarze Oliven, in Scheiben geschnitten

DRESSING

2 EL frisch gepreßter Limonensaft
1 Knoblauchzehe, fein gehackt
1 EL feingehackte Zwiebel
2 EL gehacktes Koriandergrün
Je ¼ TL Cayennepfeffer und gemahlener Kreuzkümmel
1 *jalapeño*-Chilischote, Samen und Scheidewände entfernt und fein gehackt
125 ml Olivenöl
Salz und frisch gemahlener Pfeffer
Tortilla-Chips zum Garnieren

Die Avocadowürfel in einer großen Schüssel mit dem Zitronensaft beträufeln. Mit den restlichen Salatzutaten vermischen.
In einer anderen Schüssel den Limonensaft mit Knoblauch, Zwiebel, Koriandergrün, Cayennepfeffer, Kreuzkümmel und der Chilischote verrühren. Nach und nach das Olivenöl mit dem Schneebesen unterrühren und mit Salz und Pfeffer abschmecken. Über den Salat gießen. Mit Tortilla-Chips garnieren und servieren.

Für 6 bis 8 Personen

PHOENIX, ARIZONA
SMOKED SALMON QUESADILLA
Quesadillas mit Räucherlachsfüllung

Die Vielfalt von Aromen – wie bei diesem herzhaften Imbiß – ist für die moderne Südweststaaten-Küche typisch. Ziegen- und Doppelrahm-Frischkäse, mit gerösteten Chilischoten und geräuchertem Lachs verrührt, ergibt eine köstliche Füllung. Die Azteken schrieben den Chillies, dem »kulinarischen Gold« der Neuen Welt, eine sexuell stimulierende Wirkung zu. Man sollte also bedenken, wo und wem man diese quesadillas *vorsetzt.*

60 g milder Ziegenfrischkäse
60 g Doppelrahm-Frischkäse, zimmerwarm
3 Weizenmehl-Tortillas von 20 cm Durchmesser
1 *poblano*-Chilischote, geröstet, enthäutet, Samen und Scheidewände entfernt und in Streifen geschnitten (siehe Glossar)
1 rote Paprikaschote, geröstet, enthäutet, Samen und Scheidewände entfernt und in Streifen geschnitten (siehe Glossar)
1 Avocado, geschält, Kern entfernt, in dünne Scheiben geschnitten
60 g feingehackte Schalotten
60 g geräucherter Lachs, in Streifen geschnitten

Ziegen- und Doppelrahm-Frischkäse in einer kleinen Schüssel zu einer glatten Creme verrühren. Je ein Drittel der Creme auf eine Hälfte der Tortillas streichen.
Darauf die Chili- und Paprikastreifen gleichmäßig verteilen. Mit den Avocadoscheiben belegen und mit den Schalotten bestreuen. Darüber gleichmäßig die Lachsstreifen verteilen. Jeweils die andere Tortilla-Hälfte darüberklappen und die Ränder fest aneinanderdrücken.
Eine beschichtete Pfanne bei mittlerer Temperatur erhitzen, die gefalteten Tortillas darin bräunen, bis der Käse schmilzt. Wenden und von der anderen Seite ebenfalls braun werden lassen.
Die *quesadillas* jeweils in vier Stücke schneiden und sofort servieren.

Für 6 Personen (pro Person 2 Stück)

SÜDWESTEN
SEVICHE
Salat aus rohen Meeresfrüchten

Seviche ist ein klassisches mexikanisches Gericht, das aus rohen Meeresfrüchten zubereitet und besonders gern in den Sommermonaten gegessen wird, wenn es zum Kochen zu heiß ist. Durch den Zitronensaft werden die Fische »gekocht«; ihr Fleisch wird fest und weißlich. In Cocktailgläsern serviert, sieht dieser Salat besonders appetitlich aus.

250 g fest- und weißfleischiger Fisch (Snapper, Steinbutt, Pompano), in Würfel geschnitten
250 g Jakobsmuschelfleisch, in kleine Würfel geschnitten
125 ml frisch gepreßter Limonensaft
60 ml frisch gepreßter Zitronensaft
2 reife Eiertomaten, in Würfel geschnitten
Je 1 *serrano*- und *Anaheim*-Chilischote, Samen entfernt und fein gehackt
1 EL gehacktes Koriandergrün
75 g feingehackte rote Zwiebeln
2 Frühlingszwiebeln, fein gehackt
2 EL Olivenöl
½ TL getrockneter Oregano
½ TL Salz
Tortilla-Chips oder knuspriges Baguette

Den Fisch für 30 Sekunden in kochendes Wasser tauchen, dann alle Gräten entfernen. Fisch und Jakobsmuschelfleisch in eine Glas- oder Porzellanschüssel geben, mit Zitronen- und Limonensaft beträufeln und zugedeckt etwa 1 Stunde im Kühlschrank ziehen lassen. Anschließend kurz unter fließendem kaltem Wasser abspülen. Die restlichen Zutaten, mit Ausnahme der Tortilla-Chips beziehungsweise des Baguette, in einer Glas- oder Porzellanschüssel vermischen, die Fisch- und Muschelwürfel zugeben, alles vorsichtig

VORSPEISEN UND SALATE

vermengen und den Salat zugedeckt etwa 1 Stunde im Kühlschrank ziehen lassen. Gut gekühlt in Cocktailgläsern anrichten, dazu Tortilla-Chips oder Baguette reichen.

Für 6 Personen

TUCSON, ARIZONA

TANGERINE, JÍCAMA AND GREEN SALAD
Salat aus Tangerinen, Yamsbohne und Blattsalaten

Jícama oder Yamsbohne, auch Mexikanische Kartoffel genannt, ist eine große hellbraune Knollenfrucht, die das Aussehen einer Kartoffel und die Struktur von Wasserkastanien hat. Geschält und in feine Streifen geschnitten, schmeckt sie roh gut in Salaten, oder man reicht sie mit einem pikanten Dip als Appetitanreger. Aber auch gekocht bleibt sie knackig und mundet köstlich.

DRESSING
60 ml Rotweinessig
3 EL Honig
1 gehäufter TL *chili powder* (siehe Glossar)
½ TL Anissamen, zerstoßen
¼ TL Cayennepfeffer
100 ml Maiskeimöl
Salz und frisch gemahlener Pfeffer

SALAT
1 kleiner Kopf Römischer Salat
1 Kopf Endiviensalat, äußere Blätter entfernt
1 kleiner Kopf Lollo Rosso, ersatzweise ein anderer rotblättriger Salat
4 Tangerinen oder kleine Orangen, geschält und filetiert
1 Avocado, geschält, ohne Kern in 1 cm große Würfel geschnitten
185 g grobgeraspelte *jícama* (Yamsbohne, siehe Glossar)
2 Frühlingszwiebeln, fein gehackt

Für das Dressing Essig, Honig, *chili powder*, Anissamen und Cayennepfeffer in einer mittelgroßen Schüssel miteinander verrühren. Das Öl in dünnem Strahl zugießen und mit einem Schneebesen einarbeiten. Mit Salz und Pfeffer abschmecken.

Den Salat putzen, waschen, trockenschleudern, in mundgerechte Stücke zupfen und in eine große Schüssel geben. Mit den übrigen Salatzutaten vermischen und mit dem Dressing überziehen. Nochmals alles gut miteinander vermengen.

Für 6 Personen

Von links nach rechts: *Salat aus Tangerinen, Yamsbohne und Blattsalaten; Seviche*

VORSPEISEN UND SALATE

YUMA, ARIZONA
Fiesta Shrimp
Marinierte Garnelen

Viele Bewohner des Südwestens zieht es in den Ferien an die Strände von Puerto Peñasco (Rocky Point) in Mexiko. Eine besondere Attraktion sind dort die frischen Garnelen. Sie sind köstlich in diesem farbenfrohen Gericht, können aber durch andere gute Qualitäten ersetzt werden, nur ganz frisch müssen sie sein. Für ein Cocktail-Buffet sollte man die Garnelen in einer Glasschale anrichten, da kommen die Farben besonders hübsch zur Geltung. Die Marinade läßt sich im voraus zubereiten, die Garnelen sollten allerdings nicht länger als 3 Stunden darin ziehen.

MARINADE

3 EL Pflanzenöl
2 Knoblauchzehen, fein gehackt
1 TL Senfpulver
1 TL Salz
60 ml frisch gepreßter Zitronensaft
1 EL Balsamico-Essig
1 *serrano*-Chilischote, ohne Samen fein gehackt (siehe Glossar)
1 Messerspitze Cayennepfeffer
2 EL feingehacktes Koriandergrün
1 Limone, in dünne Scheiben geschnitten

750 g Garnelen, geschält und gesäubert
60 g rote Zwiebeln, in dünne Scheiben geschnitten
1 Limone, halbiert und in dünne Scheiben geschnitten
60 g schwarze Oliven, entsteint
1 rote Paprikaschote, geröstet, enthäutet, Samen und Scheidewände entfernt und in Würfel geschnitten (siehe Glossar)

Die Zutaten für die Marinade in einer mittelgroßen Schüssel verrühren.
   Die Garnelen in kochendem Salzwasser in 2–3 Minuten rosa kochen. Abgießen und mit kaltem Wasser abbrausen.
   In einer großen Schüssel Zwiebeln, Limone, Oliven, Paprikaschote und die Marinade vermengen. Die Garnelen zugeben und zugedeckt bis zu 3 Stunden kalt stellen.

Für 8 bis 10 Personen   *Foto siehe Seite 35*

SANTA FE, NEW MEXICO
Romaine and Piñon Salad
Römischer Salat mit Pinienkernen

Im Norden der Südweststaaten stößt man überall auf Pinienwälder. Die Pinienzapfen enthalten die bei den Einwohnern hochgeschätzten piñones (Pinienkerne), die Blattsalaten ein einzigartiges Aroma und einen besonderen Biß geben.

DRESSING

2 Knoblauchzehen, 10 Minuten in Wasser gekocht, abgetropft
¼ TL Salz
1 TL Dijon-Senf
2 EL Rotweinessig
80 ml natives Olivenöl extra
Frisch gemahlener Pfeffer

1 Kopf Römischer Salat, geputzt, gewaschen und gut abgetropft
30 g geriebener *cotija*-Käse (siehe Glossar), ersatzweise Parmesan
45 g Pinienkerne, geröstet (siehe Glossar)

In einer kleinen Glas- oder Porzellanschüssel Knoblauch und Salz zerdrücken. Senf und Essig unterrühren, nach und nach mit dem Öl zu einer dickflüssigen Marinade rühren. Mit Pfeffer würzen.
   Den Salat in einer großen Schüssel mit der Marinade überziehen. Käse und Nüsse darüber verteilen, alles gut vermengen und sofort servieren.

Für 6 Personen

CAREFREE, ARIZONA
Grilled Chicken Quesadillas with Papaya
Quesadillas mit gegrilltem Hühnerfleisch und Papaya

Quesadillas sind Tortillas aus Weizenmehl, die mit Käse gefüllt und auf oder unter dem Grill gebräunt werden. Charles Wiley, Geschäftsführer des schönen »Boulders Resort« in Carefree, Arizona, bereitet dieses traditionelle Gericht mit altem Monterey-jack-Käse (siehe Glossar), Papaya, Hühnerfleisch und Paprikaschoten zu.

40

Von links nach rechts: *Römischer Salat mit Pinienkernen; Quesadillas mit gegrilltem Hühnerfleisch und Papaya*

½ TL *chili powder* (siehe Glossar)
½ TL Kreuzkümmel, geröstet und gemahlen (siehe Glossar)
1 Hühnerbrust, entbeint und enthäutet
Grobes Meersalz und frisch gemahlener Pfeffer
2 Weizenmehl-Tortillas von 25 cm Durchmesser
30 g geriebener alter *Monterey-jack*-Käse
30 g geriebener *jalapeño-jack*-Käse (siehe Glossar)
1 *Anaheim*-Chilischote, geröstet, enthäutet, Samen entfernt und in Würfel geschnitten (siehe Glossar)
1 rote Paprikaschote, geröstet, enthäutet, Samen entfernt und in Würfel geschnitten (siehe Glossar)
45 g reife Papaya, in Würfel geschnitten

Jeweils 60 g *guacamole*, saure Sahne und *chunky salsa* zum Garnieren

Den Holzkohlengrill oder einen anderen Grill vorheizen. In einer kleinen Schüssel *chili powder* und gemahlenen Kreuzkümmel vermischen. Das Hühnerfleisch zuerst mit dieser Mischung, dann mit Salz und Pfeffer würzen, grillen und in etwa 1 cm große Würfel schneiden.

Die beiden Tortillas auf dem vorgeheizten Grill oder in zwei Pfannen auf dem Herd bei mittlerer Temperatur heiß werden lassen. Den Käse gleichmäßig auf beide Tortillas verteilen. Mit den Chili- und Paprikawürfeln bestreuen, darüber die Papaya- und die noch warmen Hühnerfleischwürfel verteilen. Wenn der Käse geschmolzen ist und die Tortillas leicht gebräunt sind, zusammenfalten und auf ein Schneidbrett gleiten lassen. Jede Tortilla in vier Stücke schneiden. Mit *guacamole*, saurer Sahne und *salsa* garnieren, sofort servieren.

Ergibt 8 Stück

VORSPEISEN UND SALATE

Von links nach rechts: *Cäsar-Salat auf Südwest-Art; Festlicher Reissalat*

SANTA FE, NEW MEXICO

SOUTHWESTERN CAESAR SALAD
Cäsar-Salat auf Südwest-Art

Eine pikante Variante des klassischen Salates, die durch die Ausgewogenheit der Aromen und Strukturen besticht. Als Hauptgericht kann man den Salat mit gegrillten Hühnerstücken anreichern. Mit einer Nudelmaschine werden die Tortillas in gleichmäßige Streifen geschnitten.

DRESSING

2 Eier
3 Knoblauchzehen, durch die Presse gedrückt
1 *chipotle*-Chilischote in *adobo*-Sauce (siehe Glossar)
¼ TL Kreuzkümmel, fein zerstoßen
1 EL Dijon-Senf
2 TL Sardellenpaste
1 EL Balsamico-Essig
1 EL frisch gepreßter Limonensaft
1 Schalotte, sehr fein gehackt
¼ TL Cayennepfeffer
160 ml natives Olivenöl extra
80 ml Maiskeimöl
Salz und frisch gemahlener Pfeffer

Pflanzenöl zum Braten
4 Mais-Tortillas von 15 cm Durchmesser, in ½ cm breite und 7 cm lange Streifen geschnitten
1 TL *chili powder* (siehe Glossar)
2 Köpfe Römischer Salat, gewaschen, abgetropft und in mundgerechte Stücke zerteilt
60 g *cotija* (siehe Glossar), Parmesan oder Asiago, zerbröckelt

Die Eier 1 Minute in kochendes Wasser geben, aufschlagen, Eiweiß und Eigelb trennen, das Eiweiß für eine andere Zubereitung aufbewahren. Das Eigelb mit den anderen Zutaten für das Dressing, mit Ausnahme von Öl, Salz und Pfeffer, in einer mittelgroßen Schüssel gründlich mit dem Schneebesen verrühren. Nach und nach zuerst das Olivenöl, dann das Maiskeimöl unterrühren und mit Salz und Pfeffer abschmecken.

Das Pflanzenöl ½ cm hoch in eine kleine Pfanne gießen, erhitzen, die Tortilla-Streifen und das *chili powder* hineingeben und knusprig und hellbraun braten. Auf Küchenpapier abtropfen lassen.

Den Salat mit dem Dressing vermischen und vorsichtig den Käse und die Tortilla-Streifen unterheben.

Für 8 Personen

VALLEY OF THE SUN, ARIZONA

FIESTA RICE SALAD
Festlicher Reissalat

Diesen farbenfrohen Reissalat für ein Buffet in eine mit etwas Öl ausgestrichene Ringform füllen, mit Klarsichtfolie abdecken und kalt stellen. Zum Servieren auf eine Platte stürzen und mit Korianderzweigen garnieren.

SALAT

220 g weißer Langkornreis
500 ml Wasser
185 g Maiskörner
75 g feingehackte rote Zwiebel
30 g schwarze Oliven, in Scheiben geschnitten
Je 150 g in Würfel geschnittene rote und grüne Paprikaschote
20 g feingehacktes Koriandergrün

DRESSING

1 Knoblauchzehe, fein gehackt
60 ml Olivenöl
3 EL Rotweinessig
1 ½ TL gemahlener Kreuzkümmel
Salz und frisch gemahlener Pfeffer

Reis und Wasser in einen mittelgroßen schweren Topf geben und zum Kochen bringen. Die Hitze reduzieren und den Reis zugedeckt in etwa 20 Minuten ausquellen lassen, das Wasser sollte vollständig vom Reis aufgenommen sein. Den Reis in einer großen Schüssel mit den restlichen Salatzutaten vermischen.

Die Zutaten für die Salatsauce in einer kleinen Schüssel verrühren, mit dem Reis vermischen und den Salat abschmecken.

Für 6 bis 8 Personen

SÜDWESTEN

PINTO BEAN DIP
Pinto-Bohnen-Dip

Der überall im Südwesten überaus beliebte Dip wird meist warm mit Tortilla-Chips gegessen, aber auch für die Zubereitung von Gerichten wie »Aztekischer Kalender« (siehe Seite 46) verwendet. Die Schärfe wird durch zusätzliche jalapeños gesteigert oder durch einen jack-Käse mit Chilipulver. Spanischen Manchego gibt es in Fachgeschäften oder in Lebensmittelabteilungen großer Kaufhäuser.

2 EL Pflanzenöl
2 Knoblauchzehen, fein gehackt
150 g Zwiebeln, fein gehackt
500 ml Bohnenpüree (Rezept siehe Seite 163)
375 g geriebener *Manchego*- oder *Monterey-jack*-Käse (siehe Glossar), zusätzlich etwas Käse zum Bestreuen (nach Belieben)
2 *jalapeño*-Chilischoten, Samen entfernt und in Würfel geschnitten
½ TL gemahlener Kreuzkümmel
Salz und frisch gemahlener Pfeffer

Das Öl in einem mittelgroßen Topf erhitzen, Knoblauch und Zwiebeln darin in etwa 5 Minuten weich werden lassen. Bohnenpüree, Käse, *jalapeños* und Kreuzkümmel zugeben, den Käse bei niedriger Temperatur unter gelegentlichem Rühren schmelzen und das Bohnenpüree heiß werden lassen. Mit Salz und Pfeffer würzen. Auf einer Wärmeplatte anrichten und nach Belieben mit geriebenem Käse bestreuen. Mit Tortilla-Chips servieren.

Ergibt etwa 1 Liter

SCOTTSDALE, ARIZONA
ROASTED RED BELL PEPPER DIP
Dip aus gerösteten roten Paprikaschoten

Dieser Dip mit den Farben eines Sonnenuntergangs und dem einzigartigen Aroma von geröstetem Knoblauch und rotem Paprika verstärkt den Geschmack von rohem Gemüse aufs beste, besonders von Chayote, jícama, Broccoli und Blumenkohl. Auch zu gebackenen Kartoffeln und zu Pasta ist dieser Dip sehr zu empfehlen.

1 TL Olivenöl
5 ungeschälte Knoblauchzehen
3 rote Paprikaschoten, geröstet, enthäutet, Scheidewände und Samen entfernt (siehe Glossar)
½ TL gemahlener Kreuzkümmel
125 g Doppelrahm-Frischkäse, zimmerwarm
2 EL Crème fraîche oder saure Sahne
Salz und frisch gemahlener Pfeffer

Den Ofen auf 180 °C vorheizen. Die Knoblauchzehen mit dem Olivenöl beträufeln und fest in Alufolie einwickeln. In 40–45 Minuten im Ofen weich werden lassen. Herausnehmen und abkühlen lassen.

Die Knoblauchzehen aus den Schalen direkt in einen Mixer drücken. Paprikaschoten und Kreuzkümmel zugeben und pürieren. Mit dem Doppelrahm-Frischkäse zu einer glatten Sauce verarbeiten. In eine Schüssel füllen und die Crème fraîche oder saure Sahne unterrühren. Mit Salz und Pfeffer abschmecken.

Ergibt etwa 375 ml

Von oben nach unten: *Pinto-Bohnen-Dip, Dip aus gerösteten roten Paprikaschoten*

VORSPEISEN UND SALATE

FLAGSTAFF, ARIZONA
EGGS DIABLO
»Teufels-Eier«

Auf einem Picknick oder Grillfest schmecken diese scharf gewürzten, farbenfrohen Eier besonders gut. Die Würze läßt sich durch einen jalapeño-jack-Käse noch steigern.

6 hartgekochte Eier
1 *Anaheim*-Chilischote, geröstet, enthäutet, Samen und Scheidewände entfernt und in Würfel geschnitten (siehe Glossar)
2 EL feingehackte Frühlingszwiebel
2 EL geriebener oder feingeraspelter *Monterey-jack*-Käse (siehe Glossar)
2 EL Taco-Sauce (Rezept siehe Seite 197)
2 EL Mayonnaise
Salz und frisch gemahlener Pfeffer
24 Streifen geröstete rote Paprikaschote oder Pimiento (eingelegte milde Peperoni aus dem Glas) zum Garnieren

Die Eier schälen und längs halbieren. Das Eigelb in eine Schüssel geben, das Eiweiß auf eine hübsche Platte anrichten. Das Eigelb mit einer Gabel zerdrücken, die restlichen Zutaten, außer der Garnitur, unterrühren. Die Eiweißhälften damit füllen und leicht anhäufen. Jede Eihälfte mit 2 Paprika- oder Pimientostreifen garnieren und sofort auftragen oder bis zum Servieren kalt stellen.

Ergibt 12 Eihälften   *Foto siehe Seite 35*

SEDONA, ARIZONA
SALAD DE MEXICO
Mexikanischer Salat

Aromen, Struktur und Geschmack dieses erfrischenden, bunten Salats sind typisch für die Küche des amerikanischen Südwestens. Frische nopales *(Kaktussprossen) sind bei uns kaum erhältlich. Man bekommt sie jedoch in Gläsern oder Dosen in Spezialgeschäften.*

200 g *nopales* (siehe Glossar), in feine Streifen geschnitten (Dosenware gründlich abspülen und abtropfen lassen)
200 g *jícama* (Yamsbohne), in feine Streifen geschnitten
1 kleine rote Paprikaschote, geröstet, enthäutet, Samen und Scheidewände entfernt und in feine Streifen geschnitten (siehe Glossar)
2 Navel-Orangen, geschält und filetiert
1 TL feingehackte *jalapeño*-Chilischote
1 EL feingehacktes Koriandergrün
1 EL frisch gepreßter Orangensaft
1 EL Avocado- oder Maiskeimöl
Salz und frisch gemahlener Pfeffer

Nopales, jícama, rote Paprikaschote, Orangenspalten, *jalapeño* und Koriandergrün in einer Glas- oder Porzellanschüssel vermengen. Orangensaft und Öl in einer kleinen Schüssel mit dem Schneebesen aufschlagen, unter den Salat heben. Salzen, pfeffern und zimmerwarm servieren.

Für 6 Personen

SCOTTSDALE, ARIZONA
AZTEC CALENDAR
»Aztekischer Kalender«

Für ein Buffet oder eine größere Gesellschaft wird diese Vorspeise in Arizona besonders geschätzt. Die Zutaten werden auf einer großen, runden Platte wie ein aztekischer Kalender ausgelegt und dazu verschiedene Chips angeboten: aus blauem, weißem, gelbem und rotem Mais.

1 l Pinto-Bohnen-Dip (Rezept siehe Seite 44)
375 ml *guacamole* (Rezept siehe Seite 191)
3 *Anaheim*-Chilischoten, geröstet, enthäutet, Samen entfernt und in Würfel geschnitten (siehe Glossar)
4 Frühlingszwiebeln, fein gehackt
250 g geriebener Cheddar
250 g geriebener *Monterey-jack*-Käse (siehe Glossar)
12 reife schwarze Oliven, entsteint und in Scheiben geschnitten
1 große Tomate, Samen entfernt und in Würfel geschnitten

Von links nach rechts: »*Aztekischer Kalender*«, Mexikanischer Salat

Grüner Blattsalat, in Streifen geschnitten
1 TL *chili powder* (siehe Glossar)
Krause Petersilie zum Garnieren

Den Pinto-Bohnen-Dip gleichmäßig auf einer großen, runden Platte verteilen. Die *guacomole* darübergeben und mit den *Anaheim*-Chillies und den Frühlingszwiebeln bestreuen. Die beiden Käsesorten vermischen und alles vollständig damit bedecken. Mit Oliven, Tomaten und Salat wie auf dem Foto belegen, so daß das Ganze wie ein aztekischer Kalender aussieht. Mit *chili powder* bestäuben und zum Schluß den äußeren Rand mit der krausen Petersilie garnieren. Dazu Mais-Chips reichen.

Für 12 Personen

VORSPEISEN UND SALATE

FOUR CORNERS
Marinated Corn and Lima Bean Salad
Maissalat mit Lima-Bohnen

Mais ist allen Indianervölkern Amerikas seit Urzeiten heilig gewesen und ist heute noch traditionelles Nahrungsmittel der Pueblo-Indianer. Jede der sechs Farben des Mais (gelb, weiß, rot, blau, schwarz und gesprenkelt) repräsentiert in einigen Pueblo-Kulturen die Richtungen des Himmels und des Alls: Norden, Süden, Osten, Westen, oben und unten. Mais wird von den Indianern häufig mit Bohnen kombiniert, so auch in diesem Rezept. Daraus resultiert eine natürliche, gesunde Ernährung, denn die Kombination der pflanzlichen Proteine liefert eine ausgewogene Menge an Aminosäuren. Nach Möglichkeit sollte man diesen Salat mit farblich unterschiedlichem Mais zubereiten.

550 g gekochte Maiskörner
Je 1 rote und grüne Paprikaschote, geröstet, enthäutet, Samen und
    Scheidewände entfernt und in Würfel geschnitten (siehe Glossar)
150 g feingehackte rote Zwiebeln
220 g gekochte Lima-Bohnen

DRESSING
1 TL Salz
1 TL *chili powder* (siehe Glossar)
125 ml Apfelessig
80 ml Maiskeimöl

Mais, Paprikaschoten, Zwiebeln und Lima-Bohnen in einer großen Schüssel vermengen. Für das Dressing in einer anderen Schüssel Salz, *chili powder* und Essig verrühren und nach und nach das Maiskeimöl unter ständigem Rühren zugießen. Das Dressing zu den Gemüsen geben und alles gut vermischen. Den Salat vor dem Servieren mindestens 2 Stunden zugedeckt im Kühlschrank ziehen lassen.

Für 6 Personen

VALLEY OF THE SUN, ARIZONA
Spinach Salad with Citrus
Spinatsalat mit Zitrusfrüchten

Die Zitrusplantagen in den Flußniederungen von Arizona liefern die Grapefruits und Orangen für diesen Salat. Die Kombination von säuerlichen Früchten und Spinat ist ein angenehmer Gaumenkitzel und regt den Appetit an.

DRESSING
2 EL Olivenöl
1 EL Weißweinessig
1 EL frisch gepreßter Grapefruitsaft
½ TL Zucker
½ TL geriebene Orangenschale
1 Messerspitze Salz
1 Messerspitze gemahlener Zimt

Von links nach rechts: *Spinatsalat mit Zitrusfrüchten; Maissalat mit Lima-Bohnen*

SALAT

125 g geputzter frischer junger Spinat, gründlich gewaschen und abgetropft
1 Grapefruit, geschält und filetiert
1 Orange, geschält und filetiert
2 EL feingehackte Frühlingszwiebeln
50 g Mandelstifte, geröstet (siehe Glossar)

Die Zutaten für das Dressing in einer kleinen Schüssel miteinander verrühren und bis zum Gebrauch zugedeckt kalt stellen.

Spinat, Früchte und Frühlingszwiebeln in eine große Schüssel geben. So viel Dressing unterheben, daß die Spinatblätter damit gerade überzogen sind, und den Salat mit den Mandelstiften bestreuen. Das Ganze noch einmal vermischen und servieren.

Für 6 Personen

SAN ANTONIO, TEXAS

Shrimp Stuffed with Cotija and Cilantro
Gefüllte Garnelen mit Cotija und Koriandergrün

Mexikanischer Käse und Garnelen aus Puerto Penasco, einem Fischerstädtchen und vielbesuchtem Ferienort am mexikanischen Golf von Kalifornien, gehen bei dieser Zubereitung eine gelungene Verbindung ein. Besonders hübsch sieht es aus, wenn man die Garnelen für ein Buffet auf einer farbenfrohen Platte anrichtet. Falls kein Spritzbeutel zur Hand ist, kann man statt dessen einen Gefrierbeutel benutzen, von dem man eine Spitze wegschneidet, dann die Käsemischung hineingibt und durch die Öffnung drückt.

125 g Doppelrahm-Frischkäse, zimmerwarm
125 g *cotija* (siehe Glossar), Feta oder milder Ziegenfrischkäse
2 EL frisch gepreßter Zitronensaft
2 EL feingehacktes Koriandergrün
¼ TL Cayennepfeffer
Salz und frisch gemahlener Pfeffer
750 g mittelgroße bis große Garnelen, geschält

Beide Käsesorten in einer Küchenmaschine oder im Mixer zu einer glatten Paste verarbeiten. Zitronensaft, Koriandergrün, Cayennepfeffer, Salz und Pfeffer zugeben und das Ganze gründlich durcharbeiten.

In einem großen Topf Salzwasser zum Kochen bringen. Die Garnelen am Rücken tief einschneiden und den schwarzen Darm entfernen. Ins kochende Salzwasser geben. Wenn sie sich nach etwa 2 Minuten rosa verfärbt haben, abgießen, kurz in eine Schüssel mit Eiswasser legen, abtropfen lassen und trockentupfen.

Die Käsecreme in einen Spritzbeutel mit Sterntülle geben und die Farce in die Rückenspalte der Garnelen spritzen. Die gefüllten Garnelen auf einer Platte anrichten und etwa 1 Stunde kalt stellen, bis die Käsecreme fest geworden ist.

Ergibt etwa 25 bis 30 Garnelen

TUCSON, ARIZONA

Pastel of Shrimp, Avocado and Tomato with Caviar
»Törtchen« aus Garnelen, Avocados und Tomaten mit Kaviar

Das spanische Wort pastel *heißt eigentlich »Kuchen«. Die Zutaten dieser eleganten Vorspeise, eine Kreation von Janos Wilder, Inhaber und Chefkoch des Restaurants »Janos« in Tucson, sind wie ein Obsttörtchen angerichtet, daher der Name.*

30 g Korianderblätter
2 reife Avocados, geschält, Kern entfernt und in kleine Würfel geschnitten

Von oben nach unten: *Gefüllte Garnelen mit Cotija und Koriandergrün;* *»Törtchen« aus Garnelen, Avocados und Tomaten mit Kaviar*

60 ml frisch gepreßter Limonensaft
185 g frische Maiskörner, kurz blanchiert und abgetropft
16 Garnelen (Prawns), geschält, gesäubert und gedämpft oder gegrillt
10 kleine gelbe Eier- oder Cocktailtomaten, halbiert
60 g Beluga-Kaviar (nach Belieben)

VINAIGRETTE

50 g Waldpilze
1 Knoblauchzehe, fein gehackt
7 EL (100 ml) natives Olivenöl extra
2 EL Balsamico-Essig
Salz und frisch gemahlener Pfeffer

Je 2 EL kleingewürfelte rote, gelbe und grüne Paprikaschote

In die Mitte von 4 Tellern jeweils einen Ring von 7–8 cm Durchmesser und 4 cm Höhe setzen. Koriandergrün, Avocadowürfel und Limonensaft in einer Schüssel vermischen und die Ringe jeweils etwa 1 cm hoch damit füllen. Darüber eine etwa 1 cm dicke Lage Maiskörner verteilen. Auf dem Maisbett, wie auf obigem Foto zu sehen, jeweils 4 Garnelen anrichten. Die Zwischenräume mit Tomatenhälften belegen und die Törtchen nach Belieben mit etwas Kaviar garnieren.

Für die Vinaigrette die Pilze mit Knoblauch und 1 Eßlöffel Öl bestreichen und auf dem Holzkohlenfeuer schnell grillen oder in einer heißen beschichteten Pfanne bei hoher Temperatur braten. Mit dem restlichen Olivenöl in einen Mixer oder in die Küchenmaschine geben und zu einem glatten Püree verarbeiten. Das Pilzpüree in einer kleinen Schüssel mit dem Balsamico-Essig verrühren. Mit Salz und Pfeffer abschmecken.

Um die Törtchen herum die Paprikawürfel streuen, mit der Vinaigrette beträufeln und zum Schluß vorsichtig die Ringe entfernen.

Für 4 Personen

VORSPEISEN UND SALATE

SONORA-WÜSTE

MEXICAN PIZZA
Mexikanische Pizza

Ein herzhaftes, leichtes Hauptgericht, das man in unzähligen Variationen auf den Tisch bringen kann. Anstelle des in diesem Rezept verwendeten Hefeteigs kann man eine große Tortilla aus Weizenmehl zubereiten, die man unter dem Grill von einer Seite bräunen läßt, dann wendet, mit den Zutaten belegt und nochmals unter den Grill schiebt, bis der Käse schmilzt. Statt mit Wurst können Sie Ihre Pizza auch mit gekochtem Hühnerfleisch oder Garnelen belegen. Der Geschmack läßt sich auch mit unterschiedlichen Käsesorten abwandeln.

TEIG

½ Päckchen Trockenhefe
1 TL Zucker
125 ml warmes Wasser (etwa 45 °C)
250 g Mehl
1 EL gelbes Maismehl
¼ TL Salz
1 EL Olivenöl

BELAG

250 ml Tomatensauce nach Rancher-Art (Rezept siehe Seite 190)
250 g pikante Wurst, gekocht, zerkleinert und auf Küchenpapier abgetropft
375 g geriebener *Monterey-jack*-Käse (siehe Glossar)
60 g rote Zwiebeln, in dünne Scheiben geschnitten
1 rote, gelbe oder grüne Paprikaschote, Samen und Scheidewände entfernt und in dünne Streifen geschnitten
1 eingelegte *jalapeño*-Chilischote, Samen entfernt und in Würfel geschnitten

Den Ofen auf 200–220 °C vorheizen. Eine Pizza-Form von etwa 50 cm Durchmesser leicht mit Öl ausstreichen.

Für den Teig in einer kleinen Schüssel Hefe, Zucker und warmes Wasser miteinander verrühren und etwa 3 Minuten stehen lassen. In einer großen Schüssel Mehl, Maismehl und Salz vermischen. Hefeansatz und Olivenöl zugeben und zu einem glatten Teig verkneten. Zugedeckt an einem zugfreien Ort gehen lassen, bis der Teig das Doppelte seines Volumens erreicht hat. Die Arbeitsfläche mit Maismehl bestäuben und den Teig darauf zu einem Fladen von etwa 35 cm Durchmesser ausrollen. Die Pizza-Form mit dem Teigfladen belegen. Mit dem Daumen einen Wulst als Rand drücken, den Boden mehrmals mit einer Gabel einstechen und in folgender Reihenfolge belegen: Tomatensauce, Wurst, Käse, Zwiebelscheiben, Paprika- und Chilischoten.

Die Pizza in das untere Drittel des Ofens schieben und 20–25 Minuten backen; der Teig soll gebräunt und der Käse geschmolzen sein.

Für 6 Personen als Vorspeise, für 3 Personen als Hauptgericht

Mexikanische Pizza

VORSPEISEN UND SALATE

Krabbenküchlein mit Avocado-Mais-Salsa

PHOENIX, ARIZONA

BLUE CRAB CAKES WITH AVOCADO-CORN SALSA
Krabbenküchlein mit Avocado-Mais-Salsa

Einer der Pioniere unter den Meisterköchen des Südwestens, Vincent Guerithault, hat mit seiner kreativen Küche Arizona kulinarisch geprägt. Die Krabbenküchlein gehören zu den beliebtesten Gerichten des Restaurants, das seinen Namen trägt. Die salsa *kann man auch mit Tortilla-Chips essen.*

KRABBENKÜCHLEIN

500 g frisches Blaukrabbenfleisch oder tiefgefrorenes, aufgetautes und gut abgetropftes Krebsfleisch
1 EL feingehackte Schalotten
Je 1 EL kleingewürfelte rote, gelbe und grüne Paprikaschote
2 große Eier
1 TL Magermilch-Joghurt
Salz und frisch gemahlener Pfeffer
1 EL Brioche-Brösel
Olivenöl zum Braten

AVOCADO-MAIS-SALSA

185 g frische Maiskörner, gedämpft
185 g in Würfel geschnittene Avocado
1 TL gehacktes Koriandergrün
1 TL in Würfel geschnittene Tomaten
1 TL gehackte Schalotten
Je 1 TL in Würfel geschnittene rote, gelbe und grüne Paprikaschote
1 TL frisch gepreßter Zitronensaft
Salz und frisch gemahlener Pfeffer

Die Zutaten für die Krabbenküchlein mit Ausnahme der Brioche-Brösel zu einem Teig verkneten und daraus 8 gleich große Küchlein formen. Jedes Krabbenküchlein in den Brioche-Bröseln wenden und 3 Minuten auf jeder Seite bei niedriger Temperatur in wenig Olivenöl braten.

Die Zutaten für die *salsa* vermischen. Jeweils 2 Krabbenküchlein heiß mit 1–2 Eßlöffeln *salsa* servieren.

Für 4 Personen

VORSPEISEN UND SALATE

Von links nach rechts: *Bunter Krautsalat; Pikanter Kartoffelsalat*

DURANGO, COLORADO
Piquant Potato Salad
Pikanter Kartoffelsalat

Stellen Sie Ihr eigenes chili powder *her: Eine Handvoll getrocknete Chilischoten, Samen und Stiel entfernt, so fein wie möglich mahlen und mit frisch gemahlenem Kreuzkümmel und anderen Gewürzen nach Geschmack mischen. Zu Ihrem nächsten Picknick oder Grillfest sollten Sie diesen pikanten Kartoffelsalat unbedingt ausprobieren. Er hält sich längere Zeit, da er ohne Mayonnaise zubereitet wird.*

DRESSING
80 ml Olivenöl
60 ml Rotweinessig
1 EL Zucker
1½ TL *chili powder* (siehe Glossar)
1 TL Kräutersalz
¼ TL *red hot pepper sauce* (siehe Glossar)

4 rotschalige Kartoffeln
100 g rote Zwiebeln, in dünne Scheiben geschnitten
185 g Maiskörner
60 g Möhren, geschält und geraspelt
Je 75 g rote und grüne Paprikaschote, in kleine Würfel geschnitten
75 g entsteinte schwarze Oliven, in Scheiben geschnitten

Die Zutaten für das Dressing in einer kleinen Schüssel miteinander verrühren und beiseite stellen.

In einem schweren Topf Salzwasser zum Kochen bringen und die Kartoffeln bei mittlerer Temperatur in etwa 30 Minuten kochen. Das Wasser abgießen, die Kartoffeln schälen, in Würfel schneiden und in eine große Schüssel geben. Vorsichtig das Dressing unterziehen. Zugedeckt etwa 1 Stunde kalt stellen.

Die restlichen Zutaten unterheben und bis zum Servieren kalt stellen.

Für 6 Personen

PAINTED DESERT, ARIZONA
Painted Desert Coleslaw
Bunter Krautsalat

Um den dramatischen Farben des Painted Desert möglichst nahe zu kommen, sollte man Rot- und Weißkohl mit verschiedenfarbigen Paprikaschoten – rote, grüne, gelbe – mischen. Je nach persönlichem Geschmack kann man zum Würzen schärfere oder weniger scharfe chili powders *verwenden. Die beste Auswahl findet man in Spezialgeschäften.*

300 g Rot- und Weißkohl gemischt, in feine Streifen geschnitten
75 g Möhren, geschält und in feine Streifen geschnitten
Je 1 kleine gelbe, rote und grüne Paprikaschote, Samen und Scheidewände entfernt und in Würfel geschnitten
60 g rote Zwiebel, in dünne Scheiben geschnitten

DRESSING
1 *chili de árbol* (siehe Glossar)
2 EL Apfelessig
1 EL frisch gepreßter Limonensaft
2 TL Honig
80 ml Pflanzenöl
Salz und frisch gemahlener Pfeffer

Kohl, Möhren, Paprikaschoten und Zwiebel in einer großen Schüssel, die nicht aus Aluminium sein sollte, vermischen.

Chili de árbol ohne Fettzugabe in der Pfanne etwa 1–2 Minuten rösten, dabei einmal wenden. Die Samen entfernen und die Chilischote zu Pulver zerstoßen. In eine Schüssel geben und die restlichen Zutaten für das Dressing unterrühren.

Das Dressing über die Salatzutaten träufeln und gründlich vermischen.

Für 6 Personen

TEXAS
Corn Nachos
Mais-Nachos

Die überall im Südwesten beliebten nachos – belegte Tortilla-Chips – *können ganz einfach mit geschmolzenem Käse oder, aufwendiger, mit einer Farce aus gehacktem Hühner- oder Rindfleisch, Bohnenpüree, eingelegten* jalapeños, *Tomaten, Chilischoten,* guacamole *und saurer Sahne belegt sein. In diesem Rezept werden die* nachos *mit Mais und roter Paprikaschote angerichtet. Schärfer werden diese* nachos, *wenn man sie vor dem Grillen mit kleingeschnittenen eingelegten* jalapeño-*Chilischoten bestreut.*

1 EL Pflanzenöl
75 g feingehackte rote Paprikaschote
45 g feingehackte rote Zwiebel
125 g Maiskörner
3 *Anaheim*-Chilischoten, geröstet, enthäutet, Samen und Scheidewände entfernt und in Würfel geschnitten (siehe Glossar)
250 g Doppelrahm-Frischkäse, zimmerwarm
250 g saure Sahne
2 TL *chili powder* (siehe Glossar)
2 TL gemahlener Kreuzkümmel
¼ TL Cayennepfeffer
Salz und frisch gemahlener Pfeffer
300 g weiße oder gelbe Mais-Chips (entspricht etwa 70 Chips)
1 EL eingelegte *jalapeño*-Chilischoten, in Ringe geschnitten (nach Belieben)

In einer großen Pfanne das Öl bei mittlerer Temperatur erhitzen. Paprikaschote und rote Zwiebel hineingeben und in etwa 3 Minuten weich dünsten. Maiskörner und *Anaheim*-Chilischoten zugeben, weitere 2 Minuten dünsten, dann die Pfanne vom Herd nehmen.

Doppelrahm-Frischkäse und saure Sahne in einer Rührschüssel mit dem elektrischen Handrührgerät aufschlagen. Mit *chili powder,* Kreuzkümmel, Cayennepfeffer, Salz und Pfeffer würzen und das geschmorte Gemüse unterrühren.

Von dieser Mischung jeweils etwa ½ Eßlöffel auf die Mais-Chips geben und nach Belieben kleingeschnittene *jalapeño*-Chilischoten darüberstreuen. Die gefüllten Chips auf ein Backblech setzen, unter den Grill schieben und 2–3 Minuten überbacken, bis die Chips zu bräunen beginnen und der Käse schmilzt.

Ergibt etwa 70 Stück

SAN ANTONIO, TEXAS
Crab and Roasted Pepper Nachos
Nachos mit Krebsfleisch und gerösteten Paprikaschoten

Mit der gehaltvollen, cremigen Mischung, mit der diese nachos *belegt sind, lassen sich auch Baguette-Scheiben bestreichen oder* quesadillas *füllen.* Asadero *ist ein Käse, der im Geschmack dem italienischen Provolone und in der Konsistenz Mozzarella ähnelt. Da er schnell schmilzt, ist er zum Kochen hervorragend geeignet.*

2 EL Butter
75 g feingehackte Zwiebeln
250 ml Sahne
90 g Doppelrahm-Frischkäse, zimmerwarm, in Stücke zerteilt
30 g geriebener *asadero*-Käse, Provolone oder Mozzarella
1 Messerspitze Cayennepfeffer
Salz und frisch gemahlener weißer Pfeffer
250 g frisches oder tiefgefrorenes, aufgetautes und gut abgetropftes Krebsfleisch
1 rote Paprikaschote, geröstet, enthäutet, Samen und Scheidewände entfernt und in Würfel geschnitten (siehe Glossar)
2 *Anaheim*-Chilischoten, geröstet, enthäutet, Samen und Scheidewände entfernt und in Würfel geschnitten (siehe Glossar)
150 g Tortilla-Chips (entspricht etwa 35 Chips)

VORSPEISEN UND SALATE

In einer mittelgroßen Pfanne die Butter bei mittlerer Temperatur erhitzen. Die Zwiebeln etwa 2 Minuten darin anschwitzen. Die Sahne zugeben, aufkochen und unter gelegentlichem Rühren um die Hälfte einkochen lassen. Den Doppelrahm-Frischkäse unterrühren. Wenn er geschmolzen ist, den geriebenen Käse, Cayennepfeffer, Salz und Pfeffer, danach Krebsfleisch, Paprikaschote und Chilischoten untermengen. Bis zu diesem Arbeitsgang läßt sich die Mischung vorbereiten, bis zum Gebrauch kalt stellen.

Den Grill vorheizen. Etwa 1 Eßlöffel von der Mischung auf jeden Tortilla-Chip geben. Die *nachos* auf ein Backblech setzen, unter den Grill schieben und in 2–3 Minuten heiß werden lassen.

Ergibt etwa 35 Stück

PHOENIX, ARIZONA
Creamy Chicken Nachos
Nachos mit Hühnercreme

Die Menge der Chilischoten ist nicht verbindlich und sollte sich nach den Geschmacksgewohnheiten richten. Die hier verwendeten jalapeño-*Chillies sind feurig scharf, deswegen sollte man anfangs etwas weniger als angegeben verwenden und nach Bedarf nachwürzen. In diesem Rezept kann das Hühnerfleisch durch gekochte Garnelen ersetzt werden: Die Creme kann einen Tag im voraus zubereitet werden. Sie läßt sich auch als schmackhafter Aufstrich für Toasts oder Weizenmehl-Tortillas verwenden.*

1 Hühnerbrust, ohne Haut und Knochen, pochiert und in feine Streifen geschnitten
250 g Doppelrahm-Frischkäse, zimmerwarm
2 *jalapeño*-Chilischoten, Samen entfernt und fein gehackt
3 EL feingehackte rote Zwiebeln
2 Knoblauchzehen, fein gehackt
1 TL Kreuzkümmel, grob zerstoßen
1 TL *chili powder* (siehe Glossar)
185 g geriebener *Monterey-jack*-Käse (siehe Glossar)
Salz und frisch gemahlener Pfeffer
375 g flache Tortilla-Chips (entspricht etwa 100 Chips)

Alle Zutaten mit Ausnahme der Tortilla-Chips im Mixer cremig verarbeiten und kalt stellen, jedoch bei Zimmertemperatur verwenden, dann läßt sich die Creme besser verstreichen.

Den Grill vorheizen. Jeden Chip großzügig und gleichmäßig mit der Creme belegen. Die *nachos* auf ein Backblech setzen und so lange unter den Grill schieben, bis sie knusprig und goldbraun sind.

Ergibt etwa 100 Stück

Von links nach rechts: *Nachos mit Hühnercreme; Nachos mit Krebsfleisch und gerösteten Paprikaschoten; Mais-Nachos*

Im Uhrzeigersinn von links: *Maistörtchen mit Salsa; Tostaditas mit Huhn, Paprika und Avocado; Ausgebackene Cocktail-Chillies*

PARADISE VALLEY, ARIZONA

CHICKEN, PEPPER AND AVOCADO TOSTADITAS
Tostaditas mit Huhn, Paprika und Avocado

Ranchero ist ein Frischkäse, der weniger Fett, Natrium und Cholesterin enthält als Monterey jack oder Cheddar. *Cotija*, ein ausgereifter, würziger Hartkäse, verleiht der aromatischen Hühnerfleisch-Mischung einen besonderen Geschmack. Auch mit Weizenmehl-Tortillas schmeckt die Mischung gut: Die Tortilla wird von einer Seite unter dem Grill leicht gebräunt, gewendet, mit der Hühnerfleisch-Mischung auf der ungebräunten Seite bestrichen und mit Käse bestreut, den man unter dem Grill schmelzen läßt. Die Tortilla vor dem Servieren in Stücke schneiden.

2 EL Olivenöl
2 EL Butter
1 Zwiebel, halbiert und längs in dünne Scheiben geschnitten
3 Knoblauchzehen, fein gehackt
1 Tomate, in Würfel geschnitten
2 EL frisch gepreßter Limonensaft
Salz
1 Hühnerbrust, ohne Haut und Knochen, in Würfel geschnitten
1 rote Paprikaschote, geröstet, enthäutet, Samen und Scheidewände entfernt und in Streifen geschnitten (siehe Glossar)
Je 1 *jalapeño*- und *Anaheim*-Chilischote, geröstet, enthäutet, Samen und Scheidewände entfernt und in Streifen geschnitten (siehe Glossar)
10 g gehacktes Koriandergrün
1 Avocado, geschält, Kern entfernt und in Würfel geschnitten
125 g geriebener *ranchero*- oder *Monterey-jack*-Käse (siehe Glossar)
75 g zerbröckelter *cotija* (siehe Glossar), Feta oder Ziegenfrischkäse
150 g runde Tortilla-Chips (entspricht etwa 35 Stück)

Öl und Butter in einer großen, schweren Pfanne bei mittlerer Temperatur heiß werden lassen. Die Zwiebel darin ungefähr 2 Minuten anschwitzen. Knoblauch, Tomate, Limonensaft und Salz zugeben und unter Rühren 5 Minuten dünsten, bis die Zwiebel glasig ist.

VORSPEISEN UND SALATE

BIERTEIG

125 g Mehl
1 TL Salz
250 ml Bier

5 *Anaheim*- oder *New-Mexico-green*-Chilischoten, geröstet, enthäutet, Samen entfernt und in 2 cm breite Streifen geschnitten (siehe Glossar)
125 g *Monterey-jack*-Käse (siehe Glossar), in 2 × 1 × 1 cm große Würfel geschnitten und gekühlt
Pflanzenöl zum Ausbacken

Mehl und Salz in einer großen Schüssel vermischen. Nach und nach mit dem Bier zu einem glatten Teig verrühren. Den Bierteig zugedeckt 1 Stunde bei Zimmertemperatur ruhen lassen.

Jedes Stück Käse mit einem Streifen Chilischote umwickeln, mit einem Zahnstocher befestigen. Falls man sie nicht sofort ausbacken möchte, kann man die *chiles rellenos* bis zum Gebrauch im Kühlschrank aufbewahren.

Einen mittelgroßen schweren Topf 2½ cm hoch mit Öl füllen und auf 180 °C erhitzen. Nacheinander die eingewickelten Käsestücke in den Bierteig tauchen, etwas abtropfen lassen und 3–5 Minuten im heißen Öl ausbacken, dabei einmal wenden. Wenn sie knusprig und goldbraun sind, mit einem Schaumlöffel herausnehmen und auf Küchenpapier abtropfen lassen. Mit den restlichen *rellenos* ebenso verfahren. Die Zahnstocher entfernen und die ausgebackenen Chillies sofort servieren.

Ergibt etwa 20 Stück

SANTA FE, NEW MEXICO

CORN CUPS WITH SALSA
Maistörtchen mit Salsa

Mais ist für viele Indianervölker des amerikanischen Südwestens ein Symbol des Lebens. Zu dieser salsa schmecken die Törtchen aus Maismehl besonders gut. Winzige Muffin-Formen haben die richtige Größe für die kleinen Appetithappen. Man kann die Törtchen aber auch in normalen Muffin-Formen backen und als Beilage zu einer gegrillten Vorspeise servieren.

MAISMEHLTEIG

90 g Butter, zimmerwarm
60 g Doppelrahm-Frischkäse, zimmerwarm
75 g gelbes Maismehl
150 g Mehl
Salz

SALSA

5 reife Eiertomaten, in Würfel geschnitten
50 g feingehackte rote Zwiebel
1 rote Paprikaschote, Samen und Scheidewände entfernt und in Würfel geschnitten
2 *jalapeño*-Chilischoten, Samen entfernt und fein gehackt
2 EL frisch gepreßter Zitronensaft
1 EL frisch gepreßter Limonensaft
90 g Maiskörner
2 EL gehacktes Koriandergrün
Salz und frisch gemahlener Pfeffer

Den Ofen auf 180 °C vorheizen. Butter und Doppelrahm-Frischkäse in einer mittelgroßen Schüssel mit einem elektrischen Handrührgerät cremig rühren. Maismehl, Mehl und Salz dazusieben und langsam einarbeiten. Den Teig kurz durchkneten und daraus Kugeln von 2½ cm Durchmesser formen. Jede Teigkugel in eine Mini-Muffin-Form legen und zu Törtchen drücken. In den vorgeheizten Ofen schieben und in etwa 20 Minuten goldbraun backen. Aus dem Ofen nehmen und abkühlen lassen. Die Törtchen aus der Form nehmen.

In einer Schüssel, die nicht aus Aluminium sein sollte, alle Zutaten für die *salsa* vermischen und gut abschmecken.

Die Maistörtchen mit der *salsa* füllen und sofort servieren.

Ergibt etwa 30 Stück

Hühnerfleisch zugeben und ohne Deckel garen lassen. Paprikaschote und Chillies, Koriandergrün und Avocado unterrühren und die Pfanne vom Herd nehmen.

Den Grill vorheizen. Die beiden Käsesorten in einer kleinen Schüssel vermischen. Auf die Tortilla-Chips jeweils 1 Eßlöffel Hühnerfleisch-Mischung geben, mit Käse bestreuen und auf ein Backblech setzen. In den Ofen schieben und so lange unter dem Grill lassen, bis der Käse zu schmelzen beginnt. Die *tostaditas* auf einer Platte anrichten und sofort servieren.

Ergibt etwa 35 Stück

TUCSON, ARIZONA

COCKTAIL-SIZE CHILES RELLENOS
Ausgebackene Cocktail-Chillies

Diese Mini-Version der beliebten, mit Käse gefüllten grünen Chilischoten ist für Cocktail-Partys bestens geeignet. Die im Bier enthaltene Hefe macht den Teig leicht und luftig.

ZENTRALES HOCHLAND

ZENTRALES HOCHLAND

Wie ein zerklüftetes Band zieht sich eine Kette von Vulkanbergen, die von der Mitte Arizonas bis ins westliche New Mexico reicht, in westöstlicher Richtung quer durch den Süden. Im Norden wird sie durch das rund anderthalb Kilometer hoch aufragende Colorado-Plateau und das steil abfallende Mogollon-Randgebirge begrenzt, im Süden durch die ausgedehnten Wüstenfelder des amerikanischen Südwestens. Hier liegt das Skelett der geologischen Vergangenheit der Region bloß, die sich in den pastellfarbenen Blöcken aus Vulkanasche in den Datil Mountains ebenso wie in den rostfarbenen Felsenklippen des Red Rock Country um Sedona offenbart.

Das ständig wechselnde Landschaftsbild dieser schwach bevölkerten Region erfüllt den Besucher, der mit seinem Auto auf der Interstate 17 von Phoenix nach Flagstaff oder auf den kleineren Highways, die Arizona und New Mexico verbinden, unterwegs ist, mit Ehrfurcht und Staunen. Man kann sich kaum vorstellen, daß Menschen in diesem zwar schönen, aber offensichtlich abweisenden Landstrich Fuß gefaßt haben.

Doch schon in der Frühzeit haben hier Menschen gelebt. Die Berggipfel fangen die Sturmwolken ein und bringen so der Landschaft reichlich Regen, der Wildpflanzen im Überfluß wachsen läßt. Bäche durchziehen die Hochwälder, in denen eine Vielzahl von Wildtieren heimisch ist.

Die Vorfahren der Mogollon-Stämme, die in dieser Gegend vor mehr als 7000 Jahren lebten, kannten schon primitive Formen des Ackerbaus.

Vorhergehende Seiten: Das pittoreske Mogollon-Randgebirge fällt abrupt fast 700 Meter tief ab. Es markiert die Kante des Colorado-Plateaus, das einen großen Teil von Nord-Arizona einnimmt.
Links: Arizona ist ein Land von ungeheurer Vielfalt: Üppig grünende Wälder und klare Bäche finden sich unweit kahler Wüstenstriche. Das Bild zeigt die reiche Vegetation des Oak Creek Canyon.

ZENTRALES HOCHLAND

In der Bat Cave, einer Höhle in den Bergen, die in der Eiszeit einen See umschlossen und aus dessen Grund sich später die San Augustin Plains im westlichen New Mexico bildeten, fanden Archäologen Hinweise darauf, daß diese Ureinwohner schon 3600 Jahre v. Chr. Mais anbauten. Seine Kolben hatten allerdings nur die Größe und Form einer Erdbeere. Darüber hinaus kultivierten sie auch Kürbisse. Erst gegen 400 v. Chr. kamen Bohnen hinzu. Die drei Pflanzen ermöglichten den Indianern eine ausgewogene Ernährung, die sich bis auf den heutigen Tag erhalten hat.

Wildpflanzen und -tiere ergänzten den Speiseplan und sicherten zudem das Überleben, wenn durch Trockenheit und schlechte Ernten die Nahrungsmittelvorräte zu Ende gingen. Funde in der Tularosa-Höhle in den Mogollon-Bergen erbrachten außer Mais, Kidney-Bohnen und Kürbis Hinweise auf mehr als vierzig andere Pflanzenarten, darunter Pinienkerne, Walnüsse, Bucheckern, Kaktusfeigen, Sonnenblumenkerne, Wildreis, Petersstrauch und Mormonenlilie. Man fand auch Knochen von Hirsch, Bison, Truthahn und Bisamratte.

Die Apachen-Stämme, die um etwa 1300 n. Chr. in die Region einwanderten, waren Sammler und Jäger. Die Jagd auf Hirsche und Antilopen war Männersache, eine Aufgabe, die den Indianern erleichtert wurde, nachdem die Spanier das Pferd im Südwesten heimisch gemacht hatten. Der weitverbreitete Bär wurde, selbst wenn anderes Wild rar war, von den Indianern nicht gejagt, da er Unglück verhieß, ebenso Truthähne, die sich von Schlangen und Insekten ernährten. Fisch wurde ebenfalls verschmäht, da seine Schuppen denen der bösartigen Schlange ähnelten.

Den Frauen fiel die Aufgabe zu, das Fleisch, das nicht gleich gegessen werden konnte, durch Räuchern und Trocknen haltbar zu machen. Noch wichtiger war allerdings, vom Beginn des Frühjahrs bis zum Ende des Herbstes, das Sammeln von wilden Pflanzen und Früchten wie Yucca, Agave, Mesquite, Schraubenbohne, Sumach- und Wacholderbeeren, Kaktusfrüchte, Erdbeeren und Himbeeren, Pinienkerne, Walnüsse, Bucheckern und Trauben. Häufig wurde das Sammeln der Pflanzen von religiösen Ritualen begleitet. So gehörten zum Beispiel zum Ausgraben, Zerschneiden, Rösten, Zerstampfen, Trocknen und Aufbewahren der Agave lange Gebete und Zeremonien. Die Agave war den Apachen als Nutzpflanze so wichtig, daß die Spanier sie *mescal* nannten, nach den Mescalero, einem Unterstamm der Apachen.

Anfänglich bauten die Apachen nur geringe Mengen Mais und Melonen an, jedoch nahm der Anbau unter dem Einfluß der benachbarten mexikanischen Siedler an Vielfalt zu. Auch Kürbisse, Bohnen, Chillies, Kartoffeln und Zwiebeln wurden jetzt angeplant. Allerdings zeigte eine Studie, die der Anthropologe Grenville Goodwin 1935 veröffentlichte, daß bei den West-Apachen diese Nahrungsmittel gerade ein Viertel des Gesamtkonsums übers Jahr ausmachten.

In jüngerer Zeit übte das Zentrale Hochland des Südwestens eine besondere Anziehungskraft auf europäische Siedler aus, die eine Vorliebe für Rindfleisch und Austern, Wein und Whisky mitbrachten. Ausgelöst wurde der Zustrom durch den Abbau von Silber und Blei in den Bergwerken der Umgebung von Magdalena, New Mexico, der zwischen 1880 und 1902 seinen Höhepunkt erreichte und Erz im Wert von mehr als neun Millionen Dollar zutage brachte. Zur gleichen Zeit, bedingt durch den Aufschwung der Kupferminen in Arizona, wuchs die Stadt Jerome, die am Hang des Mingus Mountain liegt, in einem schier unglaublichen Tempo und galt wegen ihrer unzähligen Saloons und Bordelle, die rund um die Uhr geöffnet hatten, alsbald als die »sündhafteste Stadt in Amerika«. Nach dem Zweiten Weltkrieg war Jerome eine Geisterstadt und erlebte erst in den sechziger Jahren eine Wiedergeburt, als sich Künstler und Kunsthandwerker dort niederließen.

Auch Sucher nach spiritueller Erfahrung wurden vom Hochland angezogen. In der Nähe von Cordes Junction, Arizona, bauten Jünger des visionären, aus Italien stammenden Architekten Paolo Soleri die futuristische Wüstenkommune von Arcosanti, in deren Café und Bäckerei Vollwertkost aus natürlichen Zutaten angeboten wird.

Sedona, im Herzen des Red Rock Country von Arizona gelegen, hat sich zu einem Zentrum der New-Age-Bewegung entwickelt und ist demnach ein Hauptenergiezentrum unseres Planeten, wo sich die harmonischen Strömungen unserer Welt brennpunktartig bündeln, und nicht zuletzt ein Landeplatz für UFOs. Mystiker, Heilsverkünder und auf eine Begegnung mit Außerirdischen Hoffende machen mittlerweile den Künstlern, die schon vor etlicher Zeit hierherkamen, um die Schönheit der Felsstürze und Canyons festzuhalten, den Platz streitig. Die dem allgemein herrschenden Trend entsprechende geistige Selbstverstümmelung kann sich natürlich auch nicht mit normalen Eßgewohnheiten abfinden. Die Restaurants tragen dem Rechnung: Sogar ein beliebtes Südwest-Lokal serviert zu seinen üblichen *tacos, enchiladas, tamales* und *burritos* Gerichte wie gegrillte Kaktussprossen auf roter Chilicreme.

Dennoch findet man auch in den ungewöhnlichsten gastronomischen Auswüchsen immer noch Spuren der jahrhundertealten Tradition der Südwest-Küche wieder. Die Menschen in dieser Region, gastfreundlich gesinnt und immer darauf bedacht, einem anderen eine Freude zu machen, stehen dem ganzen Treiben mit Gelassenheit gegenüber. Ihre Haltung ist mit der vergleichbar, die ein traditionelles Gebet der Medizinmänner der Apachen ausdrückt: »Ich bete inbrünstig um ein langes Leben, um mit dir dort zu leben, wo die guten Leute sind ... Vor mir liegt das Gute. Führe mich.«

Pinienwälder, sanfte Hügel, malerische Canyons und stille Seen bestimmen das Bild des Mogollon-Randgebirges im mittleren Arizona.

Linke Seite: *In nur zwanzig Jahren hat sich Sedona, Arizona, von einer kleinen landwirtschaftlichen Gemeinde zu einem blühenden Kunstzentrum und Ferienort entwickelt.*

Suppen, Eintöpfe und Chilis

Suppen und Eintöpfe, die schon zur traditionellen Ernährung der Indianer und Spanier gehörten, sind seit Anbeginn wichtige Bestandteile der Südwest-Küche.

SUPPEN, EINTÖPFE UND CHILIS

Die Begriffe »Suppe« und »Eintopf« lassen sich ziemlich einfach unterscheiden: Läßt man die Zutaten für eine Suppe groß genug und kocht das Ganze, bis es dick wird, wird es zum Eintopf. Gibt man zum Eintopf genügend Brühe und passiert den Inhalt, erhält man eine Suppe. Zwischen Suppe und Eintopf gibt es eine kulinarische Grauzone, an deren Klärung im Südwesten der Vereinigten Staaten allerdings noch niemand gelegen war.

Ein hervorragendes Beispiel für die verschwimmenden Grenzen zwischen Suppe und Eintopf bietet *posole*. Für dieses herzhafte Gericht wird erst einmal *hominy* benötigt: Große getrocknete Maiskörner werden in Kalklösung gelegt, damit sich ihre Schalen lösen und sie aufquellen. Danach werden sie einige Stunden lang mit einigen Stücken Schweinefleisch, getrockneten Chillies, Zwiebeln, Knoblauch, Kräutern und Gewürzen gekocht, und fertig ist das Alltagsgericht. Gibt man mehr Schweinefleisch dazu, wird der *posole* ein traditionelles Weihnachts- oder Neujahrsessen, wie in New Mexico üblich. Ersetzt man das Schweinefleisch durch Lamm, erhält man ein eher typisches Navajo-Gericht. In welcher dieser Zubereitungsformen ist dieser *posole* nun eine Suppe oder ein Eintopf? Überlegen Sie sich's gut, schauen Sie in ein anderes Buch über die Südwest-Küche, und Ihre Chancen, daß der Autor auch Ihrer Meinung ist, stehen höchstens 50 zu 50.

Der springende Punkt ist der, daß die traditionellen Suppen und Eintöpfe des Südwestens eher einen Kompromiß mit den Notwendigkeiten der menschlichen Ernährung darstellen. Cowboys auf der Weide, Pioniere auf ihrem Zug nach Westen, indianische Jäger und die ersten europäischen Siedler konnten sich meist nicht aussuchen, was oder wie sie kochten. In den Topf kam, was gerade greifbar war: ein zähes Stück Fleisch, irgendein Gemüse, Wasser und was an Würze zur Verfügung stand. Heraus kam eine aus einem einzigen Gang bestehende Mahlzeit. Besonders Cowboys, von Texas bis nach Arizona, liebten es, ihren Zubereitungen alle Innereien und manchmal etwas Fleisch von einem frisch geschlachteten Kalb oder Stier beizumengen. Das Ganze wurde fünf Stunden oder länger in einem großen, gußeisernen Kessel gekocht und als *Son-of-a-Gun-*(Wahnsinnskerl) oder *Son-of-a-Bitch-*(Sauhund)*Stew* bekannt.

Man kann sich leicht vorstellen, daß das Ergebnis dieser speziellen Kochkünste bei Uneingeweihten auf gewisse Voreingenommenheit stieß. Die 16jährige, frisch vermählte Susan Shelby Magoffin beschreibt in ihrem Tagebuch, das sie 1846 auf ihrer Reise über den Santa Fe Trail in New Mexico führte, ihre Erfahrungen mit der »Mischung aus Fleisch, *chili verde* und Zwiebeln, die miteinander verkocht wurden«, so: »Ich nahm nur einige Bissen, denn ich konnte so etwas Scharfes nicht essen. Mein Gaumen war an solche Sachen nicht gewöhnt.«

Wenn Außenstehende das Loblied des Chili anstimmen, rühmen sie in der Regel eine texanische Spezialität: *chili con carne*, wörtlich Chilischoten mit Fleisch. Die Bezeichnung bezieht sich auf ein Gericht, das seinen Ursprung tatsächlich in Texas hat und von den Cowboys kurz und bündig als *bowl o'red* (eine Schüssel mit Rotem) bezeichnet wurde. Es besteht aus getrockneten roten Chilischoten, die zusammen mit klei-

Vorhergehende Seiten, im Uhrzeigersinn von links: *Butternut-Kürbis-Suppe* (Rezept siehe Seite 79), *Schwarze-Bohnen-Suppe* (Rezept siehe Seite 80), *Rote Paprikasuppe mit Poblano-Creme* (Rezept siehe Seite 66)

nen, angeschmorten Rindfleischstücken, etwas Kreuzkümmel, Oregano, Salz, Knoblauch, einer Prise schwarzem Pfeffer als Würze und einer Handvoll Maismehl zum Andicken gekocht werden. Es fällt einem nicht schwer, sich vorzustellen, wie Cowboys das Gericht inmitten der Prärie auf einem *chuck wagon* kochen und es zusammen mit einem Schlag Bohnen, die die feurige Schärfe der Sauce etwas mildern, servieren. Eingefleischte Traditionalisten schwören darauf, daß ein echtes Chili nur nach dieser Formel gekocht werden dürfe.

Der *chile colorado,* eine rote Chilischote, die man in New Mexico bevorzugt, ist ein enger Verwandter der in Texas verwendeten Chillies. Nachdem man Samen und Stiel entfernt hat, werden die getrockneten langen roten Schoten über offener Flamme geröstet, mit Brühe zu einem Püree verrieben und mit großen Stücken Rindfleisch und einfachen Gewürzen geschmort. Heraus kommt eine Zubereitung, die gewöhnlich zwar dünnflüssiger, aber von intensiverem Geschmack als ein texanisches Chili ist, da sie etwa gleiche Mengen von Fleisch und Chilischoten enthält. Da die Bewohner von New Mexico nie ihren Stolz auf ihr hispanisches Erbe verleugnet haben, nennen sie ihre Version *chile,* niemals *chili* wie die Texaner.

Noch beliebter ist in New Mexico der *chile verde,* grüner Chili. In seiner einfachsten Form enthält das Gericht wenig mehr als frisch gepflückte, über offenem Feuer geröstete grüne Chilischoten aus New Mexico, von Stielen und Häuten befreit, das saftige Fruchtfleisch in grobe Stücke zerteilt und noch warm mit Bohnen und Tortillas serviert. So zubereitete Chilischoten vermitteln mit ihrem frischen Geschmack von leichter Süße und Schärfe zugleich den Charakter der Südwest-Küche. Genausogern werden grüne Chillies mit Schweinefleisch geschmort. Es soll sogar einige Texaner westlich des Rio Grande geben, die ein Schweinefleisch-Stew mit grünen Chillies dem texanischen *chile colorado* vorziehen.

Schon als die ersten Chili-Stände auf den Märkten von San Antonio, Texas, auftauchten, verkauften Frauen, die chili queens, die begehrten bowls o'red.

Vermutlich wurde Chili zum ersten Mal in der Mitte des 19. Jahrhunderts gekocht, als unbekannte Texaner heimische Zutaten zu einem Gericht mixten, das sich auch in der Prärie unter freiem Himmel leicht zubereiten ließ.

Nicht nur die Beliebtheit der Chilischote hat zugenommen, sondern auch ihre Varianten. Einzeln oder kombiniert würzen frische, getrocknete oder zerstoßene Chilischoten in allen Farben, Formen, Größen und Schärfegraden Suppen, Eintöpfe und Chilis. Die Bohnen, die ursprünglich getrennt auf den Tisch kamen, finden nun meist ihren Weg in den Fleischtopf, sowohl in Texas als auch jenseits der Grenzen, nicht nur Pinto- oder Kidney-Bohnen, sondern auch schwarze Bohnen, weiße Bohnen – Bohnen aller Farben und Sorten.

Es ist auch erlaubt, Tomaten zuzugeben, um die Farbe zu verstärken. Zudem bildet ihr süßsaurer Geschmack einen angenehmen Kontrast zum Aroma der Chillies. Anstatt Rind- oder Schweinefleisch kann der Gesundheitsbewußte auch Truthahn- oder Hühnerfleisch verwenden, der Jäger allerlei Arten von Wild, wobei er sich wieder den Ursprüngen des Gerichtes, die in der Pionierzeit liegen, annähert. Alles ist heutzutage erlaubt: Mischungen von zwei oder drei unterschiedlichen Fleischsorten von Haustieren oder Wild, sogar Thun- oder Haifisch finden sich im Chili-Kessel, manchmal auch nur Bohnen pur für den Fleischverächter.

Fast jedes Wochenende im Jahr finden irgendwo im Südwesten oder im großen Rest der Vereinigten Staaten Chili-Kochwettbewerbe statt, bei denen Hunderte von Amateur- und Berufsköchen ihre Chili-Rezepte, von denen kaum eines dem anderen gleicht, einem sachverständigen Publikum vorstellen. Ihre gelungene Zubereitung ist der kleinste gemeinsame Nenner, aber auch das allumfassende Band, das die angetretenen Köche verbindet. Ein erfolgreiches Rezept erweckt naturgemäß in seinem Schöpfer ein Gefühl von Können und Stolz. Wie sehr ein Chili geeignet ist, das Herz zu erwärmen und die Seele in Hochstimmung zu versetzen, bezeugt Lady Bird Johnson, die Frau des ehemaligen US-Präsidenten und überzeugten Texaners Lyndon B. Johnson, in einem Brief, den sie an den legendären Chili-Experten Frank X. Tolbert in Dallas schrieb und der in seinem Buch »A Bowl of Red« veröffentlicht wurde. Hier ein Auszug:

»Wenn ich an Chili denke, habe ich diese Gefühle: Irgendwann im November, wenn die ersten Stürme aus dem Norden einsetzen und der Himmel grau verhangen ist, so um fünf Uhr nachmittags, fällt mir plötzlich ein, wie gut ein Chili als Abendessen schmecken würde. Meine Erwartungen werden nie enttäuscht. Man spürt sogar die kalten Novemberwinde nicht mehr.«

Kit Carson, Einwohner von Taos, hätte der First Lady sicher zugestimmt, denn seine berühmten Worte auf dem Sterbebett lauteten: »Es wäre schön, wenn ich noch Zeit für eine letzte Schale Chili hätte.«

SUPPEN, EINTÖPFE UND CHILIS

SAN ANTONIO, TEXAS

RED PEPPER SOUP WITH POBLANO CREAM
Rote Paprikasuppe mit Poblano-Creme

Der leicht süßliche Geschmack dieser Suppe wird durch die feine Schärfe der Poblano-Creme abgerundet. Frischer Rosmarin und Majoran können durch getrockneten ersetzt werden, die Paprikasuppe hat dann allerdings einen nicht ganz so lieblichen Geschmack.

SUPPE

3 EL Olivenöl
6 rote Paprikaschoten, Samen und Scheidewände entfernt und in feine Streifen geschnitten
6 Stangen Lauch, den weißen und hellgrünen Teil in Scheiben geschnitten
3 Knoblauchzehen, fein gehackt
4 Zweige frischer Rosmarin
4 Zweige frischer Majoran
625 ml Rinderbrühe (siehe Glossar)
Salz und frisch gemahlener Pfeffer
250 ml Sahne

POBLANO-CREME

125 g saure Sahne
125 ml Sahne, leicht geschlagen
1 EL gehacktes Koriandergrün
1 *poblano*-Chilischote, geröstet, enthäutet, Samen und Scheidewände entfernt (siehe Glossar)
Salz und frisch gemahlener Pfeffer

Für die Suppe das Öl in einem schweren Topf erhitzen. Die Paprikaschoten darin unter Rühren in etwa 2 Minuten etwas weich schwitzen. Lauch und Knoblauch zugeben und 2 Minuten mitschwitzen. Rosmarin und Majoran zufügen und das Ganze zugedeckt bei niedriger Temperatur etwa 1 Stunde schmoren lassen. Die Paprikaschoten sollten sehr weich sein. Die Mischung im Mixer oder in der Küchenmaschine pürieren, durch ein Sieb zurück in den Topf passieren, die Rinderbrühe zugießen und mit Salz und Pfeffer abschmecken. Die Suppe 5 Minuten kochen lassen, dann die Sahne unterrühren und kurz erhitzen.

Für die Poblano-Creme saure Sahne, Sahne, Koriandergrün und *poblano*-Chilischote im Mixer zu einem glatten Püree verarbeiten. Mit Salz und Pfeffer würzen. Die Suppe in 6 Schüsseln oder tiefe Teller verteilen. Die Poblano-Creme in eine Plastikflasche mit Spritztülle füllen und die Suppe mit der Creme garnieren.

Für 6 Personen   Foto siehe Seite 63

NEW MEXICO

ROASTED CORN SOUP
Maissuppe

Gegrillter Mais und geröstete Paprikaschoten verleihen dieser schmackhaften Suppe ein unverwechselbares Aroma. Obwohl man sie auch mit gefrorenem Mais zubereiten kann, schmeckt sie am besten aus ganz frischen gelben oder weißen Maiskolben. Man kann die Maissuppe verfeinern, indem man sie durch ein Sieb passiert, bevor die Mischung aus Milch und Sahne untergerührt wird.

4 frische Maiskolben, Außenblätter und Fäden entfernt, ersatzweise 750 g Maiskörner
1 EL Olivenöl
2 Knoblauchzehen, fein gehackt
75 g feingehackte rote Zwiebel
75 g geschälte und feingehackte Möhre
75 g feingehackter Sellerie
½ TL gemahlener Kreuzkümmel
2 gelbe Paprikaschoten, geröstet, Samen und Scheidewände entfernt und in Würfel geschnitten (siehe Glossar)
1 *serrano*-Chilischote, Samen entfernt und fein gehackt
1 l Hühnerbrühe (siehe Glossar)
250 ml Mischung aus halb Milch und halb Sahne
Salz und frisch gemahlener Pfeffer

Die Maiskolben über offenem Feuer, auf einem Holzkohlengrill oder unter dem Grill rundum braun werden lassen. Anschließend die Körner mit einem scharfen Messer ablösen.

Das Olivenöl in einem großen Topf erhitzen. Knoblauch, Zwiebel, Möhre und Sellerie darin bei mittlerer Temperatur etwa 5 Minuten andünsten. Maiskörner, Kreuzkümmel und Paprikaschoten zugeben und 1–2 Minuten unter Rühren dünsten. Chilischote und Hühnerbrühe in den Topf geben, die Hitze reduzieren und die Suppe 30 Minuten köcheln lassen. Im Mixer oder in der Küchenmaschine 1–2 Minuten pürieren, wieder in den Topf geben, die Mischung aus Milch und Sahne unterrühren und mit Salz und Pfeffer abschmecken. Die Suppe nochmals heiß werden lassen, in 6 Suppenschüsseln oder tiefe Teller verteilen und sofort servieren.

Für 6 Personen

Von links nach rechts: *Tomatillo-Suppe, Maissuppe*

SONORA-WÜSTE

TOMATILLO SOUP
Tomatillo-Suppe

Tomatillo-Suppe schmeckt heiß ebensogut wie kalt, so daß man sie zu jeder Jahreszeit essen kann. Tomatillos (grüne Tomaten in einer papierartigen Hülle) sind bei uns meist nur in Dosen in Spezialgeschäften (siehe Bezugsquellen) erhältlich. Frisch können sie bis zu 1 Monat in einer Papiertüte im Kühlschrank aufbewahrt werden.

3 EL Olivenöl
3 Schalotten, fein gehackt
2 Knoblauchzehen, fein gehackt
500 g *tomatillos* (etwa 8 Stück), Hüllen entfernt und in Würfel geschnitten
3 *Anaheim*-Chilischoten, geröstet, enthäutet, Samen und Scheidewände entfernt und in Würfel geschnitten (siehe Glossar)
1,5 l Hühnerbrühe (siehe Glossar)
1 *jalapeño*-Chilischote, Samen entfernt und fein gehackt
2 EL frisch gepreßter Limonensaft
2 EL feingehacktes Koriandergrün
Salz und frisch gemahlener Pfeffer
Saure Sahne, mit Schlagsahne verrührt, und Korianderblätter

Das Olivenöl in einem großen Topf bei mittlerer Temperatur erhitzen. Schalotten und Knoblauch in etwa 4–5 Minuten weich schwitzen. *Tomatillos*, *Anaheim*-Chillies und Hühnerbrühe zugeben, aufkochen, die Hitze reduzieren und die Suppe 10–15 Minuten köcheln lassen, bis die *tomatillos* weich sind. In einen Mixer geben, *jalapeño*-Chilischote, Limonensaft und das Koriandergrün zugeben und pürieren. Mit Salz und Pfeffer abschmecken. Die Suppe in 6 Schüsseln verteilen, mit etwas saurer Sahne beträufeln und mit Korianderblättern garnieren. Man kann die Tomatillo-Suppe auch über Nacht in den Kühlschrank stellen und kalt servieren.

Für 6 Personen

SUPPEN, EINTÖPFE UND CHILIS

WEST-ARIZONA
GARLIC SOUP
Knoblauchsuppe

Die aus Zwiebeln, Knoblauch, Tortillas, Hühnerbrühe und Sahne zubereitete Suppe kann man noch verfeinern, indem man sie püriert. Durch den Knoblauch bekommt sie zwar ein kräftiges Aroma, noch interessanter schmeckt sie jedoch, wenn man sie vor dem Auftragen mit Poblano-Creme (Rezept siehe Seite 66) oder roter Chilisauce (Rezept siehe Seite 195) beträufelt.

60 g Butter
2 EL Olivenöl
300 g feingehackte Zwiebeln
25 Knoblauchzehen, fein gehackt
1½ Weizenmehl-Tortillas, in Würfel geschnitten
¼ TL Senfpulver
½ TL gemahlener Kreuzkümmel
1 l Hühnerbrühe (siehe Glossar)
250 ml Mischung aus halb Milch und halb Sahne
Salz und frisch gemahlener Pfeffer

Butter und Olivenöl in einem großen Topf bei niedriger Temperatur erhitzen. Zwiebeln und Knoblauch hineingeben, gut umrühren und fest zugedeckt bei sehr niedriger Temperatur etwa 1½ Stunden dünsten, bis sie sehr weich sind.

Den Deckel abnehmen, Tortillas, Senfpulver und Kreuzkümmel in den Topf geben und unter Rühren 10 Minuten mitdünsten. Die Brühe zugießen und aufkochen lassen. Die Mischung aus Milch und Sahne unterrühren und mit Salz und Pfeffer würzen. Die Knoblauchsuppe bei mittlerer Temperatur weitere 30 Minuten köcheln lassen. Nochmals abschmecken.

Die Suppe nach Belieben im Mixer oder in der Küchenmaschine pürieren und sofort servieren.

Für 6 Personen

Knoblauchsuppe

SUPPEN, EINTÖPFE UND CHILIS

Kürbissuppe mit Limonen-Ingwer-Sahne

MITTLERES ARIZONA
Pumpkin Soup with Lime-Ginger Cream
Kürbissuppe mit Limonen-Ingwer-Sahne

Schon vor Jahrhunderten wurde der Kürbis im Südwesten der Vereinigten Staaten angebaut. Die Indianer verwendeten schon damals Kürbiskerne, Kürbisblüten und natürlich das Fruchtfleisch. Diese Suppe ist einfach zuzubereiten und sieht besonders hübsch aus, wenn man sie für ein Buffet in einem ausgehöhlten und mit Schnitzereien verzierten Kürbis aufträgt. Für ein Abendessen mit Gästen kann man die Suppe portionsweise in kleinen, ausgehöhlten und ebenfalls verzierten Kürbissen servieren.

60 g Butter
300 g feingehackte Zwiebeln
½ TL Cayennepfeffer
330 ml Milch
750 ml püriertes Kürbisfleisch
1,5 l Hühnerbrühe (siehe Glossar)
Salz und frisch gemahlener Pfeffer
60 ml frisch gepreßter Limonensaft
1 EL frisch geriebener Ingwer
125 g saure Sahne
2 EL geriebene Limonenschale

Die Butter in einer großen Pfanne bei mittlerer Temperatur zerlassen und die Zwiebeln langsam glasig schwitzen. Den Cayennepfeffer unterrühren und das Ganze in den Mixer oder in eine Küchenmaschine geben. Mit Milch und Kürbisfleisch zu einem glatten Püree verarbeiten. Die Mischung in einen Topf geben, die Hühnerbrühe unterrühren, bei hoher Temperatur zum Kochen bringen und mit Salz und Pfeffer würzen.

In einem kleinen Topf Limonensaft und geriebenen Ingwer bei mittlerer Hitze 2 Minuten köcheln lassen. Durch ein Sieb in eine mittelgroße Schüssel gießen und die saure Sahne unter den Limonensaft rühren.

Die Suppe in Schüsseln oder ausgehöhlte Kürbisse füllen. Die Limonen-Sahne-Mischung in eine Plastikflasche mit Spritztülle geben und die Suppe mit Mustern verzieren. Zum Schluß mit geriebener Limonenschale bestreuen.

Für 10 bis 12 Personen

Im Uhrzeigersinn von oben links: *Chili mit schwarzen Bohnen; Weißer Chili; Grüner Chili*

SCOTTSDALE, ARIZONA
Chili Blanco
Weißer Chili

Hühnerfleisch und weiße Bohnen lassen sich gut miteinander kombinieren. Jacques Pépin, ein in kulinarischen Fragen ausgewiesener Experte, empfiehlt für den Chili blanco getrocknete weiße Bohnen aus der Vorjahresernte, die nicht zu lange eingeweicht werden sollten, sonst zerkochen sie zu schnell und verursachen überdies Magenbeschwerden.

450 g getrocknete weiße Bohnen
3 Hühnerbrüste, ohne Haut
875 ml Wasser
2 EL Olivenöl
315 g feingehackte Zwiebeln
4 Knoblauchzehen, fein gehackt
6 *Anaheim*-Chilischoten, geröstet, enthäutet, Samen und Scheidewände entfernt und in Würfel geschnitten (siehe Glossar)
1 grüne *serrano*- oder *jalapeño*-Chilischote, Samen und Scheidewände entfernt und fein gehackt
2 TL gemahlener Kreuzkümmel
1 EL feingehackter frischer Oregano, ersatzweise
 1½ TL getrockneter Oregano
¼ TL gemahlene Nelken
¼ TL Cayennepfeffer
750 ml Hühnerbrühe (siehe Glossar)
Salz
250 g geriebener *Monterey-jack*-Käse (siehe Glossar)
Tomatenstreifen, geriebener *Monterey jack*, feingehackte Frühlingszwiebeln und gehacktes Koriandergrün zum Garnieren

Die Bohnen in einem großen, schweren Topf mit reichlich Wasser bedecken und 1 Stunde einweichen.
 Die Hühnerbrüste in einer großen Kasserolle mit dem Wasser bedecken und zugedeckt etwa 30 Minuten leise garen lassen. Herausnehmen und abkühlen lassen, die Kochflüssigkeit beiseite stellen. Die Hühnerbrüste von den Knochen lösen und das Fleisch in mundgerechte Stücke zerteilen.

SUPPEN, EINTÖPFE UND CHILIS

PHOENIX, ARIZONA
BLACK BEAN CHILI
Chili mit schwarzen Bohnen

Ein herzhaftes Gericht, das mit einem Salat und heißen Tortillas oder Maisbrot eine köstliche Mahlzeit ergibt. Sie sollten kleine Schüsseln mit gehacktem Koriandergrün, saurer Sahne, in Würfel geschnittener Avocado, geriebenem Käse und feingehackter Zwiebel dazu reichen, damit sich Ihre Gäste davon nach Belieben nehmen können.

500 g getrocknete schwarze Bohnen, über Nacht eingeweicht
1 kg Schweinelende ohne Knochen, in Würfel geschnitten
4 Knoblauchzehen, fein gehackt
2 *chiles de árbol,* geröstet, Stiel und Samen entfernt (siehe Glossar)
3 *Anaheim*-Chilischoten, geröstet, enthäutet, Samen entfernt und in Würfel geschnitten (siehe Glossar)
1 EL Kreuzkümmel, grob gemahlen
1 TL getrockneter Oregano
1 EL Salz
125 g gehackte rote Zwiebel
2 *jalapeño*-Chilischoten, Samen und Scheidewände entfernt und fein gehackt
875 g Tomaten aus der Dose mit Flüssigkeit
1 rote Paprikaschote, Rippen und Samen entfernt und in Würfel geschnitten
1 EL frisch gepreßter Limonensaft

Das Einweichwasser abgießen und die Bohnen mit dem Schweinefleisch, Knoblauch, den Chillies, dem Kreuzkümmel, Oregano und Salz in den Topf zurückgeben. Mit Wasser bedecken und aufkochen lassen. Die Hitze reduzieren und die Bohnen zugedeckt etwa 4 Stunden köcheln lassen. Nach Bedarf etwas Wasser nachgießen. Zwiebeln, *jalapeño*-Chillies, Tomaten, Paprikaschote und Limonensaft zugeben und den Chili ohne Deckel eine weitere Stunde köcheln lassen, bis er eingedickt ist.

Für 6 bis 8 Personen

NEW MEXICO
CHILI VERDE
Grüner Chili

In New Mexico gilt ein Chili, mit Bohnen oder Tomaten »verlängert«, als verfälscht, so daß eigentlich nur Fleisch und New-Mexico-green-Chillies verwendet werden. Mit heißen Tortillas ergibt Chili verde *ein Hauptgericht. Man kann ihn auch als Füllung für* burros *und* chimichangas *oder als Sauce für* enchiladas *und* chiles rellenos *verwenden.*

3 EL ausgelassener Speck oder Pflanzenöl
125 g grobgehackte Zwiebeln
1 kg mageres Schweinefleisch, in 1½ cm große Würfel geschnitten
2 EL Mehl
½ TL gemahlener Kreuzkümmel
2 Knoblauchzehen, fein gehackt
10 *New-Mexico-green-* oder *Anaheim*-Chilischoten, geröstet, enthäutet, Samen und Scheidewände entfernt und in Würfel geschnitten (siehe Glossar)
750 ml kochende Hühnerbrühe (siehe Glossar)
Salz und frisch gemahlener Pfeffer

In einem großen, schweren Topf den ausgelassenen Speck oder das Pflanzenöl bei mittlerer Temperatur erhitzen. Die Zwiebeln in etwa 5 Minuten darin weich schwitzen und das Fleisch von allen Seiten anbraten. Mit Mehl bestäuben, die Temperatur hochschalten und unter ständigem Rühren das Fleisch braun und die Zwiebeln goldgelb werden lassen. Kreuzkümmel, Knoblauch und Chilischoten unterrühren. Nach und nach die kochende Brühe zugießen, dabei ebenfalls ständig rühren. Mit Salz und Pfeffer würzen, die Hitze reduzieren und ohne Deckel 1½–2 Stunden köcheln lassen, bis das Fleisch gar und zart ist. Mit heißen Tortillas servieren.

Für 6 Personen

Das Einweichwasser abgießen, die Bohnen gründlich abspülen und beiseite stellen.

Im Einweichtopf das Öl bei mittlerer Temperatur erhitzen und die Zwiebeln darin unter Rühren in etwa 10 Minuten glasig schwitzen. Knoblauch, Chilischoten, Kreuzkümmel, Oregano, Nelken und Cayennepfeffer zugeben und einige Minuten unter Rühren mitschwitzen.

Bohnen, Brühe und die Kochflüssigkeit der Hühnerbrüste zugeben, aufkochen lassen, die Hitze reduzieren und alles zusammen zugedeckt etwa 2 Stunden köcheln lassen, bis die Bohnen gar, aber nicht zu weich sind. Dabei gelegentlich umrühren. Mit Salz abschmecken und eventuell nachwürzen.

Kurz vor dem Servieren das kleingeschnittene Hühnerfleisch und den geriebenen Käse zugeben, das Fleisch unter Rühren heiß werden lassen und den Käse schmelzen. Den Chili auf Tellern anrichten und nach Belieben mit Tomatenstreifen, zusätzlichem geriebenem Käse, feingehackten Frühlingszwiebeln und gehacktem Koriandergrün garnieren.

Für 6 bis 8 Personen

Orangen-Tomaten-Suppe mit Melonen, Blaubeeren und Trauben

TEXAS HILL COUNTRY

ORANGE-TOMATO SOUP WITH MELONS, BLUEBERRIES AND GRAPES

Orangen-Tomaten-Suppe mit Melonen, Blaubeeren und Trauben

Eine Variante des klassischen gazpacho, *die mit Früchten statt mit Gemüse zubereitet wird und in der flirrenden Hitze der Wüste für kühlende Erfrischung sorgt. Zusammen mit herzhaftem Brot und einem Salat ergibt diese Suppe ein perfektes sommerliches Essen.*

375 ml Tomatenpüree
500 ml frisch gepreßter Orangensaft
1 TL Zucker
2 TL geriebene Orangenschale (unbehandelt)
1 TL geriebene Limonenschale
185 g Cantaloupe-Melone, in Würfel geschnitten
185 g Honigmelone, in Würfel geschnitten
90 g Apfel, in Würfel geschnitten
90 g Blaubeeren
90 g kernlose grüne Weintrauben, halbiert
125 g Erdbeeren, geputzt und halbiert
1 Kiwi, geschält und in Scheiben geschnitten (nach Belieben)

Tomatenpüree, Orangensaft, Zucker, Zitrusschalen, die Hälfte der Cantaloupe- und der Honigmelone in einem Mixer oder in der Küchenmaschine zu einem glatten Püree verarbeiten.

Das Püree in eine Schüssel geben, die nicht aus Metall sein sollte, und die restliche Cantaloupe- und Honigmelone, Apfel, Blaubeeren und grüne Trauben unterrühren. Zugedeckt mindestens 2 Stunden oder über Nacht im Kühlschrank ziehen lassen.

Die Suppe in 6 Schüsseln verteilen und mit Erdbeeren und Kiwi garnieren.

Für 6 Personen

SUPPEN, EINTÖPFE UND CHILIS

SCOTTSDALE, ARIZONA
TORTILLA SOUP
Tortilla-Suppe

Das nachfolgende Rezept für die wunderbar aromatische Tortilla-Suppe stammt von Linda Hopkins von der Les Gourmettes Cooking School in Phoenix, Arizona. Sollten Sie aus Zeitmangel die Hühnerbrühe nicht selbst kochen können, läßt sich auch eine Fertigbrühe aus dem Glas verwenden, die jedoch nicht zu sehr gesalzen sein sollte. Rote Chilisauce wird aus roten Chilischoten und Hühnerbrühe zubereitet. Wer es nicht so scharf mag, sollte auf die Chilisauce verzichten und zusätzlich 250 ml Hühnerbrühe zur Suppe geben.

2 EL Maiskeimöl
3 Mais-Tortillas von 15 cm Durchmesser, in 2½ cm breite Streifen geschnitten
75 g feingehackte Zwiebel
3 Knoblauchzehen, fein gehackt
1 *jalapeño*-Chilischote, Samen und Scheidewände entfernt und fein gehackt
2 *Anaheim*-Chilischoten, geröstet, enthäutet, Samen und Scheidewände entfernt und fein gehackt (siehe Glossar)
8 Eiertomaten (etwa 500 g), Samen entfernt und in Würfel geschnitten (siehe Glossar)
2 EL Tomatenmark
2 TL Kreuzkümmel, grob gemahlen
¼ TL Cayennepfeffer
1,2 l Hühnerbrühe (siehe Glossar)
250 ml rote Chilisauce (Rezept siehe Seite 195)
2 Hühnerbrüste, gekocht und in Streifen geschnitten
1 reife Avocado, Kern entfernt, geschält und in Würfel geschnitten

ZUM GARNIEREN

2 Mais-Tortillas von 15 cm Durchmesser, in Streifen geschnitten
60 g geriebener *Monterey-jack*-Käse (siehe Glossar)
20 g gehacktes Koriandergrün

In einem großen Topf das Öl bei mittlerer Temperatur erhitzen. Die Tortillastreifen hineingeben, die Hitze reduzieren und die Tortillas goldbraun und knusprig werden lassen. Die Zwiebel zugeben und 3 Minuten mitbraten. Mit Knoblauch und *jalapeño*-Chilischote weitere 2 Minuten braten. *Anaheim*-Chillies, Tomaten und Tomatenmark unterrühren und 10 Minuten schmoren lassen. Mit Kreuzkümmel und Cayennepfeffer würzen und nach und nach die Hühnerbrühe und die rote Chilisauce unterrühren. Die Suppe etwa 20 Minuten köcheln lassen, bis sie etwas eingekocht ist. Hühnerfleisch und Avocado hineingeben und heiß werden lassen.

Den Ofen auf 180 °C vorheizen. Die Tortillastreifen auf einem Backblech 10–15 Minuten im Ofen knusprig werden lassen.

Zum Servieren die Suppe in 6 Schüsseln füllen und mit geriebenem Käse, Koriandergrün und Tortilla-Streifen garnieren.

Für 6 Personen

Tortilla-Suppe

SUPPEN, EINTÖPFE UND CHILIS

NAVAJO-RESERVATE
NAVAJO LAMB STEW
Lammeintopf nach Art der Navajos

Viele Navajo-Indianer halten in ihrem Reservat Schafe. Der Wohlstand einer Familie wird häufig auch danach bemessen, wie viele Schafe sie ihr eigen nennt. Lammeintopf ist ein typisches Gericht, das sich bei den Navajos besonders im Frühjahr, in der Saison der jungen Lämmer, großer Beliebtheit erfreut. Da es bei uns zartes Lammfleisch das ganze Jahr hindurch gibt, läßt sich dieser Eintopf jederzeit zubereiten. Ein grüner Salat und Brötchen passen gut dazu.

2 EL Pflanzenöl (nach Bedarf etwas mehr)
750 g Lammfleisch aus der Keule, in Würfel geschnitten
150 g feingehackte Zwiebeln
2 Knoblauchzehen, fein gehackt
4 große Tomaten, gehackt, oder 500 g Tomaten aus der Dose, mit Flüssigkeit
185 g Maiskörner
1 TL Kreuzkümmel, grob zerstoßen
1 TL Salz
½ TL frisch gemahlener Pfeffer
1 grüne *serrano*-Chilischote, Samen entfernt und fein gehackt
1 gelbe Chilischote, Samen entfernt und fein gehackt
1 *Anaheim*- oder *New-Mexico-green*-Chilischote, Samen und Scheidewände entfernt und fein gehackt

Das Öl in einer schweren Kasserolle erhitzen und das Lammfleisch portionsweise darin bei mittlerer Temperatur von allen Seiten braun anbraten. Immer nur so viele Fleischwürfel auf einmal hineingeben, daß sie Platz im Topf haben. Die angebratenen Lammfleischwürfel mit einem Schaumlöffel herausnehmen und auf eine Platte geben. Bei Bedarf etwas Öl nachgießen.

Zwiebeln und Knoblauch in die Kasserolle geben und die Zwiebeln bei mittlerer Temperatur glasig werden lassen. Die restlichen Zutaten und das Lammfleisch zugeben. Mit Wasser bedecken und aufkochen lassen. Die Hitze reduzieren und den Eintopf etwa 1½–2 Stunden leise köcheln lassen, bis das Lammfleisch gar ist.

Für 6 Personen

SAN ANTONIO, TEXAS
BEEF CHILI WITH CACTUS
Rindfleisch-Chili mit Kaktussprossen

Die erste urkundlich dokumentierte Erwähnung eines Chilis stammt aus dem Jahr 1880, als bowls of red (Schüsseln mit rotem Chili) auf dem Marktplatz von San Antonio von chili queens angeboten wurden. Ernährungshistoriker meinen jedoch, daß eine Zubereitung aus Fleisch und Chillies bereits vor der Entdeckung Amerikas durch Kolumbus den Azteken, Inkas und Mayas bekannt war. In New Mexico werden Chilis in der Regel ohne Bohnen zubereitet, während in Arizona und Texas gern Bohnen als Beilage gereicht werden.

4 EL Pflanzenöl
1 kg Beefsteak aus der Keule, in 1 cm große Würfel geschnitten
125 g gehackte Zwiebeln
150 g gehackte grüne Paprikaschote
2 Knoblauchzehen, gehackt
1 EL gemahlener Kreuzkümmel
½ TL Cayennepfeffer
¼ TL getrockneter Oregano
1 TL getrocknete rote Paprikaflocken (siehe Glossar)
1 *poblano*-Chilischote, geröstet, enthäutet, Samen und Scheidewände entfernt und in Würfel geschnitten (siehe Glossar)
2 *Anaheim*-Chilischoten, geröstet, enthäutet, Samen und Scheidewände entfernt und in Würfel geschnitten (siehe Glossar)
2 *serrano*-Chilischoten, Samen und Scheidewände entfernt und in Würfel geschnitten
1 Dose Tomaten (875 g)
250 ml pürierte Tomaten
250 ml Bier

125 g *nopalitos* (Kaktussprossen, siehe Glossar), gehackt
Salz und frisch gemahlener Pfeffer
30 g *masa harina* (siehe Glossar)
Saure Sahne, geriebener Käse und gehackte Frühlingszwiebeln zum Garnieren

Die Hälfte des Pflanzenöls in einer großen Pfanne bei mittlerer Temperatur erhitzen. Die Hälfte der Fleischwürfel hineingeben und von allen Seiten braun braten. Mit einem Schaumlöffel herausnehmen und beiseite stellen. Mit dem restlichen Fleisch ebenso verfahren. Das restliche Öl in die Pfanne gießen, Zwiebeln und Paprikaschote darin etwa 10 Minuten hellbraun schwitzen. Knoblauch, Kreuzkümmel, Cayennepfeffer, Oregano und die Paprikaflocken zugeben und unter Rühren etwa 2 Minuten mitschwitzen.

Das angebratene Fleisch und die Zwiebelmischung in einen großen Topf geben. Chillies, Tomaten, Tomatensauce, Bier und *nopalitos* zugeben und ohne Deckel bei niedriger Temperatur etwa 1 Stunde garen. Den Chili mit *masa harina* bestäuben und gründlich unterrühren. Mit Salz und Pfeffer würzen und zugedeckt etwa 3 Stunden schmoren lassen.

Den Rindfleisch-Chili in 6 Schüsseln verteilen und mit saurer Sahne, geriebenem Käse und gehackten Frühlingszwiebeln servieren.

Für 6 Personen

Im Uhrzeigersinn von oben: *Elchfleisch-Chili; Lammeintopf nach Art der Navajos; Rindfleisch-Chili mit Kaktussprossen*

SÜDLICHE ROCKIES

ELK CHILI
Elchfleisch-Chili

In den Bergregionen Colorados leben viele Elche, deren Fleisch, Felle und Geweihe seit Jahrhunderten von den Indianern genutzt werden. Statt Elchfleisch kann man für die Zubereitung dieses Chilis auch gehacktes Wildbret, Kalb-, Rind- oder Schweinefleisch verwenden. Der Chili hat auch die richtige Konsistenz, um damit Sandwiches, tacos *oder* burritos *zu füllen.*

2 EL Pflanzenöl
250 g gehackte Zwiebeln
2 rote Paprikaschoten, Samen und Scheidewände entfernt und in Würfel geschnitten
2 *New-Mexico-green-* oder *Anaheim-*Chilischoten, Samen und Scheidewände entfernt und in Würfel geschnitten
4 Knoblauchzehen
1 kg gehacktes Elchfleisch
2 getrocknete *chiltepín-*Chilischoten, zerstoßen
750 g reife Tomaten, grob gehackt
1 TL gemahlener Kreuzkümmel
1 TL getrockneter Oregano
1 TL Cayennepfeffer
Salz und frisch gemahlener Pfeffer
2 EL Mehl
30 g Maismehl
125 ml Wasser
Geriebener Cheddar oder *Monterey-jack-*Käse (siehe Glossar) und feingehackte Frühlingszwiebeln zum Garnieren

Das Öl in einem großen, schweren Topf bei mittlerer Temperatur erhitzen. Zwiebeln, Paprikaschoten und grüne Chillies hineingeben und etwa 5 Minuten anschwitzen, bis die Zwiebeln weich sind. Knoblauch und Hackfleisch zugeben und unter Rühren anbraten, bis das Hackfleisch krümelig zerfällt und eine schöne braune Farbe angenommen hat.

*Chiltepín-*Chilischoten, Tomaten und Gewürze unterrühren und aufkochen lassen. Die Hitze reduzieren und den Chili unter gelegentlichem Rühren etwa 1 Stunde köcheln lassen.

Mehl, Maismehl und Wasser miteinander vermischen und unter die Fleischmischung rühren. Bei niedriger Temperatur eine weitere Stunde köcheln lassen. In Schüsseln füllen und, mit geriebenem Käse und gehackten Frühlingszwiebeln bestreut, servieren.

Für 6 Personen

Von links nach rechts: *Grüne Chilisuppe, Posole*

NEW MEXICO
POSOLE
Posole

Posole, *ein traditionelles Gericht aus New Mexico, ist ein herzhafter Eintopf, der aus* hominy *(siehe Glossar), Schweinefleisch, getrockneten New-Mexico-red-Chilischoten und Gewürzen zubereitet wird. Es ist Festtagsgericht und traditionelles Neujahrsessen der Pueblo-Indianer und wird mit einer roten Chilisauce und Brot oder Tortillas aufgetragen. Hominy ist bei uns getrocknet oder in Dosen in Spezialgeschäften erhältlich (siehe Bezugsquellen). Verwendet man getrockneten* hominy, *muß er über Nacht in Wasser eingeweicht werden. Hominy in Dosen sollte man vor Gebrauch gut abspülen und abtropfen lassen.*

250 g getrockneter *hominy* (siehe Glossar), über Nacht in Wasser eingeweicht und gut abgetropft, oder 500 g *hominy* in Dosen, gründlich abgespült und abgetropft
750 g mageres Schweinefleisch ohne Knochen, in 5 cm große Würfel geschnitten
2 getrocknete *New-Mexico-red*-Chilischoten, Stiel und Samen entfernt und in Stücke zerteilt
300 g feingehackte Zwiebeln
3 Knoblauchzehen, fein gehackt
2 TL feingehackter frischer Oregano, ersatzweise 1 TL getrockneter Oregano
1 TL Kreuzkümmel, zerstoßen
1,5 l Wasser, bei Bedarf etwas mehr
Salz
Rote Chilisauce (Rezept siehe Seite 195) oder feingehackte *jalapeño*-Chilischoten, ohne Samen und Scheidewände

Alle Zutaten, mit Ausnahme von Salz und roter Chilisauce, in einen großen Topf geben. Bei hoher Temperatur zum Kochen bringen, die Hitze reduzieren und ohne Deckel etwa 2–3 Stunden köcheln lassen, bis das Fleisch gar und der *hominy* gequollen und weich ist. Da der Eintopf dünnflüssig sein sollte, während der Kochzeit eventuell etwas Wasser nachgießen.

Den *posole* salzen, in 6 Schüsseln verteilen und rote Chilisauce oder *jalapeños* dazu reichen.

Für 6 Personen

SUPPEN, EINTÖPFE UND CHILIS

1,5 l Hühnerbrühe (siehe Glossar)
6 *Anaheim*- oder *New-Mexico-green*-Chilischoten, geröstet, enthäutet, Samen und Scheidewände entfernt und in Würfel geschnitten (siehe Glossar)
1 *jalapeño*-Chilischote, Samen entfernt und fein gehackt
1 rote Paprikaschote, geröstet, enthäutet, Samen und Scheidewände entfernt und in Würfel geschnitten (siehe Glossar)
2 große, reife Tomaten, in Würfel geschnitten
1 EL feingehacktes Koriandergrün
Salz und frisch gemahlener Pfeffer
Geriebener Cheddar oder *Monterey-jack*-Käse (siehe Glossar) zum Bestreuen (nach Belieben)

Eine große, schwere Pfanne bei mittlerer Temperatur heiß werden lassen. Den Speck darin knusprig braten. Mit einem Schaumlöffel aus der Pfanne nehmen und auf Küchenpapier abtropfen lassen. Den Speck zerkleinern und beiseite stellen. In dem Speckfett das Hühner- und Schweinefleisch in etwa 5 Minuten braun braten, herausnehmen und beiseite stellen.

In einem großen, schweren Topf die Butter zerlassen. Die Zwiebeln darin weich schwitzen, mit Mehl bestäuben und unter ständigem Rühren 2–3 Minuten weiterschwitzen. *Chiles de árbol*, Kreuzkümmel und Knoblauch zugeben und 1 Minute rühren. Nach und nach die heiße Hühnerbrühe zugießen, dabei ständig rühren, damit sich keine Klümpchen bilden. Zum Kochen bringen und die Brühe sämig werden lassen. Dann Chillies, Paprikaschote, Tomaten, Koriander, Speck, Schweine- und Hühnerfleisch in den Topf geben und mit Salz und Pfeffer würzen. Die Hitze reduzieren und die Suppe etwa 10 Minuten köcheln lassen, bis sich die Aromen entfaltet haben und die Suppe heiß ist. In 6 Schüsseln verteilen und nach Belieben mit geriebenem Käse bestreuen. Mit heißen Tortillas servieren.

Für 6 Personen

TAOS, NEW MEXICO

BUTTERNUT SQUASH SOUP
Butternut-Kürbis-Suppe

Diese Suppe mit dem feinen, buttrigen Kürbisgeschmack vertreibt an einem kalten, stürmischen Tag alle trüben Gedanken. Je nach Käsesorte kann man das Aroma der Suppe variieren.

60 g Butter
75 g feingehackte Zwiebel
1 TL Salz
750 g Butternut-Kürbis, geschält, zähe Fasern herausgekratzt und das Fruchtfleisch in etwa 1½ cm große Würfel geschnitten
2 Gewürznelken
875 ml Hühnerbrühe (siehe Glossar)
125 ml Sahne (nach Belieben)
75 g Blauschimmelkäse, in kleine Würfel geschnitten
1 EL feingehackter frischer Salbei, ersatzweise 1 TL getrockneter Salbei
Frisch gemahlener Pfeffer
2 EL feingehackte glatte Petersilie

In einem großen, schweren Topf 1 Eßlöffel Butter zerlassen. Die Zwiebel darin bei nicht zu starker Hitze glasig schwitzen. Kürbis, Salz und Gewürznelken dazugeben und das Ganze zugedeckt etwa 15 Minuten dünsten, bis der Kürbis weich ist. Die Brühe zugießen und ohne Deckel weitere 15 Minuten köcheln lassen. Nach Belieben Sahne unterrühren und die Suppe zum Kochen bringen.

In einem kleinen Topf die restliche Butter bei mittlerer Temperatur goldbraun zerlassen und unter die Suppe rühren. Alles in ein Sieb gießen, die Brühe auffangen, Gewürznelken entfernen, den Kürbis abtropfen lassen und anschließend im Mixer oder in der Küchenmaschine pürieren. Kürbispüree und Brühe wieder zurück in den Topf geben und kräftig miteinander verrühren. Käse und Salbei zugeben und den Käse unter Rühren bei niedriger Temperatur schmelzen lassen. Mit Salz und Pfeffer abschmecken. Die Kürbissuppe in 6 Schüsseln verteilen und jede Portion mit gehackter Petersilie bestreuen.

Für 6 Personen *Foto siehe Seite 62*

ALBUQUERQUE, NEW MEXICO

GREEN CHILI SOUP
Grüne Chilisuppe

Diese Suppe ist ein gutes Mittel gegen Erkältung. Natürlich ist hausgemachte Hühnerbrühe einem Fertigprodukt vorzuziehen. Zur Chilisuppe schmecken heiße Tortillas aus Maismehl besonders gut.

3 Scheiben geräucherter Speck
1 Hühnerbrust, ohne Haut und Knochen, in etwa 1 cm große Würfel geschnitten
185 g Schweinefleisch ohne Knochen, in etwa 1 cm große Würfel geschnitten
60 g Butter
150 g feingehackte Zwiebeln
60 g Mehl
2 *chiles de árbol*, geröstet, Stiel und Samen entfernt und zerstoßen (siehe Glossar)
1 TL gemahlener Kreuzkümmel
1 Knoblauchzehe, fein gehackt

SUPPEN, EINTÖPFE UND CHILIS

TEMPE, ARIZONA
Chili sin Carne
Chili sin carne

Liebhaber von chili con carne *werden kaum glauben, daß diese fleischlose Zubereitung – das spanische* sin *heißt ohne – aus Bohnen, Paprikaschoten, Tomaten und Zucchini genausogut, sättigend und kräftig schmeckt wie ein* chili con carne. *Reichen Sie Maisbrot oder Tortillas dazu, oder servieren Sie den Chili auf einem Bett von gekochtem Reis oder gebratenen Kartoffeln. Epazote, auch unter den Namen Wohlriechender Gänsefuß oder Mexikanischer Tee- oder Wurmkraut bekannt, ist ein mexikanisches Gewürz, das man zum Kochen von schwarzen Bohnen verwendet. Durch epazote bekommt das Gericht einen besonderen Geschmack, und die Bohnen werden besser verdaulich. Epazote wächst in vielen Teilen Nord- und Mittelamerikas wild. Bei uns ist das Kraut getrocknet in Spezialgeschäften erhältlich (siehe Bezugsquellen).*

1 EL Pflanzenöl
230 g feingehackte rote Zwiebeln
3 Knoblauchzehen, fein gehackt
Je 1 rote und grüne Paprikaschote, Samen und Scheidewände entfernt und fein gehackt
1 *jalapeño*-Chilischote, Samen entfernt und fein gehackt
150 g Möhren, geschält und in Würfel geschnitten
280 g Tomaten, in Würfel geschnitten
180 ml Tomatensaft
1 TL gemahlener Kreuzkümmel
¼ TL Cayennepfeffer
1 TL feingehackte frische, ersatzweise ½ TL getrocknete *epazote*-Blätter (nach Belieben)
1 TL getrockneter Oregano
1 *guajillo*-Chilischote, geröstet, Stiel und Samen entfernt und zerstoßen (siehe Glossar)
Salz und frisch gemahlener Pfeffer
250 g gekochte schwarze Bohnen
250 g gekochte Kidney-Bohnen
250 g gekochte Pinto-Bohnen
250 ml trockener Rotwein
150 g in Würfel geschnittene Zucchini
Geriebener Cheddar und gehackte Frühlingszwiebeln zum Bestreuen

Das Öl in einem großen Topf bei mittlerer Temperatur erhitzen. Zwiebeln, Knoblauch, Paprikaschoten und *jalapeño*-Chili zugeben und etwa 5 Minuten anschwitzen, bis die Zwiebeln glasig sind.
Möhren, Tomaten, Tomatensaft, Kreuzkümmel, Cayennepfeffer, *epazote*, Oregano, *guajillo*-Chilischote, Salz und Pfeffer zugeben, zum Kochen bringen, die Hitze reduzieren und das Ganze unter gelegentlichem Rühren etwa 15 Minuten köcheln lassen.
Kidney-, Pinto- und schwarze Bohnen in den Topf geben, den Rotwein unterrühren und den Chili ohne Deckel 45–60 Minuten köcheln lassen. Zucchini zugeben und noch etwa 10 Minuten mitgaren.
Den Chili in 6 Schüsseln verteilen und, mit geriebenem Käse und gehackten Frühlingszwiebeln bestreut, servieren.

Für 6 Personen

SCOTTSDALE, ARIZONA
Black Bean Soup
Schwarze-Bohnen-Suppe

Die Schwarze-Bohnen-Suppe gehört zu den beliebtesten Suppen des Südwestens. Das Rezept zu dieser etwas lieblichen Variante stammt von Lenard Rubin, Chefkoch im Restaurant »8700« in Scottsdale. Man kann die Suppe auf vielerlei Arten garnieren. Lenard Rubin gibt einen Klecks saure Sahne darauf und bestreut die Bohnensuppe mit feingehackten roten Zwiebeln und Koriandergrün.

1 EL Maiskeimöl
8 Scheiben geräucherter Speck, in feine Streifen geschnitten
2 Zwiebeln, fein gehackt
2 Möhren, fein gehackt
2 Stangen Sellerie, fein gehackt
2 Knoblauchzehen, fein gehackt
500 g getrocknete schwarze Bohnen, gewaschen und über Nacht in Wasser eingeweicht
2 l Hühnerbrühe (siehe Glossar)
Je 1 rote, grüne und gelbe Paprikaschote, Samen und Scheidewände entfernt und in kleine Würfel geschnitten
60 ml Sherry-Essig
3 EL Grand Marnier
3 EL Sojasauce
2 EL Honig

Chili sin carne

2 EL Melasse (siehe Glossar)
125 g eingelegte grüne Chilischoten, in Würfel geschnitten
10 g gehacktes Koriandergrün
20 g gehackte Frühlingszwiebeln
1 TL getrockneter Oregano
1 TL getrockneter Thymian
1 TL gemahlener Kreuzkümmel
1 TL *chili powder* (siehe Glossar)
60 ml frisch gepreßter Zitronensaft
60 ml frisch gepreßter Limonensaft
Saure Sahne oder Crème fraîche, in feine Würfel geschnittene rote Zwiebeln, bunte Paprikastreifen und gehacktes Koriandergrün zum Garnieren

Das Öl in einem großen, schweren Topf erhitzen. Den Speck darin knusprig braten. Gehackte Zwiebeln, Möhren, Sellerie und Knoblauch zugeben und weich werden lassen. Schwarze Bohnen und Hühnerbrühe in den Topf geben und zugedeckt zum Kochen bringen. Die Hitze reduzieren und die Bohnen etwa 2 Stunden köcheln lassen, sie sollten weich sein, dürfen aber nicht zerfallen.

Ein Drittel des Topfinhalts abnehmen, im Mixer oder in der Küchenmaschine pürieren und wieder zurück in den Topf geben.

Die restlichen Zutaten in die Suppe geben und eine weitere Stunde köcheln lassen. Die Bohnensuppe in 8 Schüsseln verteilen und mit saurer Sahne, Zwiebeln und Koriandergrün garnieren.

Für 8 Personen *Foto siehe Seite 63*

Das Colorado-Plateau

DAS COLORADO-PLATEAU

Die *Four Corners*, die am Ostende des etwa anderthalb Kilometer hohen Colorado-Plateaus die US-Staaten Arizona, New Mexico, Colorado und Utah in einem perfekten rechten Winkeln aufeinandertreffen lassen, darf man wohl als das weltbekannteste Beispiel phantasieloser politischer Grenzziehung betrachten. Es mag zwar originell sein, auf einem Fleck Erde stehen zu können, auf dem man sich gleichzeitig in vier verschiedenen Bundesstaaten der USA befindet, doch der wahre Reiz der *Four Corners* liegt in ihrer atemberaubenden landschaftlichen Schönheit, die man in diesem Gebiet nicht vermutet, wenn man nur die sich kreuzenden gestrichelten Grenzlinien auf der Landkarte sieht.

Knapp vierzig Kilometer weiter südöstlich liegt der majestätische Ship Rock, der wie ein gigantisches Segelschiff aus der Wüste der Hochebene aufragt. Nur etwa zweihundert Kilometer muß der Besucher in nordwestlicher Richtung fahren, um zum Arches National Park zu kommen, wo Wind und Wasser über einen Zeitraum von etwa hundertfünfzig Millionen Jahren phantastisch aufragende Bögen und Türme aus dem roten Sandstein geschliffen haben. Etwa fünfzig Kilometer in nordöstlicher Richtung von den *Four Corners* entfernt und etwas mehr als einhundert Kilometer südwestlich davon findet man in den schwindelerregenden Felsabstürzen der Mesa Verde und des Canyon de Chelly die Ruinen einer uralten Zivilisation. Noch weiter südwestlich breiten sich die

Vorhergehende Seiten: Schon allein die zahlenmäßigen Größenordnungen des Grand Canyon sind ehrfurchterregend. Er erstreckt sich auf einer Länge von rund 450 Kilometern quer durch das nördliche Arizona, ist an manchen Stellen bis zu 15 Kilometer breit und etwa anderthalb Kilometer tief.
Links: Die von den Anasazi im 13. Jahrhundert gebauten Höhlenwohnungen liegen etwa 700 Meter über dem Talgrund in der Mesa Verde von Colorado. Die festungsähnlichen Behausungen wurden bereits einhundert Jahre später aus unerklärlichen Gründen überstürzt verlassen; man fand in ihnen Schmuck, Krüge, Waffen und mit Mais gefüllte Vorratsbehälter.

Canyons und Mesas der Painted Desert aus, der »gemalten Wüste«, deren unzählige Pastellschattierungen sich – wie mit einem Aquarellpinsel hingetupft – in den versteinerten Bäumen des Petrified Forest fortsetzen. Etwa hundert Kilometer genau westlich ragen entlang der Grenzen von Arizona und Utah die kolossalen Monolithe des Monument Valley empor. Knapp dreihundert Kilometer nordwestlich begrüßt den Besucher das feine Filigranwerk der ausgewaschenen Kalksteintürme des Bryce Canyon. In gleicher Entfernung liegt in südwestlicher Richtung eines der größten Naturwunder Nordamerikas, wenn nicht gar der Welt: der schwindelerregende Abgrund des Grand Canyon, den der Colorado im Laufe der letzten dreihundertfünfzig Millionen Jahre in den Felsen gegraben hat.

Als Landschaft voller magischer Kraft ist das Colorado-Plateau wohl nur unzureichend beschrieben. Es wird seit über zwölftausend Jahren bis in die heutige Zeit hinein von Völkern und Stämmen besiedelt, denen gleichermaßen magische Kraft zugesprochen wurde, den Vorfahren der vielen Stämme, die heute die ganze Region bewohnen. Sie werden heute als Anasazi bezeichnet – die Altehrwürdigen –, und der Überlieferung nach wurden sie in dieses zwar wunderschöne, aber größtenteils unfruchtbare Land durch die Verheißung geführt, daß es ihnen hier an nichts mangeln sollte, nicht an Wild zum Jagen, nicht an Pflanzen zum Sammeln, nicht an Boden zum Säen und vor allem nicht an Wasser.

Tatsächlich scheint es ihnen an Jagdbeute und pflanzlicher Nahrung nicht gefehlt zu haben: Archäologen fanden Knochen von Hirsch, Antilope, Elch, Bergschaf, Truthahn und Kaninchen in den Behausungen der Anasazi, und vermutlich aßen die Altehrwürdigen auch kleine Nagetiere, Vögel und Fische. Wildwachsende Pflanzen lieferten ihnen Pini-

enkerne, Bucheckern, Walnüsse, Wacholderbeeren, Agavenfleisch, Kaktusfeigen, wilden Reis, eßbare Blätter, Wurzeln und Knollen.

Die wahre Geschicklichkeit der Anasazi aber zeigte sich im Ackerbau. Wie auch andere Stämme im Südwesten bauten sie schon in der Mitte des 1. Jahrtausends n. Chr. Mais, Kürbisse und Bohnen an, die Grundlage einer gesunden und ausgewogenen Ernährung. Um das in großer Tiefe unter dem Sandboden liegende Wasser zu nutzen, entwickelten sie Maiszüchtungen, deren Saat fußtief in die Erde eingebracht werden konnte und die schon Maiskolben hervorbrachten, die fast so groß wie die heutzutage geernteten waren. Ihre Anbaumethoden waren außerordentlich effizient; oft pflanzten sie Kürbisse, Mais und Bohnen an der gleichen Stelle an. Als erstes keimte der Kürbis, und seine Blätter, dicht über dem Boden, schützten ihn vor dem Austrocknen. Als nächstes wuchs der Maisproß aus der Erde, an dem sich schließlich die Bohnen, die als letzte keimten, emporranken konnten.

Die Anasazi waren, was ihre Kochmethoden betraf, äußerst erfindungsreich und auch hier anderen im Südwesten lebenden Stämmen ähnlich. Ursprünglich kochten sie ihre Suppen und Eintöpfe in dicht geflochtenen Körben. Die Kochflüssigkeit erhitzten sie, indem sie heiße Steine aus einem Feuer hineingaben. Bis zum 6. Jahrhundert n. Chr. hatten sie allerdings die Kunst des Töpferns entwickelt und besaßen nunmehr Gefäße, mit denen sie direkt auf dem Feuer kochen konnten. Damit entwickelten sie zugleich ein Kunsthandwerk, das heute noch zu den höchstentwickelten im Südwesten zählt.

Einen eindrucksvollen Hinweis auf die spirituelle Bedeutung, die die Anasazi ihrer Nahrung beimaßen, gaben Funde aus einem Grab im Canyon de Chelly. Es enthielt den präch-

Linke Seite: Das Flußtal des Fremont liegt in Süd-Utah, einer Landschaft mit unbegrenztem Ausblick. Natürliche, ursprüngliche Wiesengründe wechseln mit dichten Wäldern und klaren Wasserläufen.

Unten: Die La-Sal-Mountain-Kette im südlichen Utah entstand vor dreißig Millionen Jahren durch Vulkanausbrüche. Flüsse und Gletscher formten später die überwältigenden Canyons und Bergketten, die wir heute bewundern.

DAS COLORADO-PLATEAU

tig gekleideten Leichnam eines alten Mannes, der von fünf Tonkrügen und vier Körben umgeben war, die Pinienkerne, Bohnen, Salz, Maiskolben, -körner und -mehl enthielten. Auf der Brust des Toten lag ein einzelner Maiskolben.

Um das 8. Jahrhundert n. Chr. herum begannen die Anasazi, sich in die zahlreichen Pueblo-Stämme aufzuspalten, die heute auf dem Colorado-Plateau, dem Hochland von New Mexico und im Rio-Grande-Graben leben. Die bedeutendsten dieser Stämme, die auch die größten Landflächen bewohnen, sind die Hopi und die Zuni in Nordost-Arizona und Nordwest-New-Mexico. Obwohl die Kulturen beider Stämme sich deutlich unterscheiden, ist ihre Einstellung gegenüber ihrer Nahrung und der Natur, aus der sie stammt, ähnlich. So wird zum Beispiel vor einer Jagd – heute mehr eine Zeremonie als eine Überlebensnotwendigkeit – von den Stammesangehörigen zu den Geistern der Tierwelt gebetet und um Erlaubnis nachgesucht, sie jagen zu dürfen. Von den Hirsch-, Antilopen- und Bergschaf-Geistern kommt gewöhnlich Zustimmung, während sich die Geister der gewitzten und launischen Kaninchen weniger entgegenkommend zeigen.

Kachinas, weithin bekannt durch die *kachina*-Puppen, handgeschnitzte Holzfiguren, fungieren als Botschafter des Stammes in der Geisterwelt. Einem immer wiederkehrenden jährlichen Kalender von Tänzen und Zeremonien folgend, finden Aufnahmeriten statt, bei denen die Novizen besonders eingekleidet werden und von nun an ihren Dienst als Botschafter versehen. Jeder *kachina* stellt einen jeweils andersartigen Teil der faßbaren Natur dar – zum Beispiel Mais, Kürbis, Chili, Jagdwild, Regen oder auch die gesamte Erde – und verkörpert die Hoffnungen der Menschen auf reichhaltigen Segen aus der Geisterwelt.

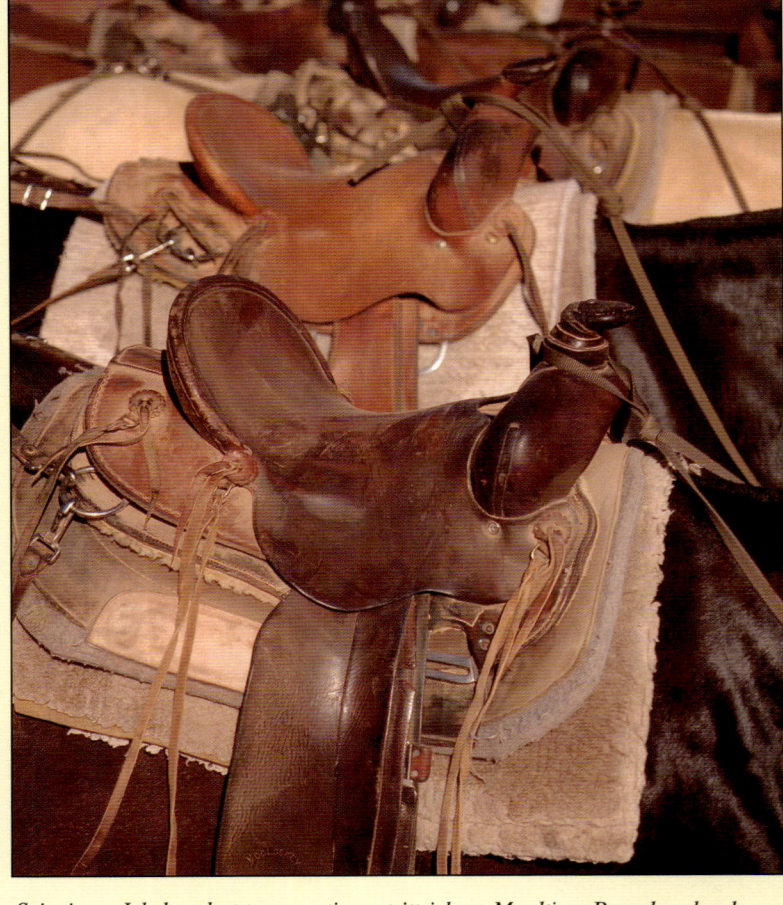

Seit einem Jahrhundert transportieren trittsichere Maultiere Besucher durch den Grand Canyon.

Unten: *Der Lauf des Colorado und des Green River führt mitten durch den riesigen Canyonland National Park von Utah.*

Rechte Seite: *Seit die Anasazi vor ungefähr 2000 Jahren ihre ersten Siedlungen hier gründeten, wohnen Indianer im Canyon de Chelly in Arizona.*

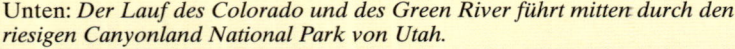

DAS COLORADO-PLATEAU

Auch der heutige Tagesablauf der Indianer des Südwestens dreht sich hauptsächlich immer noch um das Kochen, dabei steht die Zubereitung von Mais absolut im Vordergrund. In ihrem informativen Buch »Hopi Cookery« beschreibt die gebürtige Creek-Indianerin Juanita Tiger Kavena, die durch Adoption Hopi wurde, die schönen alten Traditionen des Stammes, die sich auch auf die Zubereitung seiner mehr als dreißig Maisgerichte erstreckten:

»Das Maismahlen verwandelte sich häufig in ein gesellschaftliches Ereignis, wenn sich eine Gruppe junger Mädchen dazu versammelte und ein Onkel oder Großvater Lieder dazu sang. Die Mädchen mahlten die Körner im Rhythmus des Liedes. Der Raum, in dem die Steinmühlen standen, hatte oft ein kleines Fenster, so daß ein junger Bursche einem Mädchen, das gerade mahlte, den Hof machen konnte. Zeigte ein Mädchen Interesse an einem jungen Mann, plauderte sie mit ihm durchs Fenster, wenn nicht, warf sie eine Handvoll Maismehl nach ihm.«

Ein heute noch täglich aus frisch gemahlenem Maismehl zubereitetes, aus uralter Zeit stammendes Gericht sind die knusprigen, hauchdünnen Teigblätter aus blauem Mais, die *piki* genannt werden. Der flüssige Teig wird von Hand auf die glatte Oberfläche eines im Feuer erhitzten Steins – der nur für die *piki*-Zubereitung benutzt wird – gestrichen, dann flink abgezogen, gewendet, schnell aufgerollt und gefaltet. Dieser Vorgang wird im Namen des Brotes, den man ihm im Pueblos San Ildefonso gegeben hat, hübsch illustriert: *bowahejajui,* das bedeutet »tu's drauf, nimm's weg«.

Nachdem spanische und englischsprachige Siedler ins Land gekommen waren, änderte sich auch die Ernährung in den Pueblos: Es kamen neue Nahrungsmittel hinzu und neue Methoden, sie anzubauen und zuzubereiten. Besonderen Veränderungen war die Kost der Navajos unterworfen, die sich zwischen dem 11. und 17. Jahrhundert zwischen den Pueblos im *Four Corners*-Gebiet niederließen. Von den Spaniern lernten sie, Schafe zu halten und Obst zu kultivieren; sie legten vor allem große Pfirsichgärten an. Weizen fand Eingang in ihren Speiseplan, und überall im Südwesten findet man heute, besonders bei Stammesfesten, die ausgebackenen runden Fladen, für die Hefe oder Natron als Treibmittel verwendet wird.

Noch aus historischer Zeit rühren die Rechtsstreitigkeiten und Meinungsverschiedenheiten zwischen Hopi und Navajos über den Besitz des Bodens auf dem Colorado-Plateau. Sie sind eine Folge der jahrhundertelangen Unterdrückung der beiden Stämme durch die Spanier, Mexikaner und Angloamerikaner. Doch ungeachtet dieses Leidensweges und anderen Unbills haben all diese Stämme »ein entbehrungsreiches Leben in einer widrigen Umgebung nicht nur ertragen, sondern schöpferisch gestaltet«, wie es Juanita Tiger Kavena am Beispiel der Hopi formulierte.

Linke Seite: Der Petrified Forest, ein Nationalpark in Arizona, ist eine der ungewöhnlichsten Landschaften des nordamerikanischen Kontinents. Er besteht aus Sandstein- und Schieferfragmenten versteinerter Bäume, die vor rund 220 Millionen Jahren hier wuchsen.

Unten: Zum All Indian Days Pow Wow, einem Festival, das jährlich im Juni in Flagstaff, Arizona, stattfindet, strömen Indianer aus den gesamten Vereinigten Staaten zusammen, um ihre kunsthandwerklichen Erzeugnisse auszustellen und an einem Drei-Tage-Tanzwettbewerb teilzunehmen.

Fleisch, Geflügel, Wild, Fisch und Eierspeisen

Seit der frühen Pionierzeit ist Texas das Land der Viehzüchter und Farmer.

FLEISCH, GEFLÜGEL, WILD, FISCH UND EIERSPEISEN

Wer im Texas Hill Country, dem texanischen Hügelland, auf eine Nebenstraße abbiegt und über Land fährt, dem weht früher oder später ein verführerischer Duft um die Nase. Eine Aromenmischung aus Holzfeuerrauch, gegartem Fleisch und Marinade zeigt an, daß man in der Nähe eines Barbecues ist.

Der Geruch, der einem das Wasser im Mund zusammenlaufen läßt, kann aus dem Rückgebäude einer Metzgerei oder eines Kolonialwarenladens, aus dem Vorderzimmer eines Saloons oder aus einer schlichten Bude herrühren. Hier verkauft man Barbecue, wie es im Südwesten von den Leuten aus Texas, New Mexico und Arizona seit Jahrhunderten zubereitet wird.

Im traditionellen Wortsinn bedeutet *barbecue* das Garen in einer gedeckten Grube. Dafür hob man eine Grube aus, in der ein Feuer aus Mesquite-, Hickory-, Pekan- oder anderem aromatischem Holz entfacht wurde. Das Fleisch wurde dann in nasses Sackleinen eingewickelt, auf die glimmenden Holzscheite gelegt und mit Erde bedeckt, so daß es schön langsam garte und zugleich geräuchert wurde. Bei großen festlichen Anlässen bereitete man sogar ganze ausgenommene Tiere auf diese Weise zu, meist mit der Haut, was die Vorbereitungszeit verkürzte und das Fleisch saftig hielt.

Heutzutage ersetzen gestapelte Ziegelsteine die Erdgrube, und gewöhnlich werden kleinere, aber immer noch großzügig geschnittene Fleischstücke von Rind, Schwein, Schaf oder Ziege wie auch verschiedenartige Bratwürste gegart. Letztere kamen durch deutsche, tschechische und polnische Einwanderer in der ersten Hälfte des 19. Jahrhunderts nach West-Texas und wurden hier bald populär. Im Frühjahr werden vor allem Zicklein – die wie in Mexico als *cabrito* bezeichnet werden – und Lamm dieser langsamen Koch- und Räuchermethode unterzogen, bei der das Fleisch unbeschreiblich saftig und zart bleibt.

Während heute das normale Barbecue in der Regel mit kleineren Fleischportionen bestückt wird, finden bei großen Festen und gesellschaftlichen Ereignissen gigantische Barbecues statt, nicht nur auf den großen Ranches, sondern auch in abgelegenen Dörfern. »Das Schlachten eines Schweines, das man extra für den festlichen Anlaß mästete, wurde je nach Region *la matanza del cochino* oder *del puerco* genannt«, beschreibt Arthur L. Campa in »Hispanic Culture in the Southwest«. »In New Mexico und West-Texas wurden die Schlachtfeste im Herbst gefeiert. Freunde und Nachbarn wurden erst eingeladen, wenn die Vorbereitungen vorbei waren.« Am Ende des Tages trugen alle Gäste ihr Päckchen mit Fleisch nach Hause, manchmal auch knusprig gebratene Stücke Schweineschwarte, die im Südwesten *chicharrones* heißen und hier überall ein beliebter Snack sind.

Obwohl das Barbecue die bekannteste und beliebteste Zubereitungsart in dieser Region geblieben ist, erfreuen sich auch Grill und Pfanne wachsender Zuneigung. Mit ihnen lassen sich eine große Vielfalt schnell gebratener Spezialitäten zubereiten, die ebenfalls auf den ersten Blick als Südwest-Produkte erkennbar sind.

Besonders beliebt sind heutzutage *fajitas*. Das spanische Wort *fajita* bezeichnet eigentlich ein kleines Röckchen oder ei-

---

Vorhergehende Seiten, im Uhrzeigersinn von links: *Gegrilltes Kaninchen mit Achiote-Paste* (Rezept siehe Seite 118); *Marinierte, gegrillte Hühnerbrust* (Rezept siehe Seite 97); *Gegrilltes Zicklein* (Rezept siehe Seite 108); *Marinierte, gegrillte Lammkeule* (Rezept siehe Seite 105)

nen Gürtel und umschreibt das auf englisch *skirt steak* genannte Stück vom Rind, das aus dem Zwerchfell oder Bauchlappen geschnitten wird. Es handelt sich um ein billiges und zähes Teil vom Rind, das nur selten angeboten wird. Dennoch war es bei den Ranchern in Nord-Mexiko ausgesprochen beliebt, die es in eine Marinade einlegten und kurz grillten, damit es noch einigermaßen zart wurde, danach in dünne Streifen schnitten und, in Weizenmehl-Tortillas eingewickelt, aßen. Ende der sechziger Jahre begann Sonny Falcon, ein Metzger aus Austin, seine eigene Version von *fajitas* auf Wochenendmärkten überall auf dem Lande anzubieten, was ihm den Spitznamen *Fajita King* einbrachte. Innerhalb eines Jahrzehnts waren *fajitas* im ganzen Südwesten populär und bald auch in Kneipen und Restaurants aller Staaten der USA. Alles, was schnell gebraten, dünn geschnitten und in eine Tortilla gewickelt wurde, egal ob Filetsteak, Hühnerbrust, Garnelen oder ein vegetarisches Allerlei, wurde nun als *fajitas* bezeichnet.

Die Beliebtheit der *fajitas* wirft ein besonderes Licht auf den Stellenwert von Fleisch in der Ernährung im Südwesten. Wer sich nur wenig Fleisch leisten kann, wickelt ein paar Streifen in irgendeine Art von Tortilla und rundet das Ganze mit einer preiswerten Garnierung ab. Gibt man das Fleisch in eine frische, warme Mais-Tortilla mit ein wenig *salsa* darüber, hat man ein *taco*. Füllt man das Fleisch zusammen mit Käse und Gewürzen in eine Mais-Tortilla, rollt sie auf und überbackt sie mit einer Chilisauce, hat man eine etwas modernere Version der traditionellen *enchilada*. Eine Füllung aus Rind-, Schweine- oder Hühnerfleisch mit einem Häufchen Bohnenpüree in einer Weizenmehl-Tortilla ergibt ein *burrito* oder *burro*, eine Bezeichnung, die bildhaft macht, daß die große, strapazierfähige Umhüllung ebensoviel an Zuladung aufnehmen kann wie ein Packesel. Bearbeitet man einen *burrito* weiter, indem man ihn in Öl ausbackt, entsteht aus ihm das größte kulinarische Geschenk, das Tucson der Welt gemacht hat, die *chimichanga*, eine hübsch und lebhaft klingende Bezeichnung. Einige Etymologen übersetzen sie mit »gerösteter Affe«, andere wollen in ihr einen unübersetzbaren Fluch erkannt haben.

Tortillas spielen auch bei Frühstück und Brunch als schmackhafte »Sättigungsbeilage« zu Eierspeisen eine wichtige Rolle. Schlichte Spiegeleier, auf einer weichgebratenen Tortilla angerichtet, gewürzt mit einer pikanten Sauce und mit geschmolzenem Käse gekrönt, verwandeln sich so in *huevos rancheros*, zu Eiern nach Rancher-Art. Frühstücks-*burritos* können mit Rührei und würziger *chorizo* gefüllt werden, den letzten Schliff bekommen sie in Arizona durch einen Klacks saure Sahne, während in New Mexico Chilisau-

Die Seen im Südwesten sind reich an Süßwasserfischen. Hier im südöstlichen Utah wird im Winter in Eislöchern gefischt.

cen in den Landesfarben Rot oder Grün darübergelöffelt werden, entweder solo oder kombiniert.

Neben den Stall- oder Weidetieren spielt in der Küche des Südwestens auch Wild eine bedeutende Rolle, was nicht verwundert in einer Region, die ursprünglich von Jägern und Sammlern bewohnt wurde.

Das ganze Gebiet bietet ausgezeichneten Lebensraum für jagdbare Tiere und übt auf Jäger, egal ob sie des Fleisches oder des Sports wegen jagen, große Anziehungskraft aus. In den Bergen stößt man auf Hirsch, Elch, Bär und Wildtruthahn, die im Spätherbst und Frühwinter gejagt werden. Im Herbst ist der Himmel über den Flußniederungen des Colorado und Rio Grande voll mit Enten und Gänsen, im hohen Gras der Talgründe verstecken sich Waldhuhn, Wachtel, Wildtaube und Kaninchen.

In den südlichen Regionen des Südwestens werden auf den Märkten Fische und Meeresfrüchte aus dem Golf von Mexiko und von der kalifornischen Küste angeboten. Die Restaurants und Haushalte in Phoenix, Santa Fe und anderen großen Metropolen werden mit frischem Meeresfisch über den Luftweg versorgt. Daneben stellen jedoch die Bäche, Flüsse und Seen der Bergregionen ein unerschöpfliches Reservoir an Süßwasserfischen dar, aus dem man sich gratis das ganze Jahr über bedienen kann. Vor allem Forellen gibt es in schier unglaublicher Zahl und Artenvielfalt. Obwohl die Navajos sich nicht mit den Geistern der Fische anlegen wollten, stehen die Bewohner der heimischen Gewässer bei vielen Südwestlern als Naturgeschenk in hohem Ansehen. Der kalifornische Meisterkoch John Sedlar, der in Santa Fe geboren wurde, erinnert sich geradezu hymnisch in seinem Buch »Modern Southwest Cuisine«:

Das Leben der Cowboys auf der Weide ist hart und anstrengend. Hier genießen sie in einer wohlverdienten Ruhepause ein traditionelles texanisches Barbecue.

»Als ich noch sehr jung war, nahm mich mein Vater mit zum Forellenangeln an die eisigen Wasser des Pecos, hoch in den Sangre de Cristo Mountains. Die klare Luft, die Hirsche und Kaninchen, die sich uns zeigten, der Duft der Espen, all das prägte sich als unauslöschliches Bild in mein Gedächtnis ein. Meine Vorstellung vom vollkommenen, aber doch einfachen Kochen wurde damals geprägt, als wir frische Bachforellen über einem offenen Feuer brieten.«

FLEISCH, GEFLÜGEL, WILD, FISCH UND EIERSPEISEN

AUSTIN, TEXAS

Fajitas
Fajitas

Fajita ist eigentlich die Bezeichnung für den Bauchlappen (Dünnung) vom Rind, ein ziemlich zähes Stück Fleisch, das durch eine besondere Behandlung zart gemacht wird. Obwohl die fajitas ursprünglich aus Texas kommen, erfreuen sie sich mittlerweile überall im Südwesten großer Beliebtheit. Der Name bedeutet »kleine Streifen«, denn das Fleisch wird, nachdem man es mariniert und gegrillt hat, quer zur Faser in Streifen geschnitten, anschließend in Weizenmehl-Tortillas gewickelt und zusammen mit einer salsa, *Käse, Tomaten und* guacamole *serviert. Heute werden* fajitas *in vielen Restaurants in Amerika mit Hühnerfleisch, Steaks oder Garnelen zubereitet und in einer sehr heißen Pfanne auf den Tisch gebracht.*

MARINADE
60 ml frisch gepreßter Limonensaft
1 *jalapeño*-Chilischote, Samen entfernt und in Würfel geschnitten
1 TL Kreuzkümmel, zerstoßen
2 Knoblauchzehen, fein gehackt
2 EL Pflanzenöl
125 ml Bier

1 Steak aus der Keule oder Rinderlende von etwa 750 g
Salz und frisch gemahlener Pfeffer
12 Weizenmehl-Tortillas von etwa 20 cm Durchmesser
2 EL Pflanzenöl
Je 1 rote, gelbe und grüne Paprikaschote, Samen und Scheidewände entfernt und in Streifen geschnitten
100 g rote Zwiebeln, in dünne Scheiben geschnitten
Guacamole (Rezept siehe Seite 191), geriebener *Monterey-jack*-Käse (siehe Glossar) oder Cheddar, *salsa* und Tomatenwürfel als Beilage

Die Zutaten für die Marinade verrühren. Das Fleisch in eine tiefe Platte, die nicht aus Metall sein sollte, legen, mit der Marinade bestreichen und bei Zimmertemperatur etwa 2 Stunden oder zugedeckt über Nacht im Kühlschrank marinieren. Dabei einige Male wenden.

Den Ofen auf 180 °C vorheizen und die Glut eines Holzkohlenfeuers vorbereiten (oder ein Grillgerät verwenden). Die Weizenmehl-Tortillas fest in Alufolie wickeln und im vorgeheizten Ofen in etwa 15–20 Minuten sehr heiß und weich werden lassen.

Das Fleisch aus der Marinade nehmen, gut abtropfen lassen und mit Salz und Pfeffer würzen. Auf dem Holzkohlenfeuer (oder im Grillgerät) je 10–15 Minuten auf beiden Seiten grillen. Das Fleisch quer zur Faser in dünne Streifen schneiden und warm stellen.

Eine schwere Pfanne bei hoher Temperatur heiß werden lassen. Zuerst das Öl, dann Paprikastreifen und Zwiebeln hineingeben und in etwa 5 Minuten unter mehrmaligem Wenden weich werden und leicht bräunen lassen.

Die Fleischstreifen unter das Gemüse mischen. Mit den heißen Tortillas, *guacamole*, geriebenem Käse, *salsa* und Tomatenwürfeln servieren.

Für 12 Personen

SÜDWESTEN

Taco Salad
Taco-Salat

Dieser herzhafte Salat, ein Klassiker aus Arizona, ist eine perfekte Hauptmahlzeit für einen heißen Sommerabend. Besonders großen Eindruck auf Ihre Gäste machen Sie, wenn Sie Weizenmehl-Tortillas zu Körbchen formen und den Salat darin anrichten. Oder man mischt unter den Salat knusprige Tortilla-Chips und serviert ihn portionsweise auf Tellern.

Pflanzenöl zum Ausbacken
6 Weizenmehl-Tortillas von 25 cm Durchmesser
500 g Rinderhackfleisch
150 g gehackte Zwiebeln
1 Knoblauchzehe, fein gehackt
1 TL Cayennepfeffer
1 TL *chili powder* (siehe Glossar)
½ TL gemahlener Kreuzkümmel
250 g gekochte Pinto-Bohnen
2 *New-Mexico-green*- oder *Anaheim*-Chilischoten, geröstet, enthäutet, Samen entfernt und in Würfel geschnitten (siehe Glossar)
185 g gehackte Tomaten
30 g entsteinte schwarze Oliven, in Scheiben geschnitten
3 Frühlingszwiebeln, fein gehackt
125 g geriebener Cheddar
1 Avocado, Kern entfernt, geschält und in Würfel geschnitten
125 g grüner Blattsalat, in Streifen geschnitten
6 ausgebackene Tortilla-Körbchen (Zubereitung siehe unten) oder 125 g etwas zerkleinerte Tortilla-Chips

Das Öl in einem tiefen, schweren Topf auf 190 °C erhitzen. Zur Probe einen Tortilla-Streifen hineingeben. Er sollte innerhalb von 60 Sekunden gebräunt sein. Eine große Schöpfkelle mit einer Tortilla auslegen und so lange ins heiße Öl halten, bis die Tortilla knusprig braun geworden ist und die Form eines Körbchens hat. Aus dem Öl nehmen und auf Küchenpapier abtropfen lassen. Mit den restlichen Tortillas ebenso verfahren.

Das Rinderhackfleisch in einer großen Pfanne bei mittlerer Temperatur anbraten, das Fett abgießen. Zwiebeln, Knoblauch, Cayennepfeffer, *chili powder* und Kreuzkümmel unterrühren und etwa 2 Minuten mitbraten. Die Pinto-Bohnen und die Chillies unterrühren und weiterbraten, bis das Fleisch eine kräftig braune Farbe angenommen hat; das dauert etwa 1 Minute. Etwas abkühlen lassen.

Die Mischung in einer großen Schüssel mit Tomaten, Oliven, Frühlingszwiebeln, Käse, Avocado und Salatstreifen vermengen. Den Taco-Salat in die Tortilla-Körbchen füllen oder mit Tortilla-Chips vermischen und auf 6 Teller verteilen.

Für 6 Personen

VALLEY OF THE SUN, ARIZONA

Rio Verde Chicken Enchiladas
Enchiladas mit Hühnerfleisch und Tomatillo-Salsa

Eine der ältesten und einflußreichsten Familien Arizonas, die Goldwaters, haben in der Geschichte der Vereinigten Staaten von Amerika eine große Rolle gespielt. Das Rezept zu diesem köstlichen Hauptgericht stammt von Joanne Goldwater, Inhaberin von Goldwater's Foods. Obwohl die enchiladas *eigentlich mit der dafür typischen* Rio Verde tomatillo salsa, *die man überall in Arizona in Spezialitätenläden bekommt, zubereitet werden, schmecken sie mit der* tomatillo salsa *genausogut. Anstatt mit Hühnerfleisch kann man die Tortillas auch mit Spinat füllen.*

2 Hühnerbrüste, ohne Haut und Knochen, pochiert und in Streifen geschnitten
125 g gehackte Zwiebeln
3 EL geriebener Parmesan
125 g geriebener *Monterey-jack*-Käse (siehe Glossar)
Pflanzenöl für die Tortillas
12 Mais-Tortillas von 15 cm Durchmesser
250 ml Tomatillo-Salsa (Rezept siehe Seite 200)
500 ml Sahne oder Milch
4 Eier
250 g geriebener Cheddar
Guacamole (Rezept siehe Seite 191), saure Sahne, in Streifen geschnittener grüner Salat, gehackte Tomaten und gehackte schwarze Oliven zum Garnieren

Den Ofen auf 180 °C vorheizen. Hühnerfleisch, Zwiebeln, Parmesan und *Monterey jack* miteinander vermischen.

Das Öl etwa 6 mm hoch in eine kleine Pfanne gießen und nacheinander die Tortillas etwa 5 Sekunden von jeder Seite hinein-

FLEISCH, GEFLÜGEL, WILD, FISCH UND EIERSPEISEN

Im Uhrzeigersinn von unten links: *Fajitas, Taco-Salat, Enchiladas mit Hühnerfleisch* und *Tomatillo-Salsa*

tauchen. So werden sie wieder weich und lassen sich ohne Probleme rollen oder formen. Auf Küchenpapier abtropfen lassen. Auf jede Tortilla 3–4 Eßlöffel Hühnerfleischfüllung verteilen und aufrollen. Die *enchiladas* mit dem Schluß nach unten nebeneinander in eine feuerfeste Form legen.

Salsa, Sahne oder Milch und Eier miteinander verquirlen und über die *enchiladas* gießen. Mit Cheddar bestreuen und 30 Minuten im Ofen überbacken.

Die *enchiladas* mit *guacamole,* saurer Sahne, in Streifen geschnittenem grünem Salat, gehackten Tomaten und schwarzen Oliven garnieren.

Ergibt 12 Stück

SAN ANTONIO, TEXAS
LIME-TEQUILA GRILLED CHICKEN
Marinierte, gegrillte Hühnerbrust

Dieses Hauptgericht, das einfach zuzubereiten, cholesterin- und kalorienarm ist, läßt sich durch verschiedene salsas und Saucen variieren.

MARINADE

160 ml Olivenöl
125 ml frisch gepreßter Limonensaft
1 *jalapeño*-Chilischote, Samen entfernt und fein gehackt
60 ml Tequila
2 EL Triple Sec
10 g feingehacktes Koriandergrün

6 Hühnerbrusthälften, ohne Haut und Knochen
Grüne Chili-Salsa (Rezept siehe Seite 199), Kürbiskern-Salsa
 (Rezept siehe Seite 201) oder rote Paprikasauce
 (Rezept siehe Seite 190)

Alle Zutaten für die Marinade miteinander verrühren. Das Hühnerfleisch in eine flache Form, die nicht aus Aluminium sein sollte, legen und mit der Marinade übergießen. Zugedeckt etwa 4 Stunden im Kühlschrank ziehen lassen, zwischendurch einige Male wenden.

Die Glut eines Holzkohlenfeuers vorbereiten oder einen Grill vorheizen. Das Fleisch 30 Minuten vor dem Grillen aus dem Kühlschrank nehmen.

Das Fleisch auf jeder Seite etwa 4 Minuten grillen. Mit einer *salsa* servieren.

Für 6 Personen   *Foto siehe Seiten 92/93*

Rinderschmorbraten mit Orangen-Kaktusfeigen-Sauce

SÜDWESTEN

Braised Pot Roast with Orange Prickly Pear Sauce
Rinderschmorbraten mit Orangen-Kaktusfeigen-Sauce

Die Kaktusfeige, auch Tuna genannt, wird eigroß und ist eigentlich eine Beere. Ihr kräftig rotes Fruchtfleisch ist weich, süßlich und hat den Duft von Wassermelonen. Dieses Rezept läßt sich mit jederlei Schmorfleisch zubereiten. Kaktusfeigen kann man durch Blaubeeren ersetzen. Kartoffeln nehmen die Bratensauce gut auf.

MARINADE

500 ml Merlot, ersatzweise ein anderer trockener Rotwein
125 ml frisch gepreßter Orangensaft
2 EL Olivenöl
1 TL Salz, ½ TL frisch gemahlener Pfeffer
75 g geschälte Möhren, in Würfel geschnitten
60 g Zwiebeln, in Würfel geschnitten

1,2 kg Rinderschmorbraten aus der Keule, ohne Knochen
2–3 EL Mehl
2 EL Olivenöl
6 Kaktusfeigen, geschält, püriert und durch ein Sieb passiert
10 g feingehackte Petersilie
375 ml Hühnerbrühe (siehe Glossar)
Salz, frisch gemahlener Pfeffer
30 g Orangenschale, in feine Streifen geschnitten, 10 Minuten in kochendem Wasser blanchiert und gut abgetropft

Alle Zutaten für die Marinade in einer Schüssel, die nicht aus Aluminium sein sollte, vermischen und den Rinderschmorbraten hineingeben. Zugedeckt über Nacht im Kühlschrank marinieren.
 Das Fleisch aus der Marinade nehmen, abtropfen lassen und mit Küchenpapier trockentupfen. Die Marinade durch ein Sieb gießen und Gemüse und Marinade getrennt aufbewahren. Das Fleisch mit Mehl bestäuben, überschüssiges Mehl abschütteln. Das Öl in einem großen, schweren Topf erhitzen, das Fleisch von allen Seiten bei mittlerer Temperatur braun anbraten und herausnehmen. Das abgetropfte Gemüse aus der Marinade in dem Bratfond etwa 8–10 Minuten weich schmoren. Den Braten zurück in den Topf geben. Marinade, Kaktusfeigenpüree, Petersilie und Hühnerbrühe zugeben, gut umrühren und mit Salz und Pfeffer würzen. Aufkochen lassen, die Hitze reduzieren und das Fleisch in etwa 2 Stunden gar und zart schmoren lassen. Zwischendurch das auf der Oberfläche schwimmende Fett abschöpfen.
 Den Braten aus dem Topf nehmen und warm stellen. Mit einem Schaumlöffel die Gemüse aus der Sauce nehmen und im Mixer oder in der Küchenmaschine pürieren. Anschließend mit der Orangenschale in die Sauce einrühren. Die Sauce bei mittlerer Temperatur in etwa 10 Minuten sämig einkochen lassen. Das Fleisch wieder in den Topf geben und in der Sauce erhitzen. Den Rinderschmorbraten herausnehmen, in Scheiben schneiden, auf Teller anrichten und jede Portion großzügig mit Sauce begießen.

Für 6 Personen

PHOENIX, ARIZONA

STUFFED BEEF TENDERLOIN WITH ANCHO CHILI SAUCE
Gefülltes Rinderfilet mit Ancho-Chili-Sauce

Ancho-Chillies, fälschlicherweise häufig pasillas *genannt, sind getrocknete* poblanos *und gehören zu den mildesten getrockneten Chilischoten. Eingeweicht und mit frischen* poblanos *püriert, ergeben sie eine leicht fruchtige Sauce, die gut zu gefülltem Fleisch schmeckt. Falls das kostspielige Rinderfilet Ihr Haushaltsbudget zu stark belastet, läßt es sich durch preiswertere Rinderlende ersetzen. Knuspriges Baguette, mit Knoblauch und Ziegenkäse bestrichen, schmeckt gut dazu. Dafür gibt man die Knoblauchknollen in den vorgeheizten Ofen, läßt den Knoblauch weich werden und preßt ihn aus den Zehen auf das Brot.*

6 Scheiben Rinderfilet, etwa 150–175 g schwer und 2½ cm dick
2 Knoblauchknollen
1 EL Olivenöl
1 EL feingehackter frischer Oregano
Salz und frisch gemahlener Pfeffer
2 *Anaheim*-Chilischoten, geröstet, enthäutet, Samen und Scheidewände entfernt und in Streifen geschnitten (siehe Glossar)

ANCHO-CHILI-SAUCE
3 *ancho*-Chilischoten
3 *poblano*-Chilischoten, geröstet, enthäutet und Samen entfernt
Salz und frisch gemahlener Pfeffer
60 ml Crème double

Den Ofen auf 180 °C vorheizen. In die Rinderfilets horizontal jeweils eine Tasche schneiden und beiseite stellen.

Die Knoblauchknollen großzügig mit Olivenöl bestreichen. Fest in Alufolie wickeln und das Fruchtfleisch in etwa 1 Stunde weich werden lassen.

Die Glut eines Holzkohlengrills vorbereiten. Aus dem ausgelösten Knoblauch, Oregano, Salz und Pfeffer eine Paste bereiten und damit großzügig das Innere der Steaks bestreichen. Ein Stück Chilischote hineingeben, das Fleisch fest zusammendrücken und mit Salz und Pfeffer würzen. Auf dem Holzkohlenfeuer auf jeder Seite in etwa 4–5 Minuten rosa (medium rare) grillen.

Für die Sauce die *ancho*-Chillies in einer Schüssel mit kochendem Wasser bedecken. Etwa 45 Minuten einweichen lassen. 125 ml Einweichwasser abnehmen und in einen Mixer oder in die Küchenmaschine geben. *Ancho*- und *poblano*-Chilischoten zufügen und zu einem glatten Püree verarbeiten. Durch ein Sieb in einen kleinen Topf passieren, mit Salz und Pfeffer würzen und Crème double unterrühren. Die Sauce heiß werden lassen und abschmecken.

Die Steaks auf 6 Teller verteilen und jeweils 1–2 Eßlöffel Sauce darübergeben.

Für 6 Personen

Gefülltes Rinderfilet mit Ancho-Chili-Sauce

TUCSON, ARIZONA
BEEF MACHACA CHIMICHANGAS
Chimichangas mit Rindfleisch-Machaca

Chimichangas, eine Spezialität aus Arizona, sind eigentlich burritos, also mit Fleisch gefüllte tacos. Sie werden meist mit Hühner- oder Rindfleisch, das man in feine Streifen schneidet, und machaca oder einer grünen Chilisauce gefüllt, ausgebacken und mit guacamole, saurer Sahne und gelegentlich auch mit einer Sauce aufgetragen. Machaca ist eine ragoutähnliche Füllung, die man auch für tacos, enchiladas oder burritos verwenden kann.

MACHACA

2 EL Pflanzenöl
1,5 kg Fehlrippe, ohne Knochen
Salz und frisch gemahlener Pfeffer
375 ml Wasser
1 große Zwiebel, geviertelt
5 Knoblauchzehen, zerdrückt
2 EL Schmalz, ersatzweise Pflanzenöl
185 g gehackte Tomaten
45 g feingehackte Frühlingszwiebeln
150 g gekochte Kartoffeln, in Würfel geschnitten
10 g gehacktes Koriandergrün

12 Weizenmehl-Tortillas von 20 cm Durchmesser
Pflanzenöl zum Ausbacken
Grüne Chilisauce (Rezept siehe Seite 195), *guacamole* (Rezept siehe Seite 191), saure Sahne, in Streifen geschnittener grüner Salat und geriebener Käse zum Garnieren

Für die *machaca* den Ofen auf 180 °C vorheizen. Das Pflanzenöl in einer großen, schweren Pfanne erhitzen. Die Fehlrippe mit Salz und Pfeffer würzen, im heißen Öl auf allen Seiten braun anbraten und in eine Kasserolle geben. Das Wasser in die Pfanne gießen und den Bratensatz bei mittlerer Temperatur durch Rühren vom Boden lösen, zum Fleisch geben. Zwiebeln und Knoblauch zufügen und das Fleisch etwa 2 Stunden im Ofen gar und weich schmoren. Aus dem Ofen nehmen und abkühlen lassen. Das Fleisch in feine Streifen schneiden. Die Sauce in einen Meßbecher gießen und das Fett abschöpfen, beiseite stellen.

Das Schmalz beziehungsweise das Öl in einer großen Pfanne bei mittlerer Temperatur heiß werden lassen. Das Fleisch darin etwa 5 Minuten unter Rühren braten. 250 ml Bratensauce, Tomaten, Zwiebeln, Kartoffeln und Koriandergrün unterrühren, die Hitze reduzieren und zugedeckt etwa 30 Minuten köcheln lassen.

Für die *chimichangas* jeweils 90 g *machaca* in die Mitte jeder Tortilla geben, wie ein *burrito* aufrollen und mit einem Zahnstocher fixieren. Das Öl etwa 8 Zentimeter hoch in einen großen Topf gießen und auf 185 °C erhitzen. Zur Probe einen Brotwürfel hineingeben; er sollte innerhalb von 60 Sekunden gebräunt sein. Jeweils 2–3 *chimichangas* ins heiße Öl geben und goldbraun ausbacken. Auf Küchenpapier abtropfen lassen, die Zahnstocher entfernen und die *chimichangas* warm stellen. Mit grüner Chilisauce, *guacamole*, saurer Sahne, in Streifen geschnittenem grünem Salat und geriebenem Käse servieren.

Ergibt 12 Stück

TEXAS
SPICY FLANK STEAK
Pikant mariniertes, gegrilltes Rindfleisch

Die im folgenden Rezept verwendete Marinade eignet sich auch zum Einlegen anderer Fleischstücke von Rind oder Lamm. Je länger man das Fleisch einlegt, um so würziger wird es. Bei Zimmertemperatur zieht es schneller durch als im Kühlschrank.

MARINADE

60 ml Olivenöl
10 g feingehacktes Koriandergrün

4 Knoblauchzehen, fein gehackt
2 TL Salz
2 TL gemahlener Kreuzkümmel
1 TL gemahlener Koriander
1 TL Cayennepfeffer
1 TL frisch gemahlener Pfeffer

750 g Rindfleisch aus der Keule

Alle Zutaten für die Marinade miteinander verrühren und das Fleisch rundum damit bestreichen. Mindestens 30 Minuten oder bis zu 2 Stunden bei Zimmertemperatur oder zugedeckt 24 Stunden im Kühlschrank durchziehen lassen. 30 Minuten vor dem Grillen aus dem Kühlschrank nehmen. Das Fleisch über der heißen Holzkohlenglut oder unter dem vorgeheizten Grill auf jeder Seite 5 Minuten grillen. Quer zur Faser aufschneiden und heiß auftragen.

Für 6 Personen

FLEISCH, GEFLÜGEL, WILD, FISCH UND EIERSPEISEN

Im Uhrzeigersinn von links: *Pikant mariniertes, gegrilltes Rindfleisch, Chalupa, Chimichangas mit Rindfleisch-Machaca*

EL PASO, TEXAS
CHALUPA
Chalupa

Chalupa heißt wörtlich übersetzt »kleines Boot«: Tortilla-Stücke werden zu Booten geformt und mit einer Mischung gefüllt, die unter anderem auch Fleischstreifen enthält. Diese *chalupa ist* gleichermaßen als Füllung *für* burritos *und* chimichangas *geeignet. Man kann sie aber auch in Schüsseln verteilen und separat servieren.*

500 g getrocknete Pinto-Bohnen
1,5 kg Lendenkotelett vom Schwein
2 Knoblauchzehen, fein gehackt
6 *Anaheim*-Chilischoten, geröstet, enthäutet, Samen und Scheidewände entfernt und gehackt (siehe Glossar)
1 *guajillo*-Chilischote, geröstet, Stiel und Samen entfernt (siehe Glossar)
1 EL gemahlener Kreuzkümmel
1 TL getrockneter Oregano
1 EL Salz

Die Bohnen in einen großen Topf geben und mit Wasser bedecken. Bei hoher Temperatur zum Kochen bringen und 5 Minuten kochen lassen. Den Topf vom Herd nehmen und die Bohnen zugedeckt 1 Stunde weichen lassen. Die restlichen Zutaten zu den Bohnen geben und mit Wasser bedecken.

Zugedeckt bei niedriger Temperatur 6 Stunden köcheln lassen. Falls nötig, etwas Wasser nachgießen. Das Schweinefleisch aus dem Topf nehmen und die Knochen entfernen. Das Fleisch zerkleinern und wieder zurück in den Topf geben. Ohne Deckel eine weitere Stunde köcheln lassen, bis die *chalupa* eingedickt ist.

Für 8 bis 10 Personen

NEW MEXICO
STUFFED ROASTED QUAIL
Gebratene gefüllte Wachteln

Überall in New Mexico trifft man auf Scharen von Wachteln. Die schmackhaften Vögel sind hier nichts Besonderes; man sieht sie sogar in Wohnbezirken. Die meisten Köche und Hausfrauen ziehen es jedoch vor, bereits entbeinte Wachteln beim Metzger oder in einem Wildgeschäft zu kaufen. Da dieses winzige Geflügel nicht besonders fleischig ist, sorgt eine herzhafte Füllung für Sättigung. Die Wachteln lassen sich durch sechs junge Fasane ersetzen. Man muß dann allerdings eine 15 Minuten längere Bratzeit einplanen.

12 Wachteln, entbeint, gründlich gewaschen und trockengetupft
1 kg Maisbrot-Chorizo-Füllung (Rezept siehe Seite 136)
Salz und frisch gemahlener Pfeffer
2 EL Butter
1 EL Olivenöl
125 ml Madeira oder Rotwein

Den Ofen auf 180 °C vorheizen. In jede Wachtel etwa 90 g der Füllung geben und mit Küchenzwirn in Form binden. Mit Salz und Pfeffer bestreuen. Butter und Öl in einer großen Pfanne bei nicht zu hoher Temperatur erhitzen, die Wachteln, mit der Brustseite nach unten, hineingeben und kräftig von allen Seiten anbraten. Falls die Pfanne nicht genügend Platz für alle Wachteln bietet, werden sie portionsweise angebraten. Nach dem Anbraten setzt man sie in die Bratenpfanne des Ofens.

Alles Fett aus der Pfanne abgießen. Die Temperatur hochschalten, den Wein in die Pfanne gießen und unter Rühren den Bratensatz lösen. Über die Wachteln verteilen, die Vögel in den vorgeheizten Ofen schieben. 30–40 Minuten braten, bis die Vögel braun und gar sind. Zur Probe mit einem spitzen Messer oder einem dünnen Spieß hineinstechen. Die Wachteln sind gar, wenn der austretende Bratensaft klar ist und keine Blutspuren mehr aufweist.

Für 6 Personen   *Foto siehe Seite 4*

LAS CRUCES, NEW MEXICO
CREAMY CHILI EGG CASSEROLE
Eierauflauf mit Chillies

Herzhafter schmeckt dieses köstliche Brunch-Gericht, wenn man außer geriebenem Käse und Chilischoten auch gekochte Garnelen oder pochierte Hühnerfleischwürfel unter die Eimasse mischt. Je nach Anzahl der Gäste lassen sich die Zutaten für dieses Rezept leicht variieren.

4 *New-Mexico-green-* oder *Anaheim-*Chilischoten, geröstet, enthäutet, Samen entfernt und gehackt (siehe Glossar)
375 g geriebener Cheddar
375 g geriebener *Monterey-jack-*Käse (siehe Glossar)
6 Eier
150 ml Milch
1 TL Salz, 1 TL Zucker, frisch gemahlener Pfeffer
2 EL Mehl
125 g Doppelrahm-Frischkäse, in etwa 1 cm große Stücke zerteilt, zimmerwarm

Den Ofen auf 165 °C vorheizen. Eine feuerfeste quadratische Form von etwa 20 cm Kantenlänge mit Butter bestreichen. Die Chillies gleichmäßig auf dem Boden der Form verteilen. Die beiden geriebenen Käsesorten miteinander vermischen, 60 g zum Bestreuen beiseite stellen und den Rest über die Chilischoten verteilen.

In einer mittelgroßen Schüssel Eier, Milch, Salz, Pfeffer, Zucker und Mehl miteinander verrühren. Den Frischkäse zugeben und zu einer glatten Masse verrühren. Die Eimasse in die Form gießen, mit dem geriebenen Käse bestreuen, in den vorgeheizten Ofen schieben und 40–45 Minuten backen, bis die Masse gestockt und der Käse geschmolzen ist. Etwas abkühlen lassen und auf Teller verteilen.

Für 4 bis 6 Personen

TUCSON, ARIZONA
BREAKFAST BURRITOS
Frühstücks-Burritos

Gefüllte Tortillas werden burritos *genannt. Chorizo ist eine pikante Wurst, die aus grobgehacktem Schweinefleisch, Gewürzen und Chillies hergestellt wird und bei uns in spanischen Lebensmittelläden oder gutsortierten Lebensmittelabteilungen großer Kaufhäuser erhältlich ist. Die Haut sollte man abziehen, bevor man* chorizos *bei niedriger Temperatur brät. Diese* burritos *schmecken übrigens nicht nur zum Brunch vorzüglich.*

250 g *chorizo,* enthäutet und zerkleinert
150 g feingehackte Zwiebeln

FLEISCH, GEFLÜGEL, WILD, FISCH UND EIERSPEISEN

Von links nach rechts: *Frühstücks-Burritos, Eierauflauf mit Chillies*

2 *jalapeño*-Chilischoten, Samen und Scheidewände entfernt und fein gehackt
1 EL Butter
12 Eier
60 ml Milch
Salz und frisch gemahlener Pfeffer
1 l Tomatensauce nach Rancher-Art (Rezept siehe Seite 190)
6 Weizenmehl-Tortillas von 20 cm Durchmesser
375 g geriebener *Monterey-jack*-Käse (siehe Glossar)
Saure Sahne und in Streifen geschnittener grüner Salat zum Garnieren

Den Ofen auf 180 °C vorheizen. Eine rechteckige feuerfeste Form von 18 × 28 cm leicht einölen.

Chorizo, Zwiebeln und *jalapeños* in einer großen Pfanne bei hoher Temperatur braun braten. Aus der Pfanne nehmen, auf Küchenpapier abtropfen lassen und beiseite stellen.

Bei mittlerer Temperatur die Butter in der Pfanne zerlassen. Eier, Milch, Salz und Pfeffer in einer großen Schüssel miteinander verquirlen, in die heiße Butter gießen und unter Rühren stocken, aber nicht trocken werden lassen. *Chorizo*-Zwiebel-Mischung und die Hälfte der Tomatensauce unterrühren.

Die Eimasse auf die Tortillas verteilen, jeweils mit 30 g geriebenem Käse bestreuen und aufrollen. Die *burritos* in die vorbereitete Form geben, mit der restlichen Tomatensauce begießen, mit dem restlichen Käse bestreuen, 15–20 Minuten im Ofen überbacken. Sie sollten heiß und der Käse geschmolzen sein. Die *burritos* auf Teller verteilen, mit saurer Sahne und Salatstreifen garnieren.

Ergibt 6 Stück

FLEISCH, GEFLÜGEL, WILD, FISCH UND EIERSPEISEN

Im Uhrzeigersinn von links: *Tacos mit Fisch; Tacos mit Lammfleisch; Tacos mit Hackfleisch*

SÜDWEST-TEXAS

PICADILLO TACOS
Tacos mit Hackfleisch

Überall im Südwesten und in Mexiko läßt man sich zu jeder Tageszeit Tacos *mit allen erdenklichen Füllungen munden. Die nachfolgende würzige Rinderhackfüllung schmeckt besonders gut zu Mais-Tortillas.* Picadillo *ist in spanischsprechenden Ländern ein traditionelles Gericht aus Fleisch und Gemüse. Hier wird es als* taco-*Füllung verwendet.*

125 ml Pflanzenöl
12 Mais-Tortillas von 15 cm Durchmesser
2 EL Olivenöl
150 g feingehackte Zwiebeln
75 g grüne Paprikaschote, in Würfel geschnitten
3 Knoblauchzehen, fein gehackt
500 g mageres Rinderhackfleisch
500 g Eiertomaten, in Würfel geschnitten
100 g paprikagefüllte grüne Oliven, gehackt
90 g Maiskörner
60 g Rosinen
2 EL brauner Zucker
1 EL Weißweinessig
¼ TL gemahlener Zimt
1 Messerspitze gemahlene Gewürznelken
Salz und frisch gemahlener Pfeffer
In Streifen geschnittener grüner Salat und geriebener Cheddar oder *Monterey-jack*-Käse (siehe Glossar) zum Garnieren

Das Pflanzenöl in einer mittelgroßen Pfanne bei mittlerer Temperatur erhitzen. Die Tortillas nacheinander mit einer Zange aufnehmen und mit jeder Seite 10–15 Sekunden ins Öl halten, damit sie weich werden. Zu Schiffchen formen, ohne jedoch die beiden Enden zusammenzudrücken, und knusprig werden lassen. Auf Küchenpapier abtropfen lassen.

Das Olivenöl in einer großen Pfanne bei mittlerer Temperatur erhitzen. Die Zwiebeln darin in etwa 5 Minuten weich schwitzen. Grüne Paprikaschote und Knoblauch unter Rühren 3 Minuten mitdünsten.

Das Hackfleisch in die Pfanne geben, zerzupfen und anbraten, bis es seine rote Farbe verloren hat und krümelig zerfällt. Die restlichen Zutaten, außer dem Salat und dem geriebenen Käse, einrühren und etwa 10 Minuten schmoren lassen, bis die Flüssigkeit verkocht ist. In jede *taco*-Hülle etwa 90 g der Füllung geben. Mit Salat und geriebenem Käse garnieren und sofort auftragen.

Ergibt 12 Stück

SÜDWESTEN
TACOS DE PESCADO
Tacos mit Fisch

Moderne Verkehrswege am Boden und in der Luft versorgen den Südwesten der Vereinigten Staaten täglich mit ganz frischem Fisch und Schaltieren. Deshalb erfreuen sich hier auch die einfach zuzubereitenden Fisch-tacos großer Beliebtheit. Besonders gut schmecken sie mit heißen Weizenmehl-Tortillas.

6 Weizenmehl-Tortillas von 20 cm Durchmesser (Rezept siehe Seite 137)
500 g Fisch mit festem weißem Fleisch, wie Schnapper, Wolfs- oder Zackenbarsch
2 EL frisch gepreßter Zitronensaft
Salz und frisch gemahlener Pfeffer
2 Knoblauchzehen, fein gehackt
1 EL Pflanzenöl
Guacamole (Rezept siehe Seite 191), saure Sahne und in Streifen geschnittener grüner Salat zum Garnieren

Abgepackte Tortillas fest in Alufolie wickeln und 15–20 Minuten in den 180 °C heißen Ofen geben. Selbstgemachte Tortillas kurz bevor man den Fisch zubereitet in der heißen Pfanne bräunen und warm stellen.

Den Fisch gut abbrausen und mit Küchenpapier trockentupfen. Mit 1 Eßlöffel Zitronensaft beträufeln und mit Salz, Pfeffer und feingehacktem Knoblauch einreiben. Eine große gußeiserne Pfanne bei hoher Temperatur in etwa 7 Minuten rauchend heiß werden lassen. Zuerst das Pflanzenöl, dann den Fisch hineingeben und auf jeder Seite 2–3 Minuten goldbraun braten. Den Fisch mit dem zweiten Eßlöffel Zitronensaft beträufeln, aus der Pfanne nehmen, von den Gräten lösen, zerteilen und auf die Mitte der heißen Weizenmehl-Tortillas geben. Die Tortillas zur Hälfte übereinanderschlagen und auf vorgewärmten Tellern anrichten. Mit *guacamole*, saurer Sahne und in Streifen geschnittenem grünen Salat garnieren und auftragen.

Für 6 Personen

NAVAJO-RESERVATE
INDIAN TACOS
Tacos mit Lammfleisch

Diese tacos werden in verschiedenen Varianten überall im Südwesten gern gegessen. Ein Favorit bei Skiläufern im Sunrise Resort in der White Mountain Apache Reservation in Nord-Arizona ist der Apache Taco mit geröstetem Brot, Chili con carne, Salat, Tomaten und Käse. Die Lammfleischfüllung für dieses Rezept ist typisch für das Navajo-Gebiet, wo es viele Schafe gibt. Man kann das Lammfleisch nach Belieben auch durch Rindfleisch ersetzen. Wichtig ist vor allem, daß die Fleischfüllung vor dem Rösten des Brotes fertig zubereitet und das Brot heiß und knusprig ist.

2 TL Cayennepfeffer
1 TL gemahlener weißer Pfeffer
2 TL Paprikapulver
1 TL Salz
1 TL getrockneter Thymian, zerrieben
1¼ TL gemahlener Kreuzkümmel
750 g Lammfleisch, in Würfel geschnitten
2 EL Pflanzenöl
250 g gehackte Zwiebeln
60 g Butter oder 3 EL Öl
4 *Anaheim*-Chilischoten, geröstet, enthäutet, Samen und Scheidewände entfernt und in Würfel geschnitten (siehe Glossar)
2 Knoblauchzehen, fein gehackt
1 rote Paprikaschote, Samen und Scheidewände entfernt und in Würfel geschnitten
2 *poblano*-Chilischoten, Samen und Scheidewände entfernt und in Würfel geschnitten
2 EL Mehl
250 ml Hühnerbrühe (siehe Glossar)
In Streifen geschnittener grüner Salat, gehackte Tomaten, geriebener Käse und *salsa* zum Garnieren

1 Rezept ausgebackenes indianisches Brot (Rezept siehe Seite 132)

Cayennepfeffer, weißer Pfeffer, Paprikapulver, Salz, Thymian und Kreuzkümmel in einer kleinen Schüssel miteinander vermischen. Das Lammfleisch in eine andere Schüssel geben, mit 1 Eßlöffel der Gewürzmischung bestäuben und mit den Händen gründlich einmassieren.

Das Pflanzenöl in einer großen Pfanne sehr heiß werden lassen. Zwiebeln und 1 Eßlöffel der Gewürzmischung hineingeben und bei mittlerer Temperatur etwa 5 Minuten anschwitzen. Butter beziehungsweise Öl zugeben und heiß werden lassen. Das Lammfleisch in die Pfanne geben und in etwa 10 Minuten von allen Seiten anbraten, dabei gelegentlich umrühren. *Anaheim*-Chilischoten, Knoblauch, Paprikaschote, *poblano*-Chillies und die restliche Gewürzmischung zugeben und unter ständigem Rühren 2 Minuten mitbraten. Das Mehl einstreuen und unter Rühren weitere 3 Minuten braten. Langsam die Hühnerbrühe zugießen, gut umrühren und aufkochen lassen. Die Hitze reduzieren und das Ragout 15 Minuten köcheln lassen, bis sich die Aromen entfaltet haben und die Sauce eingedickt ist.

Das indianische Brot fritieren und auf Küchenpapier abtropfen lassen. Jeweils ein Stück Brot auf 6 Teller geben. Darüber das Lammfleisch verteilen und mit in Streifen geschnittenem grünen Salat, gehackten Tomaten, geriebenem Käse und *salsa* garnieren.

Für 6 Personen

VALLEY OF THE SUN, ARIZONA
MARINATED GRILLED LEG OF LAMB
Marinierte, gegrillte Lammkeule

Die Lammkeule sollte mindestens 24 Stunden mariniert werden. Eine grüne Chilisauce schmeckt hervorragend dazu, besonders wenn Sie das Koriandergrün durch Minze ersetzen. Am besten schmeckt die Lammkeule, wenn man sie über einem Feuer aus Mesquite-Holz oder anderen aromatischen Hölzern grillt.

MARINADE
125 ml Olivenöl
80 ml frisch gepreßter Orangensaft
2 TL geriebene Orangenschale
1 EL Grand Marnier
1½ TL feingehackter frischer Thymian, ersatzweise ½ TL getrockneter zerriebener Thymian
1 TL Kreuzkümmel, grob zerstoßen
1 EL feingehacktes Koriandergrün
Salz und frisch gemahlener Pfeffer

1 Lammkeule von etwa 2,5 kg, entbeint, auseinandergeklappt und sämtliches Fett entfernt
500 ml grüne Chilisauce (Rezept siehe Seite 195)

Alle Zutaten für die Marinade in einer ausreichend großen Schüssel, die nicht aus Metall sein sollte, vermischen. Die Lammkeule darin wenden und zugedeckt mindestens 24 Stunden, höchstens bis zu 2 Tage im Kühlschrank ziehen lassen. Das Fleisch gelegentlich wenden.

Die Glut eines Holzkohlengrills vorbereiten. Das Lammfleisch rechtzeitig aus dem Kühlschrank nehmen und Zimmertemperatur annehmen lassen. Dicht über der Glut das Fleisch in etwa 20 Minuten rosa grillen, dabei häufig mit der Marinade bestreichen und einmal wenden.

Das Lammfleisch quer zur Faser in Scheiben schneiden und mit der grünen Chilisauce servieren.

Für 6 Personen   *Foto siehe Seite 93*

FLEISCH, GEFLÜGEL, WILD, FISCH UND EIERSPEISEN

Von links nach rechts: *Tamales mit Meeresfrüchten und Chilicreme; Gefüllte Hühnerbrust mit Käse und Paprika*

PHOENIX, ARIZONA

BAKED SOUTHWEST CHICKEN WITH JACK CHEESE AND PEPPERS
Gefüllte Hühnerbrust mit Käse und Paprika

Ein elegantes Hauptgericht, das sich auch für ein festliches Picknick eignet. Dann werden die Hühnerbrüste nicht aufgeschnitten, und man ißt sie kalt.

3 EL Gewürzmischung »Südwest« (Rezept siehe Seite 196)
3 EL Semmelbrösel
6 Hühnerbrusthälften ohne Haut
12 dünne Scheiben *Monterey-jack*-Käse (siehe Glossar), jede Scheibe etwa 5 × 7½ cm groß
Je 1 rote und gelbe Paprikaschote, Samen und Scheidewände entfernt und in 6 mm breite und 7½ cm lange Streifen geschnitten
1½ TL *chili powder* (siehe Glossar)
2 EL feingehacktes Koriandergrün
Salz und frisch gemahlener Pfeffer
1 Avocado, geschält, Kern entfernt, in Würfel geschnitten und mit 1 EL Limonensaft vermischt, zum Garnieren
1 reife Tomate, Samen entfernt und in Würfel geschnitten, zum Garnieren
Rote Paprikasauce (Rezept siehe Seite 190), nach Belieben

Den Ofen auf 190 °C vorheizen. Eine Kasserolle, die groß genug ist, die Hühnerbrüste in einer Lage aufzunehmen, leicht mit Öl bestreichen. In einer kleinen Schüssel die Gewürzmischung und die Semmelbrösel miteinander vermengen.

In die Hühnerbrüste längs eine Tasche schneiden. Die Hühnerbrüste folgendermaßen füllen: jeweils 1 Scheibe Käse, darauf in Reihen rote und gelbe Paprikastreifen, mit ¼ Teelöffel *chili powder*, 1 Teelöffel Koriandergrün sowie Salz und Pfeffer würzen und mit einer zweiten Scheibe Käse bedecken. Die Fleischtasche mit einem Zahnstocher verschließen.

Die gefüllten Hühnerbrüste von allen Seiten mit der Gewürz-Semmelbrösel-Mischung überziehen und in die vorbereitete Kasserolle geben. Zugedeckt 10 Minuten im vorgeheizten Ofen garen. Den Deckel abnehmen und weitere 10 Minuten garen. Das Fleisch herausnehmen, auf ein Brett legen und die Zahnstocher entfernen.

Die Hühnerbrüste in etwa 1 cm dicke Scheiben schneiden und auf vorgewärmten Tellern fächerförmig anrichten. Mit den Tomaten- und Avocadowürfeln bestreuen und sofort auftragen. Nach Belieben eine rote Paprikasauce dazu reichen.

Für 6 Personen

ROCKY MOUNTAINS

VENISON SALAMI
Wildsalami

In den höher gelegenen Gebieten des Südwestens gibt es sehr große Wildvorkommen. Dieses Salami-Rezept, das von Todd Fenzl, dem Verwalter eines Wildreservats in Idaho, stammt, bietet eine ideale Möglichkeit für Jäger, die weniger geschätzten Teile ihrer Beute sinnvoll zu verwerten.

1 kg Wildbret ohne Knochen, durch den Fleischwolf gedreht
1 EL Pökelsalz
1 TL Senfkörner
4 Knoblauchzehen, fein gehackt
1 TL getrocknete rote Paprikaflocken (siehe Glossar)
1 TL *chili powder* (siehe Glossar)
1 TL frisch gemahlener Pfeffer

Fleisch, Salz, Senfkörner, Knoblauch, Paprikaflocken, *chili powder* und Pfeffer in einer großen Schüssel gründlich miteinander verkneten. Zugedeckt für 3–4 Tage kalt stellen und mindestens einmal täglich gut durchkneten.

Den Fleischteig zu zwei Rollen von je etwa 500 g und 5 cm Durchmesser formen. Die Würste 4 Stunden bei 50 °C in ein mit Mesquite-, Hickory- oder Kirschholzspänen befeuertes Räuchergerät geben. Gelegentlich wenden, damit sie gleichmäßig geräuchert werden. Anschließend ebenfalls 4 Stunden bei 70 °C im Ofen trocknen, zwischendurch umdrehen.

Man kann die Würste auch auf dem Grill fertigstellen. Dafür weicht man Mesquiteholzspäne über Nacht in Wasser ein, gibt sie am nächsten Tag mit den Fleischrollen in eine Aluminiumpfanne und räuchert die Würste über der nicht zu heißen Glut 4–5 Stunden. Eventuell etwas Wasser zu den Spänen geben, damit der Rauch nicht zu stark wird. Falls Sie weder über ein Räuchergerät noch über einen Grill verfügen, werden die Würste 6 Stunden im 70 °C warmen Ofen getrocknet. Ihnen fehlt dann allerdings der Rauchgeschmack.

Die Salamis aus dem Räuchergerät, vom Grill oder aus dem Ofen nehmen, abkühlen lassen, in Plastikfolie wickeln und in den Kühlschrank legen. Zum Servieren in etwa ½ cm dicke Scheiben schneiden.

Ergibt 2 Würste von je etwa 500 g

DALLAS, TEXAS

SHELLFISH TAMALES WITH ANCHO CREAM
Tamales mit Meeresfrüchten und Chilicreme

Tamales sind in Mexico schon seit prähispanischer Zeit ein beliebter Festtagsschmaus und heute noch für jedes Mahl eine willkommene Bereicherung. Das folgende Rezept, das mit Garnelen und Jakobsmuscheln zubereitet wird, stammt von Stephan Pyles, einem der Väter der modernen Küche des Südwestens.

1 kleine Süßkartoffel von etwa 200 g, geschält und in etwa ½ cm große Würfel geschnitten
1,1 l Hühnerbrühe (siehe Glossar)
½ TL Salz
1 EL Ahornsirup
125 g Pflanzenfett, zimmerwarm

FLEISCH, GEFLÜGEL, WILD, FISCH UND EIERSPEISEN

315 g *masa harina* (siehe Glossar)
75 g Maismehl
1 TL Backpulver
¼ TL Cayennepfeffer
¼ TL gemahlener Kreuzkümmel
2 TL Salz
375 ml warmes Wasser (40 °C)
18 Maishüllblätter, 30 Minuten in Wasser eingeweicht

3 *ancho*-Chilischoten, Samen und Scheidewände entfernt
1 l Sahne
3 EL geklärte Butter oder Maiskeimöl
500 g Garnelen, geschält, gesäubert und in Würfel geschnitten
90 g Maiskörner
250 g Jakobsmuscheln
Je 3 EL in Würfel geschnittene rote, gelbe und grüne Paprikaschote
1 EL gehacktes frisches Basilikum
1 EL gehacktes Koriandergrün
Salz
8 Zweige Koriandergrün zum Garnieren

Die in Würfel geschnittene Süßkartoffel in einen mittelgroßen Topf geben und mit der Hühnerbrühe bedecken. Salz und Ahornsirup zugeben und aufkochen lassen. Die Hitze reduzieren und die Kartoffel in 4 Minuten garen. Durch ein Sieb abgießen, dabei die Brühe auffangen. Die Hälfte der Süßkartoffelwürfel in Eiswasser abkühlen und die Würfel abtropfen lassen. Die andere Hälfte im Mixer oder in der Küchenmaschine pürieren und beiseite stellen.

In einer Rührschüssel das Pflanzenfett mit einem elektrischen Rührgerät hellgelb und schaumig aufschlagen, zwischendurch das Fett von der Schüsselwand losschaben. In einer anderen Schüssel *masa harina*, Maismehl, Backpulver, Cayennepfeffer, Kreuzkümmel und Salz vermischen. Nach und nach das warme Wasser unterrühren und alles zu einem glatten, weichen Teig verarbeiten. Den Teig unter das Pflanzenfett heben, das Süßkartoffelpüree und nach und nach 125 ml der beseitegestellten Brühe unterrühren und 1 Minute gründlich durcharbeiten.

Die Maishüllblätter gut abtropfen lassen und trockentupfen. 2 Blätter in 16 etwa 3 mm breite Bänder zum Verschließen der *tamales* reißen. Jeweils 2 Maishüllblätter so nebeneinanderlegen, daß sie sich 5 cm überlappen. Den Teig in der Mitte der Blätter häufen und verteilen, dabei sollen an den beiden Enden jeweils etwa 2½ cm frei bleiben. Die Maishüllblätter aufrollen und dabei den Teig vollständig umschließen. Die beiden Enden mit den Bändern fest umwickeln.

Die *tamales* in den Einsatz eines Dämpftopfes oder in den Locheinsatz eines Topfes mit fest verschließbarem Deckel setzen. Wichtig ist dabei, daß kein Dampf entweichen kann. 30–35 Minuten über leicht kochendem Wasser dämpfen. Sie sind gar, wenn sich die Blätter leicht vom Teig lösen.

In der Zwischenzeit die Chilicreme und die Meeresfrüchte vorbereiten. Dafür 1 *ancho*-Chilischote in Streifen schneiden und beiseite stellen. Die beiden anderen Chillies etwa 20 Minuten in heißem Wasser einweichen, anschließend im Mixer oder in der Küchenmasche pürieren, durch ein Sieb in eine Schüssel passieren und beiseite stellen. In einem mittelgroßen Topf die Sahne um die Hälfte (500 ml) einkochen lassen. In einem anderen Topf die restliche Brühe der Süßkartoffel auf 250 ml einkochen lassen. In einer Pfanne die geklärte Butter beziehungsweise das Maiskeimöl bei hoher Temperatur rauchend heiß werden lassen. Garnelen, Chilistreifen und Maiskörner hineingeben und 1 Minute braten. Jakobsmuscheln, Paprikawürfel, Chilipüree, Basilikum, Koriandergrün, Sahne, Süßkartoffelwürfel und Brühe unterrühren, aufkochen lassen, die Hitze reduzieren und das Ganze 1 Minute köcheln lassen. Mit Salz abschmecken.

Die *tamales* mit einem Messer der Länge nach ganz aufschlitzen, die beiden Enden leicht gegeneinanderdrücken und auf Tellern anrichten. Die Meeresfrüchte-Chili-Mischung darübergeben, mit Korianderzweigen garnieren und servieren.

Ergibt 8 Stück

Wildsalami

Von links nach rechts: *Marinierte, gegrillte Büffellende; Gegrillte Spareribs*

WEST-TEXAS

BARBECUED CABRITO
Gegrilltes Zicklein

Zicklein wird in West-Texas häufig und gern gegrillt und in der Regel mit einer roten Chilisauce (Rezept siehe Seite 195), frischen Weizenmehl-Tortillas, Bohnen und Krautsalat gegessen. Das folgende Rezept stammt von Elin Jeffords, der in West-Texas lebte, bevor es ihn nach Arizona zog. Im Frühling bekommt man bei uns Zickleinfleisch in türkischen Lebensmittelläden oder auf Vorbestellung in gutsortierten Kaufhäusern.

500 ml frisch gepreßter Limonensaft
250 ml Pflanzenöl
10 Knoblauchzehen, zerdrückt
90 g milder *chili powder* (siehe Glossar)
1 EL gemahlener Kreuzkümmel
Salz und frisch gemahlener Pfeffer
1 kleines Zicklein von etwa 5 kg, längs auseinandergeklappt

Eine Grube, die etwas größer als das Zicklein ist, ausheben und mit Kies auslegen. Darauf Hartholzscheite schichten und anzünden. Über der heißen Glut einen Rost und darauf eine Bratenpfanne zum Auffangen des abtropfenden Fleischsaftes plazieren.

Die 6 zuerst genannten Zutaten miteinander verrühren, das Zicklein damit bestreichen, auf einen Bratenspieß stecken und im Abstand von 50 cm über dem Holzfeuer etwa 3 Stunden grillen. Dabei das Fleisch alle 15 Minuten mit der Marinade und dem austretenden Fleischsaft bestreichen und regelmäßig wenden. Das Zicklein ist gar, wenn sich das Fleisch leicht von den Knochen lösen läßt und die Haut braun und knusprig ist. Das Tier vom Spieß nehmen und in Portionsstücke zerteilen.

Man kann das Zicklein auch auf den Rost des Ofens legen, die Fettpfanne des Ofens darunterschieben und grillen. Dabei wird das Tier alle 30 Minuten gewendet und wie oben bestrichen.

Für 8 Personen *Foto siehe Seite 93*

FLEISCH, GEFLÜGEL, WILD, FISCH UND EIERSPEISEN

SÜD-COLORADO

MARINATED BUFFALO STEAK
Marinierte, gegrillte Büffellende

Büffelfleisch enthält weniger Fett und Cholesterin und hat ein lieblicheres Aroma als die meisten Fleischstücke vom Rind. Fast jede Zubereitungsart mit Rindfleisch läßt sich durch das etwas dunklere Büffelfleisch ersetzen, das aber bei uns nur ganz selten zu finden ist. Man sollte es bei geringer Temperatur nur blutig bis rosa braten. Es benötigt eine kürzere Garzeit als Rindfleisch. Büffelfleisch wird in ähnlichen Schnitten wie Rindfleisch angeboten.

MARINADE

1 kleine Knoblauchknolle
60 ml Orangensaft
1 EL geriebene Orangenschale
125 ml trockener Rotwein
125 ml Olivenöl
30 g feingehackte rote Zwiebel
1 EL Balsamico-Essig
2 EL Himbeeressig
1 TL frisch gemahlener Pfeffer
5 Wacholderbeeren, zerdrückt
1 Lorbeerblatt, zerteilt
1 Zweig Rosmarin
1 EL gehackter frischer Estragon
1 TL gehackter frischer Salbei

1 kg Büffellende, etwa 5 cm dick
Salsa oder Ancho-Chili-Sauce (Rezept siehe Seite 99)

Für die Marinade den Ofen auf 180 °C vorheizen. Die Knoblauchknolle großzügig mit Olivenöl bestreichen, in Alufolie wickeln und in etwa 1 Stunde im vorgeheizten Ofen weich werden lassen. Alle Zutaten für die Marinade und den ausgelösten weichen Knoblauch in einer flachen Schüssel, die nicht aus Aluminium sein sollte, verrühren. Die Büffellende in der Marinade wenden und zugedeckt über Nacht im Kühlschrank ziehen lassen, dabei gelegentlich wenden.

Das Fleisch 30 Minuten vor dem Grillen aus dem Kühlschrank nehmen und Zimmertemperatur annehmen lassen.

Die Glut eines Holzkohlenfeuers vorbereiten oder den Grill vorheizen. Das Fleischstück im Abstand von 10–13 cm auf jeder Seite 4–5 Minuten grillen. Aufschneiden und mit einer *salsa* oder Ancho-Chili-Sauce servieren.

Für 6 Personen

TEXAS HILL COUNTRY

BARBECUED SPARERIBS
Gegrillte Spareribs

In Texas grillt man alle möglichen Stücke Fleisch, sogar ganze Zicklein und Kalbsköpfe landen auf dem Grill. Rind- und Schweinefleisch sowie Spareribs vom Wild sind allerdings bei den Texanern am beliebtesten. Man sollte das Fleisch bei nicht zu starker Hitze grillen und nicht zu früh mit der Sauce überziehen, damit der Zucker nicht verbrennt und schwarz wird.

SAUCE

2 EL Pflanzenöl
150 g feingehackte Zwiebeln
2 Knoblauchzehen, fein gehackt
2 *jalapeño*-Chilischoten, Samen entfernt und fein gehackt
250 ml Tomatensauce (pürierte Tomaten)
125 ml Apfelessig
2 TL Paprikapulver
1 EL Senfpulver
2 EL brauner Zucker
Salz und frisch gemahlener Pfeffer

2 kg Spareribs (Rind, Schwein, Wild oder Elch)

Für die Sauce das Öl in einem mittelgroßen Topf bei mittlerer Temperatur erhitzen. Zwiebeln, Knoblauch und *jalapeños* hineingeben und die Zwiebeln in 3–5 Minuten glasig schwitzen. Die Mischung im Mixer pürieren und wieder in den Topf geben. Die restlichen Zutaten für die Sauce ebenfalls in den Topf geben, bei hoher Temperatur aufkochen, die Hitze reduzieren und zugedeckt etwa 30 Minuten köcheln lassen.

Die Glut eines Holzkohlengrills vorbereiten oder den Ofen auf 165 °C vorheizen. Die Spareribs im Abstand von 10–15 cm von der Glut 30–45 Minuten grillen, bis sie eine braune Farbe angenommen haben. Mit der Sauce bestreichen und weitere 30 Minuten grillen, dabei alle 10 Minuten mit der Sauce bestreichen.

Oder man gibt die Spareribs in eine Bratenpfanne und gart sie 45 Minuten im vorgeheizten Ofen. Nach 45 Minuten das Fett aus der Bratenpfanne abschöpfen, die Temperatur auf 190 °C hochschalten, das Fleisch mit der Sauce überziehen, für weitere 30 Minuten in den Ofen schieben und ebenfalls alle 10 Minuten mit der Sauce bestreichen. Die Spareribs in einzelne Rippen zerteilen und auftragen.

Für 6 Personen

ARIZONA

Sour Cream Turkey Enchiladas
Enchiladas mit Truthahnfleisch und Sahnesauce

Ein ideales Rezept, um Truthahnreste zu verwerten. Diese enchiladas lassen sich gut einige Stunden im voraus zubereiten. Man stellt sie zugedeckt in den Kühlschrank und gibt sie kurz vor dem Servieren zum Überbacken in den vorgeheizten Ofen. Damit das Ganze nicht zu fett wird, kann man die Tortillas mit Wasser bestreichen und in einer großen Pfanne ohne Fettzugabe erhitzen.

1½ EL Butter
1½ EL Mehl
375 ml Hühnerbrühe (siehe Glossar)
¼ TL *red hot pepper sauce* (Tabasco-Sauce, siehe Glossar)
Salz und frisch gemahlener Pfeffer
375 g saure Sahne
550 g gegarte Truthahnbrust, in Streifen geschnitten
2 *Anaheim*-Chilischoten, geröstet, enthäutet, Samen und Scheidewände entfernt und in Würfel geschnitten (siehe Glossar)
250 g geriebener *Manchego*-Käse oder weißer Cheddar
125 g feingehackte Frühlingszwiebeln
Pflanzenöl zum Ausbacken
12 Mais-Tortillas von 15 cm Durchmesser
125 g geriebener *Monterey-jack*-Käse (siehe Glossar)

In einem mittelgroßen Topf die Butter zerlassen. Das Mehl unter ständigem Rühren 3 Minuten darin anschwitzen. Nach und nach die Hühnerbrühe zugießen und unter Rühren zu einer glatten, dicken Mehlschwitze kochen. Mit Tabasco-Sauce, Salz und Pfeffer abschmecken. Die saure Sahne unterrühren und die Sauce in zwei Portionen teilen. Unter die eine Hälfte die Truthahnbruststreifen und die Chilischoten rühren. Die andere Hälfte beiseite stellen. *Manchego* oder Cheddar mit den Frühlingszwiebeln vermengen.

Den Ofen auf 180 °C vorheizen. Den Boden einer kleinen Pfanne 6 mm hoch mit Öl bedecken. Das Öl rauchend heiß werden lassen und die Tortillas nacheinander für einige Sekunden hineintauchen, damit sie weich werden. Auf Küchenpapier abtropfen lassen. Auf jede Tortilla 1 Eßlöffel Käse-Zwiebel-Mischung und 1 Eßlöffel Truthahnfleisch-Chili-Mischung geben und die Tortilla aufrollen. Die *enchiladas,* wie die gefüllten Tortillas heißen, in eine etwa 32 × 23 cm große, feuerfeste Form legen, mit der Sauce übergießen und mit dem geriebenen *Monterey jack* bestreuen. Etwa 20 Minuten im heißen Ofen überbacken, bis der Käse geschmolzen und das Gericht dampfend heiß ist.

Ergibt 12 Stück

RIM, ARIZONA

Smoked Wild Turkey
Geräucherter wilder Truthahn

Vor der Entdeckung Amerikas gab es in der Neuen Welt nur ein domestiziertes Tier: den Truthahn. Wilde Truthähne durchstreifen noch heute das Mogollon-Randgebirge in Arizona. Zur Jagdsaison im Spätherbst werden einige Jäger ausgelost, die die Erlaubnis zum Abschuß eines Truthahns bekommen. Ein wild aufwachsender Truthahn wiegt meist nicht mehr als zehn Pfund. Sein Fleisch hat ein kräftigeres Aroma als das eines Zuchttieres. Mitch Sivertson, Börsenmakler aus Phoenix, hat in den letzten fünf Jahren in jeder Saison einen Truthahn mit nach Hause gebracht. Seine Frau Michelle verrät hier, wie man einen Truthahn perfekt räuchert.

1 wilder oder gezüchteter Truthahn, etwa 5–6 kg schwer
1 TL gemahlener getrockneter Salbei
1 TL frisch gemahlener Pfeffer
60 ml Olivenöl
75 ml frisch gepreßter Zitronensaft
1 EL Worcestershire-Sauce
60 ml trockener Weißwein, zusätzlich etwas Wein für die Wasserpfanne des Räuchergeräts
2 EL Butter, zerlassen
1 TL Salz
1 TL gehackter frischer, ersatzweise ½ TL getrockneter Majoran

Den Truthahn von allen Seiten mit Salbei und Pfeffer einreiben.

Alle restlichen Zutaten in einer kleinen Schüssel miteinander vermischen und den Truthahn damit von außen und innen bestreichen. Falls etwas von dieser Mischung übrig bleibt, in die Wasserpfanne des Räuchergeräts geben.

Ein Räuchergerät mit Holzkohle oder Mesquite- oder anderem aromatischem Holz auf höchste Temperaturstufe vorheizen. Die Wasserpfanne zur Hälfte mit Wasser, zur Hälfte mit trockenem Weißwein füllen. Den Truthahn in das Räuchergerät geben und nach Gebrauchsanweisung des Herstellers etwa 8 Stunden räuchern. Zur Probe mit einem Fleischthermometer in die Truthahnkeule stechen. Wenn es eine Temperatur von 80 °C anzeigt, kann man den Vogel herausnehmen. Während des Räucherns eventuell etwas Flüssigkeit in die Fettpfanne nachgießen.

Alternativ kann man den Truthahn in einem Grill, den man mit einem Deckel verschließen kann, über indirektem Feuer räuchern. Man weicht dazu über Nacht Mesquite-Holzkohle oder -späne in Wasser ein und mischt sie mit glühender Holzkohle. Den Truthahn über einer Fettpfanne plazieren, die man mit halb Wasser, halb trockenem Wein füllt, und 2–3 Stunden im geschlossenen Grill über nicht zu starker Glut garen lassen. Garprobe wie oben.

Für die Sauce die Flüssigkeit aus der Fettpfanne in einen großen Meßbecher gießen. Von der Oberfläche 3 Eßlöffel Fett abschöpfen und in eine Pfanne geben. Das restliche Fett abschöpfen und weggießen. Das Fett in der Pfanne erhitzen, 3 Eßlöffel Mehl zufügen und unter Rühren 2–3 Minuten anschwitzen lassen. Nach und nach die Flüssigkeit aus dem Meßbecher zugießen und unter ständigem Rühren bei mittlerer Temperatur zu einer glatten, sämigen Sauce köcheln. Nach Bedarf noch etwas Hühnerbrühe zugeben, falls die Sauce zu dick geworden ist.

Für 6 bis 8 Personen

DALLAS, TEXAS

Roasted Turkey Tostada Salad with Cranberry Salsa
Tostadas mit Truthahnsalat und Cranberry-Salsa

Mit diesem phantasiereichen Salat kann man das ganze Jahr über Thanksgiving Day zelebrieren. Das Rezept stammt von Stephan Pyles, Besitzer des Restaurants »Baby Routh« in Dallas und Autor von »The New Texas Cuisine«. Nach Möglichkeit sollte man für die Zubereitung italienischen Caciotta-Käse verwenden. Besser als in diesem Rezept kann man Truthahnreste nicht verwerten!

CRANBERRY-SALSA

125 g Cranberries, ersatzweise Preiselbeeren
2 EL Orangensaft
90 g Zucker
2 mittelgroße rote Paprikaschoten, geröstet, enthäutet, Samen entfernt und in Würfel geschnitten (siehe Glossar)
3 EL gehacktes Koriandergrün
2 EL Pekannüsse, geröstet und gehackt (siehe Glossar)
1 TL geriebene Limonenschale
1 EL geriebene Orangenschale
Salz

6 Mais-Tortillas von 15 cm Durchmesser
Pflanzenöl zum Ausbacken
Salz
375 g gebratenes Truthahnfleisch, in Würfel geschnitten
75 g feingehackte Zwiebel
1 kleine Tomate, enthäutet, Samen entfernt und gehackt (siehe Glossar)
30 g Pekannüsse, geröstet (siehe Glossar)
1 Avocado, geschält, Kern entfernt und in Scheiben geschnitten
30 g entsteinte schwarze Oliven

Im Uhrzeigersinn von unten links: *Enchiladas mit Truthahnfleisch und Sahnesauce; Geräucherter wilder Truthahn; Tostadas mit Truthahnsalat und Cranberry-Salsa*

BUTTERMILCH-DRESSING

125 ml Buttermilch
125 ml Mayonnaise
1 Schalotte, fein gehackt
1 Knoblauchzehe, fein gehackt
2 TL frisch gepreßter Limonensaft
1 EL feingehacktes frisches Basilikum
¼ TL *red hot pepper sauce* (Tabasco-Sauce, siehe Glossar)
Salz und frisch gemahlener Pfeffer

90 g geriebener Caciotta oder *Monterey-jack*-Käse (siehe Glossar)
1 Kopf Römischer Salat, in Streifen geschnitten
1 Kopf Radicchio oder Rotkohl, in Streifen geschnitten
125 ml Koriandergrün-Zitrus-Vinaigrette (Rezept siehe Seite 198)
60 g saure Sahne
12 eingelegte *jalapeño*-Chilischoten, in Scheiben geschnitten, zum Garnieren (nach Belieben)

Für die *salsa* Cranberries oder Preiselbeeren, Orangensaft und Zucker 30–45 Sekunden im Mixer oder in der Küchenmaschine pürieren. Das Püree in eine Schüssel geben und Paprikaschoten, Koriandergrün, Pekannüsse sowie Limonen- und Orangenschale unterrühren. Mit Salz abschmecken und beiseite stellen.

Einen Grill vorheizen. In eine große Pfanne etwa 2½ cm hoch das Öl gießen. Bei mittlerer bis hoher Temperatur rauchend heiß werden lassen und darin 4 Tortillas in etwa 2 Minuten knusprig braten, dabei mit zwei Spateln auf den Boden der Pfanne drücken, damit sie keine Blasen werfen. Auf Küchenpapier abtropfen lassen, mit Salz bestreuen, auf ein Backblech legen. Die restlichen 2 Tortillas in 3 mm breite Streifen schneiden und knusprig ausbacken, auf Küchenpapier abtropfen lassen und mit Salz bestreuen.

Truthahnfleisch, Zwiebel, Tomate, Pekannüsse, Avocado und Oliven in einer großen Schüssel vermengen.

Für das Buttermilch-Dressing die Zutaten in einer mittelgroßen Schüssel miteinander verrühren. Das Dressing über das Fleisch gießen und gründlich vermischen.

Den Truthahnsalat gleichmäßig auf die 4 ausgebackenen Tortillas verteilen. Mit geriebenem Käse bestreuen und die *tostadas* unter den vorgeheizten Grill schieben. In etwa 1 Minute den Käse schmelzen lassen und die *tostadas* auf vorgewärmten Tellern anrichten.

In einer großen Schüssel den in Streifen geschnittenen Salat mit der Vinaigrette überziehen. Um die *tostadas* herum anrichten und die Tortilla-Streifen darüber verteilen. Auf die Mitte jeder *tostada* jeweils 1 Eßlöffel saure Sahne geben und mit einem Klacks Cranberry-*salsa* krönen. Die restliche *salsa* in eine hübsche Schüssel füllen und zusammen mit den *tostadas*, die man nach Belieben noch mit in Scheiben geschnittenen *jalapeños* garniert, sofort auftragen.

Für 4 Personen

Von links nach rechts: Lachs auf Lagerfeuerart mit Chili-Vinaigrette; Roter Schnapper mit Garnelen

SCOTTSDALE, ARIZONA

SALMON COOKED CAMP FIRE STYLE WITH CHIPOTLE VINAIGRETTE
Lachs auf Lagerfeuerart mit Chili-Vinaigrette

Von Robert McGrath, dem hochbegabten Ex-Chefkoch der Restaurants »Four Seasons« und »Sierra« in Houston und des »Scottsdale Princess«, stammt dieses Rezept, für das er einen Räuchereinsatz erfunden hat. Man kann aber auch ein Räuchergerät ganz einfach improvisieren: Den Boden eines schweren Topfes mit Holzspänen bestreuen, darauf einen Metallrost plazieren, den Fisch darauflegen und den Topf mit einem Deckel fest verschließen; der Fisch muß bei sehr niedriger Temperatur garen.

125 g geviertelte, in Scheiben geschnittene Gurke ohne Samen
125 g geviertelte, entkernte und in Scheiben geschnittene Birne
30 g geschälte und in Streifen geschnittene *jícama* (siehe Glossar)
80 ml frisch gepreßter Zitronensaft

1,1 kg Lachsfilet, quer in 12 Stücke geschnitten
Salz und frisch gemahlener Pfeffer

CHILI-VINAIGRETTE

1 eingelegte *chipotle*-Chilischote und 2 TL *adobo*-Sauce (siehe Glossar)
3 EL gehacktes Koriandergrün
2 TL feingehackter Knoblauch
2 TL feingehackte Schalotte
80 ml Reisweinessig
125 ml Maiskeimöl
1 EL frisch gepreßter Zitronensaft

30 g eingelegte Rote Bete, in feine Streifen geschnitten
6 Korianderzweige zum Garnieren

Gurke, Birne und *jícama* in eine Schüssel geben, mit dem Zitronensaft vermischen und beiseite stellen.

Die Lachsstreifen auf hölzerne Spieße stecken, die man vorher 30 Minuten ins Wasser gegeben hat. Den Fisch mit Salz und Pfeffer würzen und in ein Räuchergerät oder auf einen abdeckbaren Grill geben, über dessen Glut man Hickory-Späne streut. Den Lachs im Räuchergerät bei mittlerer Temperatur 3–4 Minuten garen, die Hitze reduzieren und weitere 8–9 Minuten räuchern. Darauf achten, daß der Fisch nicht zu schnell gart, weil er sonst einen bitteren Geschmack bekommt. Bei Verwendung eines Grills wird der Lachs über glühenden Kohlen auf jeder Seite etwa 4 Minuten gegart. Das Fleisch sollte fest, aber nicht trocken sein.

Für die Vinaigrette Chilischote, Koriandergrün, Knoblauch, Schalotte und Essig in einem Mixer oder in der Küchenmaschine zu Püree verarbeiten. Bei laufendem Motor nach und nach das Maiskeimöl einarbeiten, anschließend den Zitronensaft.

Kurz vor dem Servieren die Rote Bete zu Gurke, Birne und *jícama* geben. Jeweils eine Hälfte der Teller mit 2 Eßlöffeln Vinaigrette nappieren. Auf die jeweils andere Hälfte die Gemüsemischung geben und darauf die Lachsspieße anrichten. Mit Korianderzweigen garnieren und servieren.

Für 6 Personen

FLEISCH, GEFLÜGEL, WILD, FISCH UND EIERSPEISEN

PHOENIX, ARIZONA

GULF RED SNAPPER WITH ROCKY POINT SHRIMP
Roter Schnapper mit Garnelen

Das historische Herrenhaus Wrigley Mansion, das sich in eindrucksvoller Lage über dem Arizona Biltmore Resort in Zentral-Phoenix erstreckt, wird heute als Privat-Restaurant genutzt. Sein kreativer Chefkoch, Cary Neff, hat dieses Rezept entwickelt, bei dem Filets vom Roten Schnapper mit Chilischoten garniert werden, die mit Garnelen und Ziegenkäse gefüllt und in Scheiben geschnitten sind. Neff garniert das Ganze mit einer salsa aus Tomaten und Pinienkernen, es paßt jedoch jede auf Tomaten basierende salsa gut dazu.

8 Roter-Schnapper-Filets von jeweils 185 g
60 ml Olivenöl
2 EL gehackte Schalotten
500 g Garnelen (*prawns*), geschält, gesäubert und in Würfel geschnitten
185 g Shiitake-Pilze, Stiel entfernt, Hüte in Scheiben geschnitten
125 g sonnengetrocknete Tomaten in Öl, abgetropft
2 EL Tequila
320 g milder Ziegenfrischkäse, zerkleinert
1 EL feingehackter frischer Oregano
8 rote *Anaheim*-Chilischoten, geröstet, enthäutet, Samen und Scheidewände entfernt (siehe Glossar)

KORIANDERÖL

3 Bund Koriandergrün, Stengel entfernt
50 ml Olivenöl
1 Spritzer frisch gepreßter Limonensaft
Salz und frisch gemahlener Pfeffer

Salsa zum Garnieren
Korianderzweige zum Garnieren

Von den Schnapper-Filets die Haut und alle Gräten entfernen. Jedes Fischfilet zwischen Klarsichtfolie legen und mit einem Fleischklopfer zu einem runden Filet von etwa ½ cm Stärke klopfen. Beiseite stellen.

Das Olivenöl in einer großen Pfanne bei mittlerer Temperatur heiß werden lassen. Schalotten und Garnelen hineingeben und 2 Minuten unter Rühren braten. Shiitake-Pilze und Tomaten zugeben und 2 Minuten dünsten. Die Pfanne vom Herd nehmen, Tequila hineingießen, flambieren und rühren, bis die Flammen erloschen sind. Das Ganze in eine Schüssel geben und Ziegenfrischkäse und Oregano unterrühren. Die Mischung in einen Spritzbeutel geben und die *Anaheim*-Chillies damit füllen. Jede Chilischote einzeln in Alufolie wickeln und beiseite stellen.

Für das Korianderöl die Korianderblätter im Mixer pürieren. Nach und nach das Olivenöl, dann den Limonensaft einlaufen lassen. Abschmecken und in eine Plastikflasche mit Spritztülle geben.

Den Grill vorheizen. Die Chilischoten im Abstand von 7½–10 cm vom Grill für 7 Minuten in den Ofen schieben, einige Male wenden. Jedes Schnapper-Filet auf ein leicht mit Olivenöl bestrichenes, 15 × 15 cm großes Stück Alufolie legen, 3 Minuten grillen und sofort auf Tellern anrichten. Jedes Filet mit einigen Teelöffeln Korianderöl beträufeln. Die Chilischoten aus der Alufolie nehmen und jeweils diagonal in 4 Scheiben schneiden. Jedes Fischfilet mit einer aufgeschnittenen Chilischote belegen, die *salsa* um den Fisch herum anrichten und mit Korianderzweigen garnieren.

Für 8 Personen

PHOENIX, ARIZONA

MARINATED AHI TUNA
Marinierte Thunfischsteaks

Eine perfekte Vorspeise: Die Thunfischsteaks werden kurz vor dem Servieren gegrillt, und die Marinade läßt sich gut im voraus zubereiten.

MARINADE

125 ml Reisweinessig
4 Frühlingszwiebeln, fein gehackt
2 TL Dijon-Senf
½ TL zerstoßene getrocknete rote Chilischote
3 EL Olivenöl

6 Thunfischsteaks, jeweils etwa 2½ cm dick und 185 g schwer
Ananas-Salsa (Rezept siehe Seite 201)

In einer flachen Glas-, Porzellan- oder Steingutschüssel Essig, Zwiebeln, Senf und zerstoßene Chilischote vermischen. Nach und nach das Olivenöl unterrühren. Die Thunfischsteaks mit der Marinade bestreichen und zugedeckt 1–4 Stunden im Kühlschrank ziehen lassen, dabei gelegentlich wenden.

Die Glut eines Holzkohlenfeuers vorbereiten oder den Grill vorheizen. Den Fisch 30 Minuten vor dem Grillen aus dem Kühlschrank nehmen. Im Abstand von 10–15 cm von der Glut auf jeder Seite 4–5 Minuten grillen. Mit der Ananas-Salsa servieren.

Für 6 Personen

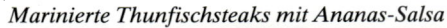

Marinierte Thunfischsteaks mit Ananas-Salsa

FLEISCH, GEFLÜGEL, WILD, FISCH UND EIERSPEISEN

Im Uhrzeigersinn von oben links: *Eier nach Rancher-Art; Mexikanische Wurst-Eier-Torte; Eier und Tortillas in Tomatillo-Sauce*

HOUSTON, TEXAS

EGGS AND TORTILLAS IN TOMATILLO SAUCE
Eier und Tortillas in Tomatillo-Sauce

Robert Del Grande, einer der Väter der modernen südwestlichen Küche, und seine Frau Mimi haben mit ihrem Restaurant »Cafe Annie« in Houston, Texas, ein Mekka für Leute geschaffen, die gern essen. Sein folgendes Rezept ist für ein herzhaftes Frühstück ebenso geeignet wie für ein Brunch-Buffet. Aber auch als leichtes Abendessen wird es gern zubereitet.

TOMATILLO-SAUCE
24 *tomatillos*, Hüllen und Stiele entfernt
8 *serrano*-Chilischoten, Samen entfernt und gehackt
125 g grobgehackte weiße Zwiebeln
4 Knoblauchzehen, geschält
60 g Korianderblätter
2 EL frisch gepreßter Limonensaft
2 TL grobes Meersalz
1 Prise frisch gemahlener Pfeffer

Erdnußöl zum Ausbacken
12 Mais-Tortillas von 15 cm Durchmesser, in Viertel zerteilt
12 Eier
60 ml Sahne oder Milch
2 EL Butter
250 g geriebener *Monterey-jack*-Käse (siehe Glossar)
125 g geriebener *cotija*-Käse (siehe Glossar) oder Parmesan zum Bestreuen bei Tisch

Für die Sauce *tomatillos*, *serrano*-Chillies, Zwiebeln und Knoblauch in einen Topf geben und mit Wasser bedecken. Aufkochen lassen, die Hitze reduzieren und etwa 10 Minuten köcheln lassen. Wenn die *tomatillos* weich sind, abtropfen lassen und in den Mixer geben. Korianderblätter, Limonensaft, Salz und Pfeffer zufügen und in etwa 15–30 Sekunden grob zerkleinern. Abschmecken. Falls die Sauce zu säuerlich ist, eine Prise Zucker zugeben und beiseite stellen.

Den Ofen auf 150 °C vorheizen.

Den Boden einer mittelgroßen Pfanne etwa ½ cm hoch mit Erdnußöl bedecken. Das Öl sehr heiß werden lassen, einige Tortilla-Viertel hineingeben und auf jeder Seite 2–3 Sekunden leicht ausbacken; sie sollten weich, aber nicht knusprig werden. Auf Küchenpapier abtropfen lassen.

Die Eier in eine große Schüssel aufschlagen und mit der Sahne beziehungsweise Milch verquirlen. Die Butter in einer weiten Pfanne bei mittlerer Temperatur zerlassen. Die Eier hineingeben und unter Rühren leicht stocken lassen, sie sollten nicht zu trocken werden.

Eine quadratische, feuerfeste Form von 23 cm Kantenlänge oder eine rechteckige Form von etwa 20 × 30 cm leicht mit Butter bestreichen. Auf den Boden der Form eine Lage ausgebackene Tortillas geben. Darüber gleichmäßig ein Drittel der Tomatillo-Sauce verteilen. Mit der Hälfte der Rühreier bedecken und diese mit einem Drittel des geriebenen Käses bestreuen. Diese Schichtung noch einmal wiederholen. Mit einer Lage Tortillas, Tomatillo-Sauce und geriebenem Käse abschließen. Zum Überbacken etwa 45 Minuten in den Ofen geben.

Zum Servieren das Gericht sofort auf Teller verteilen und mit geriebenem Käse und der restliche Saucen auftragen.

Für 6 bis 8 Personen

WEST-ARIZONA
Torta Mexicana
Mexikanische Wurst-Eier-Torte

Dieses farbenfrohe Gericht ist hervorragend zum Brunch geeignet, denn es läßt sich einige Stunden im voraus zubereiten und kurz vor dem Eintreffen der Gäste im Ofen fertigstellen. Außerdem kann man die einzelnen Schichten ohne weiteres je nach Höhe der Springform variieren.

2 EL zerlassene Butter

WURSTMASSE

375 g pikante Wurst, vorzugsweise *chorizo* (siehe Glossar)
6 große Frühlingszwiebeln, fein gehackt
2 Knoblauchzehen, fein gehackt
2 *jalapeño*-Chilischoten, Samen und Scheidewände entfernt und fein gehackt

EIMASSE

125 g Semmelbrösel
3 Frühlingszwiebeln, fein gehackt
20 g feingehacktes Koriandergrün
125 ml Milch
12 Eier
½ TL Salz
Frisch gemahlener Pfeffer
½ TL *chili powder* (siehe Glossar)
2 EL Butter
125 g geriebener *Monterey-jack*-Käse (siehe Glossar)
125 g geriebener Cheddar

2 Weizenmehl-Tortillas von 23 cm Durchmesser
3 rote Paprikaschoten, geröstet, enthäutet, Samen und Scheidewände entfernt und halbiert (siehe Glossar)
4 *Anaheim*-Chilischoten, geröstet, enthäutet, Samen und Scheidewände entfernt und halbiert (siehe Glossar)
60 g geriebener *Monterey-jack*-Käse (siehe Glossar)
60 g geriebener Cheddar

Den Ofen auf 200 °C vorheizen. Eine Springform von 23 cm Durchmesser mit zerlassener Butter bestreichen. Die restliche Butter für die Tortillas beiseite stellen.

Für die Wurstschicht *chorizo* oder eine andere pikante Wurst häuten und in einer schweren Pfanne bei mittlerer Temperatur bräunen. Anschließend mit einer Gabel zerpflücken und das ausgetretene Fett abgießen. Frühlingszwiebeln, Knoblauch und *jalapeño*-Chillies zur Wurst in die Pfanne geben, etwa 2 Minuten dünsten und beiseite stellen.

Für die Eimasse Semmelbrösel, Frühlingszwiebeln und Koriander in einer kleinen Schüssel vermischen. Die Milch unterrühren und die Brösel quellen lassen, bis sie die Milch ganz aufgenommen haben, verbliebene Flüssigkeit ausdrücken. Eier, Salz, Pfeffer und *chili powder* verquirlen. Die Butter in einer schweren Pfanne bei mittlerer Temperatur zerlassen. Die Eimasse hineingeben und unter ständigem Rühren gerade stocken lassen. Die Pfanne vom Herd nehmen, die eingeweichten Semmelbrösel und den geriebenen Käse unterrühren.

Eine Tortilla von beiden Seiten mit zerlassener Butter bestreichen und den Boden der Springform damit belegen. Mit der Hälfte der Wurstmischung bedecken, darüber die Hälfte der Eimasse geben. Die roten Paprikaschoten gleichmäßig auf den Eiern verteilen. Die zweite Tortilla ebenfalls von beiden Seiten mit zerlassener Butter bestreichen und in die Springform geben. Darüber die zweite Hälfte der Wurstmischung verteilen und diese mit der restlichen Eimasse bedecken. Die Chillies darübergeben und mit geriebenem Käse bestreuen.

30 Minuten im vorgeheizten Ofen backen und 15 Minuten ruhen lassen. Mit einem spitzen Messer am Rand der Springform entlangfahren und den Ring lösen. Auf einer hübschen Platte anrichten und wie eine Torte in Stücke schneiden.

Für 8 bis 10 Personen

SÜDWESTEN
Huevos Rancheros
Eier nach Rancher-Art

*Für die Zubereitung dieses Eiergerichts, das sowohl ein herzhaftes Frühstück wie auch ein leichtes Abendessen ist, gibt es in den einzelnen Regionen des Südwestens unterschiedliche Rezepte. Einige sehen vor, die Eier in Öl zu braten, andere wiederum verlangen das Pochieren in einer roten Chilisauce. Aber in allen Zubereitungsarten sind drei Zutaten unerläßlich: Tortillas, Eier und eine Sauce oder eine *salsa*.*

1 EL Essig
12 große Eier
375 ml Tomatensauce nach Rancher-Art (Rezept siehe Seite 190)
Pflanzenöl zum Ausbacken
6 Mais- oder Weizenmehl-Tortillas von 15 oder 20 cm Durchmesser
125 g geriebener *ranchero*- oder *Monterey-jack*-Käse (siehe Glossar)

In einem großen Topf reichlich Wasser zum Kochen bringen, den Essig zugeben und die Eier pochieren – je nach Größe des Topfes eventuell portionsweise. Dafür jedes Ei in eine kleine Kelle aufschlagen und in das Wasser geben. Die Hitze reduzieren und die Eier etwa 3 Minuten im Essigwasser ziehen lassen, je nach gewünschtem Garpunkt. Mit einem Schaumlöffel herausnehmen und auf Küchenpapier abtropfen lassen.

Die Tomatensauce bei niedriger Temperatur heiß werden lassen und den Grill vorheizen. Das Pflanzenöl etwa 1 cm hoch in die Pfanne gießen und bei starker Hitze heiß werden lassen. Die Tortillas nacheinander auf jeder Seite einige Sekunden ins Öl halten, bis sie weich sind. Auf Küchenpapier abtropfen lassen. Verwendet man Tortillas aus Weizenmehl, werden diese in Alufolie gewickelt und im 180 °C heißen Ofen 15–20 Minuten aufgebacken.

Jeweils 2 pochierte Eier auf einer Tortilla anrichten, darüber 2 Eßlöffel Tomatensauce geben und mit 2 Eßlöffeln geriebenem Käse bestreuen. Auf ein Backblech setzen und unter dem vorgeheizten Grill überbacken, bis der Käse geschmolzen ist. Sofort servieren.

Für 6 Personen

FLEISCH, GEFLÜGEL, WILD, FISCH UND EIERSPEISEN

TEXAS

PORK TENDERLOIN WITH CRANBERRY-CHIPOTLE SAUCE
Schweinefilet mit Cranberry-Chili-Sauce

Chipotles, geräucherte jalapeño-Chillies, findet man eingelegt in roter adobo-Sauce in Dosen. Man bekommt sie bei uns in Spezialgeschäften (siehe Bezugsquellen). Die Cranberry-Chili-Sauce paßt gut zu Wild, Ente oder zu anderen Fleischstücken vom Schwein. Falls Cranberries nicht erhältlich sind, kann man sie durch Preiselbeeren, frisch oder tiefgefroren, ersetzen.

1 EL Butter
1 EL Olivenöl
750 g Schweinefilet
Salz und frisch gemahlener Pfeffer

CRANBERRY-CHILI-SAUCE

2 EL feingehackte Schalotten
2 Knoblauchzehen, fein gehackt
185 g frische Cranberries oder Preiselbeeren,
   ersatzweise tiefgefrorene
3 EL Zucker
250 ml trockener Rotwein
625 ml Hühnerbrühe (siehe Glossar)
1 *chipotle*-Chilischote, eingelegt in *adobo*-Sauce, püriert
   (siehe Glossar)
1 TL feingehackter frischer Salbei, ersatzweise ½ TL zerriebener
   getrockneter Salbei
3 EL Butter, zimmerwarm
Salz und frisch gemahlener Pfeffer

Den Ofen auf 190 °C vorheizen. Butter und Olivenöl in einer großen Pfanne bei mittlerer Temperatur erhitzen. Das Schweinefilet mit Salz und Pfeffer würzen und auf allen Seiten braun anbraten. Auf einen Rost über einer Fettpfanne legen und etwa 40 Minuten im Ofen braten. Zur Garprobe mit einem Fleischthermometer hineinstechen; bei 65 °C kann man es aus dem Ofen nehmen. Die Fettpfanne mit dem abgetropften Bratfett beiseite stellen.

Für die Sauce Schalotten und Knoblauch in der Pfanne, in der das Fleisch angebraten wurde, etwa 30 Sekunden anschwitzen. Cranberries und Zucker zugeben und unter Rühren weitere 30 Sekunden mitschwitzen. Den Bratensatz mit dem Rotwein ablöschen und bei hoher Temperatur auf 180 ml einkochen lassen. Hühnerbrühe, pürierte *chipotle*-Chilischote und Salbei zugeben und die Flüssigkeit bei großer Hitze auf 500 ml reduzieren. Die Sauce durch ein Sieb in einen sauberen Topf passieren und aufkochen lassen. Die Butter unterrühren, mit Salz und Pfeffer abschmecken und warm stellen.

Das Schweinefilet aus dem Ofen nehmen, locker mit Alufolie bedecken und 10 Minuten ruhen lassen. In etwa 1 cm dicke Scheiben schneiden. Jeweils einige Scheiben auf 6 Teller anrichten und mit der Sauce übergießen.

Für 6 Personen

SANTA FE, NEW MEXICO

PORK TENDERLOIN STUFFED WITH SERRANO, CHEESE AND PIÑONS
Schweinefilet, gefüllt mit Chili, Käse und Pinienkernen

Der piñon, Wappenbaum New Mexicos, wächst überall im Südwesten der Vereinigten Staaten wild und wurde seit alters her von den Indianern geschätzt. Seine Früchte, die Pinienkerne, sind im Südwesten rar, denn sie sind auch bei Wild, Truthähnen, Bären, Vögeln und Nagetieren sehr beliebt. Dieses gehaltvolle Gericht bekommt durch die Pinienkerne ein einzigartiges Aroma und einen besonderen Biß.

2 Knoblauchzehen, fein gehackt
20 g feingehackte Frühlingszwiebeln
1 EL feingehacktes Koriandergrün

1 *serrano*-Chilischote, Samen und Scheidewände entfernt
   und fein gehackt
1 EL frisch geriebener Ingwer
2 EL frisch gepreßter Limonensaft
2 EL Olivenöl
Salz und frisch gemahlener Pfeffer
2 Schweinefilets von je 375 g
45 g Pinienkerne, geröstet (siehe Glossar)
60 g geriebener *jalapeño-jack*-Käse (siehe Glossar)

In einer Schüssel, die nicht aus Aluminium sein sollte, Knoblauch, Frühlingszwiebeln, Koriandergrün, Chili, Ingwer und Limonensaft vermischen. Langsam das Olivenöl unterrühren und mit Salz und Pfeffer würzen. Mit der Hälfte dieser Mischung die flache Seite eines Schweinefilets bestreichen. Mit Pinienkernen und Käse bestreuen und mit dem zweiten Schweinefilet bedecken. Dabei das dünne Ende des einen Filets auf das dicke Ende des anderen legen, damit das Ganze eine gleichmäßige Form ergibt. Mit Küchengarn in Form binden. Das Fleisch von außen mit der restlichen Marinade bestreichen und zugedeckt einige Stunden oder über Nacht im Kühlschrank ziehen lassen.

Den Ofen auf 200 °C vorheizen. Das Schweinefilet auf einem Rost über ein Backblech setzen und etwa 40–50 Minuten im Ofen garen. Zur Probe mit einem Fleischthermometer hineinstechen. Bei 65 °C ist das Fleisch gar und kann aus dem Ofen genommen werden. Das Filet locker mit Alufolie bedecken und 10 Minuten ruhen lassen. Das Küchengarn entfernen und das Fleisch in Scheiben schneiden. Mit dem ausgetretenen Fleischsaft beträufeln und servieren.

Für 6 Personen

Von links nach rechts: *Schweinefilet mit Cranberry-Chili-Sauce; Schweinefilet, gefüllt mit Chili, Käse und Pinienkernen*

SANTA FE, NEW MEXICO
Quail Salad with Toasted Pumpkin Seeds
Wachtelsalat mit gerösteten Kürbiskernen

Salate werden in den heißen Sommern des Südwestens gern als Hauptgericht gegessen. Da die Wachteln über Nacht mariniert werden, ist dieser köstliche Salat schnell und einfach zuzubereiten.

125 ml Koriandergrün-Zitrus-Vinaigrette (Rezept siehe Seite 198), auf die Achiote-(Annatto-)Samen kann nach Belieben verzichtet werden
6 Wachteln, entbeint

DRESSING

3 EL frisch gepreßter Orangensaft
1 Schalotte, fein gehackt
1 Knoblauchzehe, fein gehackt
125 ml Haselnußöl
Salz und frisch gemahlener Pfeffer

2 EL Butter
125 g frische Shiitake-Pilze, Stiel entfernt und die Hüte in Scheiben geschnitten
90 g Ziegenfrischkäse im Pfeffermantel
185 g gemischte Blattsalate und 1 kleiner Kopf Radicchio, geputzt, gewaschen, gut abgetropft und in mundgerechte Stücke gezupft
125 g Kürbiskerne, geröstet (siehe Glossar)

Die Wachteln in eine flache Schüssel geben, die nicht aus Aluminium sein sollte. Mit der Marinade überziehen und zugedeckt über Nacht im Kühlschrank marinieren lassen. Die Vögel einige Male wenden.

Die Glut eines Holzkohlenfeuers vorbereiten. Die Wachteln 30 Minuten vor dem Grillen aus dem Kühlschrank nehmen.

Für das Salat-Dressing Orangensaft, Schalotte und Knoblauch in einer kleinen Schüssel verrühren. Nach und nach das Öl unterrühren, mit Salz und Pfeffer würzen und beiseite stellen.

Den Grill vorheizen. In der Zwischenzeit die Wachteln über der heißen Holzkohlenglut auf jeder Seite 3–4 Minuten grillen. Zur Probe mit einem Zahnstocher hineinstechen. Tritt der Fleischsaft klar heraus, sind die Wachteln gar und können vom Grill genommen werden.

Die Butter in einer kleinen Pfanne erhitzen, die Pilze hineingeben und in etwa 3–5 Minuten weich und braun werden lassen.

Den Ziegenkäse in 6 etwa 1 cm dicke Scheiben schneiden und für 1–2 Minuten unter den Grill schieben. Der Käse sollte heiß sein und Blasen werfen.

Blattsalate und Radicchio in einer großen Schüssel miteinander vermischen. Mit dem Dressing gründlich vermengen, den Salat auf 6 Tellern anrichten und die Pilze und die Kürbiskerne darüber verteilen. Darauf jeweils eine Wachtel setzen und mit einer Scheibe Ziegenkäse belegen. Sofort servieren.

Für 6 Personen *Foto siehe Seite 4*

FLEISCH, GEFLÜGEL, WILD, FISCH UND EIERSPEISEN

NORD-NEW-MEXICO

MARINATED TROUT
Marinierte Forelle

In den Flüssen New Mexicos, des nördlichen Arizona und Colorado gibt es Forellen im Überfluß. Sie schmecken köstlich. Bei dem nachfolgenden Rezept, das relativ einfach zuzubereiten ist, kommt das natürliche Aroma der Wildwasserfische wunderbar zur Geltung.

4 Forellen von je etwa 500 g
125 ml Pflanzenöl
60 ml frisch gepreßter Zitronensaft
3 EL frisch gepreßter Limonensaft
125 ml trockener Weißwein
1 EL feingehacktes Koriandergrün
½ TL getrocknete rote Paprikaflocken (siehe Glossar)
½ TL Senfpulver
1 TL frisch gemahlener Pfeffer

Die Forellen unter fließendem kaltem Wasser gründlich waschen und mit Küchenpapier trockentupfen. Die restlichen Zutaten in einer flachen Schale, die nicht aus Aluminium sein sollte, vermischen. Die Forellen in der Marinade wenden und 1 Stunde bei Zimmertemperatur ziehen lassen. Gelegentlich wenden.
 Die Glut eines Holzkohlenfeuers vorbereiten oder einen Grill vorheizen. Die Forellen bei nicht zu starker Hitze 7–10 Minuten über der Holzkohlenglut oder im Abstand von etwa 7½ cm zu den Grillstäben des Ofens grillen. Die Fische mit der Marinade bestreichen, wenden und von der anderen Seite nochmals 5–7 Minuten garen. Die Forellen sofort servieren.

Für 4 Personen

WHITE MOUNTAINS, ARIZONA

PECAN HONEY-COATED TROUT
Forelle im Pekannuß-Mantel

In den Gebirgsbächen im Südwesten gibt es reichlich Forellen. Durch die knusprige Hülle aus Pekannüssen und Semmelbröseln bleiben die Fische – man kann sie auf dem Grill oder in der Pfanne braten – schön saftig.

MARINADE
60 ml Dijon-Senf
1 EL Honig
1 EL heller Sirup (Melasse)
2 Knoblauchzehen, fein gehackt

125 g Pekannüsse, geröstet (siehe Glossar)
15 g frische Weißbrotkrumen
1 TL *chili powder* (siehe Glossar)

6 Forellen, ausgenommen, gesäubert, Köpfe, Flossen und alle Gräten entfernt, gründlich gewaschen, trockengetupft und auseinandergeklappt
2 EL Olivenöl zum Braten in der Pfanne

Die Zutaten für die Marinade verrühren und beiseite stellen. Im Mixer oder in der Küchenmaschine Pekannüsse, Brotkrumen und *chili powder* ganz fein zerstoßen. Auf einen großen Teller oder in eine flache Schüssel geben.
 Die auseinandergeklappten Forellen flach auf eine große Platte legen und gleichmäßig mit der Marinade überziehen. Bei Zimmertemperatur etwa 30 Minuten ziehen lassen.
 Die Glut eines Holzkohlenfeuers vorbereiten oder das Olivenöl in einer schweren Pfanne bei mittlerer Temperatur erhitzen. Die Innenseite der Fische mit der Nußmischung bestreichen und leicht andrücken. Die Fische mit der Hautseite nach unten auf den Grill oder in die Pfanne geben und etwa 4 Minuten grillen oder braten. Wenden und auf der mit den Nüssen überzogenen Seite etwa 2 Minuten bräunen lassen. Sofort servieren.

Für 6 Personen

CAREFREE, ARIZONA

GRILLED RABBIT WITH ACHIOTE PASTE
Gegrilltes Kaninchen mit Achiote-Paste

Achiote, auch Annatto genannt, sind die winzig kleinen roten Samen des Orleansbaumes, die man zum Färben von Speisen, speziell der Rinde von Cheddar, Edamer und ähnlichen Käsesorten, verwendet. Auf der Halbinsel Yucatán in Mexiko werden Annatto-Samen häufig gemahlen und mit Knoblauch, Chilischoten und Gewürzen für adobos oder Gewürzpasten verwendet. Das Rezept für diese achiote-Paste stammt von Charles Wiley, Geschäftsführer des »Boulders«-Restaurants in Carefree, Arizona. Das dunkle Braunrot der Paste gleicht der spektakulären Farbe der roten Felsen von Nord-Arizona und Süd-Utah.

ACHIOTE-PASTE
3 getrocknete *ancho*-Chilischoten
1 Knoblauchzehe

FLEISCH, GEFLÜGEL, WILD, FISCH UND EIERSPEISEN

Von oben nach unten: *Marinierte Forelle; Forelle im Pekannuß-Honig-Mantel*

¼ TL gemahlenes Piment
½ TL Kreuzkümmel, geröstet und zerstoßen (siehe Glossar)
1 TL *achiote*-(Annatto-)Samen (in Spezialgeschäften erhältlich, siehe Glossar)
1 TL Olivenöl
2 EL Weißweinessig
60 ml Orangensaft
½ TL Salz

2 küchenfertige Kaninchen ohne Kopf und Hals
185 ml Hühnerbrühe (siehe Glossar)
125 ml Sahne
Salz und frisch gemahlener Pfeffer

Für die Paste die *ancho*-Chillies in einer schweren Pfanne bei mittlerer Temperatur 2–3 Minuten rösten, bis sie etwas Öl und ein intensives Aroma abgeben. Leicht abkühlen lassen, dann Samen und Scheidewände entfernen und die Chillies zerkleinern. Zusammen mit den restlichen Zutaten für die Paste im Mixer zu einem glatten Püree verarbeiten. Zugedeckt mindestens 24 Stunden kalt stellen, damit sich die Aromen entfalten können.

Die Kaninchen folgendermaßen in Portionsstücke teilen: Die Vorderläufe im Schultergelenk abtrennen. Den Brustkorb mit einer Schere aufschneiden und die Bauchlappen abschneiden. Die Keulen im Hüftgelenk abtrennen, den Rücken zweimal quer durchhacken.

Für die Sauce 2 Eßlöffel *achiote*-Paste abnehmen. Mit der restlichen Paste die Kaninchenstücke bestreichen und das Fleisch bei Zimmertemperatur 1 Stunde oder im Kühlschrank bis zu 3 Stunden marinieren.

Die Glut eines Holzkohlefeuers vorbereiten. Überschüssige Marinade von den Kaninchen abtupfen und die Fleischstücke über der heißen Holzkohlenglut insgesamt 8–10 Minuten grillen, zwischendurch einmal wenden. Die Kaninchenkeulen etwas früher auf den Grill legen, sie benötigen eine 5–7 Minuten längere Garzeit.

Für die Sauce die Hühnerbrühe bei hoher Temperatur in einem mittelgroßen Topf erhitzen. Die Sahne und die restliche *achiote*-Paste unterrühren und die Sauce um ein Drittel einkochen lassen. Mit Salz und Pfeffer abschmecken.

Die Kaninchenstücke auf 6 Teller verteilen und mit der Sauce beträufeln.

Für 6 Personen   *Foto siehe Seite 92*

FLEISCH, GEFLÜGEL, WILD, FISCH UND EIERSPEISEN

SÜD-COLORADO

DUCK BREASTS WITH JUNIPER BERRIES IN RED WINE SAUCE
Entenbrüste mit Wacholderbeeren und Rotweinsauce

Damit sie ihr typisches Aroma an die Weinsauce abgeben können, werden die getrockneten Wacholderbeeren zerdrückt. Die in Scheiben geschnittene Entenbrust kann man auch fächerartig auf einem Bett von jungen Salaten anrichten und mit der Sauce beträufeln.

6 Entenbrusthälften von je 185 g, mit Haut, aber ohne Knochen
Salz und frisch gemahlener Pfeffer
2 Schalotten, fein gehackt
125 ml Himbeeressig
2 TL Zucker
10 Wacholderbeeren, zerdrückt
180 ml trockener Rotwein
1 TL Maisstärke
125 ml Enten- oder Hühnerbrühe (siehe Glossar)
1 EL Butter (nach Belieben)

Von den Entenbrüsten die Haut entfernen, mit Salz und Pfeffer würzen und beiseite stellen. Die Entenhaut in einer großen Pfanne bei mittlerer Temperatur auslassen, bis man 2 Eßlöffel Fett erhält. Die Haut aus der Pfanne nehmen und die Entenbrüste hineingeben. Auf jeder Seite 3–4 Minuten braten. Das Fleisch aus der Pfanne nehmen und warm stellen.
    Die feingehackten Schalotten in dieselbe Pfanne geben und etwa 2 Minuten im Entenfett braten, bis sie zu bräunen beginnen. Essig, Zucker und Wacholderbeeren zugeben und unter Rühren den Bratensatz vom Boden der Pfanne lösen. Die Temperatur hochschalten, zum Kochen bringen und den Bratenfond einkochen lassen. Den Wein zugießen und bei hoher Temperatur auf etwa 75 ml einkochen lassen. Die Maisstärke mit der Brühe verrühren. Darauf achten, daß sich keine Klümpchen bilden. Die Brühe in die Pfanne gießen, die Hitze reduzieren und die Sauce unter ständigem Rühren eindicken lassen. Die Pfanne vom Herd nehmen und nach Belieben die Butter einmontieren. Mit Salz und Pfeffer abschmecken.
    Die Entenbrüste in dünne Scheiben schneiden und fächerförmig auf 6 vorgewärmten Tellern anrichten. Mit der Sauce beträufeln und sofort servieren.

Für 6 Personen　　　　　　　　　　　　　*Foto siehe Seite 4*

TUCSON

WARM CHICKEN SALAD WITH GOAT CHEESE, PEPPERS AND ROASTED CORN
Warme Hühnerbrust mit Ziegenkäsefüllung auf dem Salatbett

Ein gelungenes Zusammenspiel von Aromen und ein perfektes Hauptgericht für einen lauen Sommerabend oder ein Mittagessen. Chiltepín, die getrocknete Chilischote, die man für das Dressing benötigt, ist eine kleine, kugelförmige, höllisch scharfe Frucht, die wild in Sonora, Mexiko und Süd-Arizona wächst. Gemahlene chiltepín *sind aggressiv, reizen die Nasenschleimhäute und lösen starken Niesreiz aus. Die* chiltepín-*Chillies werden von den Indianern des Südwestens auch zur Geburtshilfe eingesetzt.*

DRESSING

1 *chiltepín* oder eine andere kleine, getrocknete rote Chilischote, zerstoßen
1 EL frisch gepreßter Limonensaft
1 EL Weißweinessig
125 ml natives Olivenöl extra
Salz und frisch gemahlener Pfeffer

6 Hühnerbrusthälften, ohne Haut und Knochen
185 g milder Ziegenfrischkäse
Salz und frisch gemahlener Pfeffer

4 große Maiskolben, Deckblätter und Fäden entfernt und auf Holzkohlenfeuer oder unter dem Grill geröstet
2 *poblano*-Chilischoten, geröstet, enthäutet, Samen und Scheidewände entfernt und in ½ cm breite Streifen geschnitten (siehe Glossar)
2 rote Paprikaschoten, geröstet, enthäutet, Samen und Scheidewände entfernt und in ½ cm breite Streifen geschnitten (siehe Glossar)
3 Frühlingszwiebeln, fein gehackt
Pflanzenöl zum Ausbacken
6 Mais-Tortillas von 15 cm Durchmesser, in 5 cm lange und ½ cm breite Streifen geschnitten

FLEISCH, GEFLÜGEL, WILD, FISCH UND EIERSPEISEN

Warme Hühnerbrust mit Ziegenkäsefüllung auf dem Salatbett

375 g gemischte Blattsalate
2 Avocados, geschält, Kern entfernt und in Würfel geschnitten

In einer Schüssel, die nicht aus Aluminium sein sollte, die *chiltepín*-Chilischote, Limonensaft und Essig vermischen. Langsam das Öl unterrühren und kosten. Sollte die Salatsauce zu scharf sein, durch ein Sieb in eine andere Schüssel gießen und die *chiltepín*-Schote entfernen, denn je länger die Chilischote in der Sauce zieht, desto schärfer wird diese. Das Dressing mit Salz und Pfeffer abschmecken und beiseite stellen.

Die Glut eines Holzkohlenfeuers vorbereiten. In jede Hühnerbrusthälfte eine Tasche schneiden und diese mit Ziegenkäse füllen. Das Fleisch wieder fest verschließen. Die Hühnerbrüste salzen, pfeffern und auf jeder Seite etwa 4 Minuten grillen, bis das Fleisch durchgegart ist. Vom Grill nehmen und warm stellen.

Von den gerösteten Maiskolben die Körner mit einem Messer lösen und in eine mittelgroße Schüssel geben. Chilischoten, Paprikaschoten, Frühlingszwiebeln und 60 ml Dressing zugeben und alles gründlich miteinander vermengen. Beiseite stellen. In eine kleine Pfanne etwa $2^{1}/_{2}$ Zentimeter hoch Pflanzenöl gießen und heiß, aber nicht rauchend heiß werden lassen. Die Tortilla-Streifen hineingeben und in etwa 1–2 Minuten goldbraun ausbacken. Auf Küchenpapier abtropfen lassen.

In einer großen Schüssel die Blattsalate mit 60 Milliliter Dressing vermengen und auf 6 große Teller verteilen. Darauf die angemachte Maismischung geben. Jede Hühnerbrust diagonal in $2^{1}/_{2}$ cm dicke Scheiben schneiden und auf dem Salatbett anrichten. Mit den Tortilla-Streifen und den Avocadowürfeln bestreuen und sofort mit dem restlichen Dressing servieren.

Für 6 Personen

DAS RIO-GRANDE-BECKEN

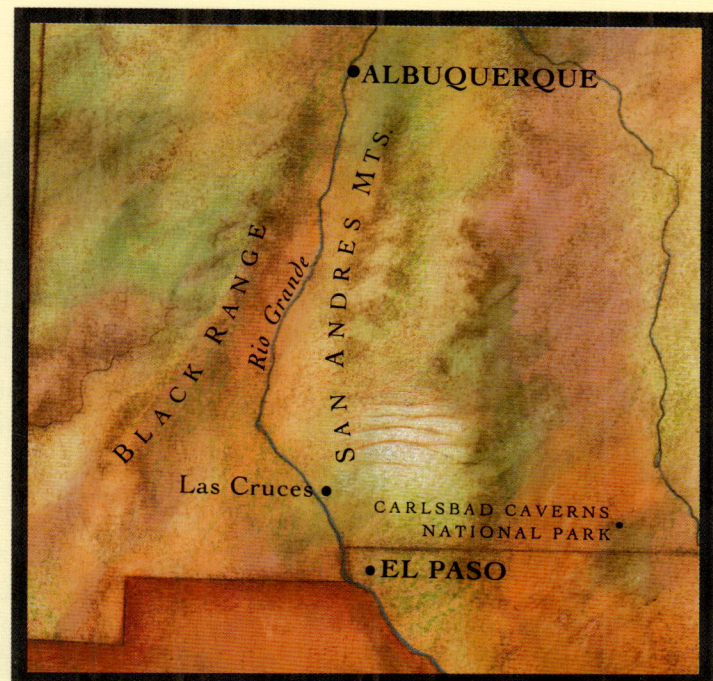

DAS RIO-GRANDE-BECKEN

Unterhalb von Santa Fe in New Mexico öffnen sich nach und nach die südlichen Ausläufer der Rocky Mountains. Dort, wo sie sich Albuquerque nähern, streben die Bergketten auseinander und erweitern sich zu breit ausladenden Becken, die von Berggipfeln umsäumt sind. Durch diese Niederungen hindurch bahnt sich der Rio Grande, der in einer schmalen Klamm in den Bergen von Süd-Colorado entspringt, seinen Weg zur Grenze bei El Paso.

In vorgeschichtlicher Zeit wurde diese Region hauptsächlich von den Mogollon-Stämmen bewohnt, die sich auch in den Hochebenen niedergelassen hatten (siehe Seiten 56 bis 61). Die bedeutendste Gruppe dieses Kulturkreises waren die Mimbres-Stämme, die im südwestlichen New Mexico siedelten. Sie waren schon im 11. Jahrhundert Meister in der Kunst der Töpferei. Sie schufen geschmackvolle schwarz-weiß dekorierte Gefäße, die sie zum Kochen und zur Vorratshaltung benutzten, wie man aus intakten Funden von Grabbeigaben weiß. Damit vermachten sie der Region ein unschätzbares Kunst- und Kulturerbe. Die Darstellungen auf den Gefäßen illustrieren zudem, wie die Mimbres-Stämme lebten und welche Tiere sie jagten – so findet man Darstellungen von Eselshasen, Bergschafen und Fischen.

Die Chiricahuas und die Mescaleros – Apachen-Stämme, die noch als Jäger und Sammler lebten – wanderten zu Anfang des 14. Jahrhunderts in das Rio-Grande-Becken ein.

Vorhergehende Seiten: Das, was als »Sand« in den Dünen des White Sands National Monument von New Mexico schimmert, ist in Wirklichkeit feiner Gips, Abrieb der San Andres Mountains.
Links: Die Mogollonen, die die Gila-Höhlenwohnungen in der Mitte des 13. Jahrhunderts bewohnten, waren in erster Linie Ackerbauern, die Kürbis, Mais und Bohnen anbauten und ihren Speiseplan mit Beeren, Nüssen und gelegentlicher Jagdbeute wie Hirsch oder Kaninchen anreicherten.

Tortillas, Brot und Pasta

Tamale *bezeichnet alles, was in Maisblätter gehüllt und gegart wird.*

Tortillas, Brot und Pasta

Das alte spanische Sprichwort »El pan partido Dios lo aumenta« (»Gott segnet das Brot, das man teilt«) wird im Südwesten gern zitiert.

Die Gastfreundschaft im Südwesten ist in der Tat sprichwörtlich: Man teilt sowohl das Brot, aber auch Tortillas, *tamales,* Biskuits, Muffins, Küchlein, ausgebackenes Brot, Pfannkuchen oder *sopaipillas* mit dem Gast, und keinem Gastgeber würde es einfallen, aus Angst vor unerwartetem Besuch die Türen und Fenster zu verriegeln.

Wie in vielen anderen Teilen der Welt ist auch im Südwesten Brot, das in vielfältigen Formen anzutreffen ist, das wichtigste Nahrungsmittel. In der traditionellen hispanischen Küche sind Tortillas am häufigsten. Heute hört man aber nur noch selten das rhythmische Klatschen, das entsteht, wenn Frauen die Maismehlteigkugel zwischen den Handflächen hin und her schlagen, um schließlich daraus einen Fladen ungesäuerten Brotes zu formen, wohl aber hört man es in Restaurants, die handgefertigte Tortillas als Spezialität anbieten. Das heißt aber nicht, daß es keine frischen Tortillas mehr gibt – im Gegenteil: Die Hausfrau kann mit Hilfe einer gußeisernen Tortilla-Presse den Teig zu einem perfekten Rund formen. Oder sie geht zu einer der vielen Bäckereien, die Tortillas am Fließband herstellen und wo die Käufer Schlange stehen, um ihren Vorrat an Mais- oder Weizenmehl-Tortillas zu erstehen, die sie noch heiß in der Plastiktüte nach Hause tragen.

Die Vielfalt der hier erhältlichen Tortillas entspricht auch ihren vielseitigen Verwendungsmöglichkeiten. Mais-Tortillas, die etwa 15 cm im Durchmesser haben, werden zu den Mahlzeiten als Brotersatz gegessen oder in Chilisauce getaucht und mit Käse bestreut oder um den Käse gewickelt, so daß *enchiladas* entstehen – wörtlich Tortillas mit Chili. Eine Brotfabrik in New Mexico bietet auch schieferfarbene Tortillas aus blauem Mais an. Knusprig gebackene Tortilla-Chips, in luftdichten Plastiktüten verkauft, werden gern als Snack, oft zusammen mit einem Dip, verzehrt. Weizenmehl-Tortillas gibt es in unterschiedlichen Größen, angefangen bei 15 bis 20 cm Durchmesser – Platz genug, um *fajitas* darin einzupacken – bis hin zu 30 cm Durchmesser – groß und fest genug, um ein riesiges *burrito* einzuhüllen.

Überall im Südwesten bietet man auf den Märkten mit den überwiegend heimischen Produkten eine andere vorgefertigte Spezialität an: *tamales*. Niemand, der aus dem spanischsprechenden Raum stammt und etwas auf sich hält, käme auf die Idee, sie zu kaufen – besonders im Dezember nicht, wenn mit dem nahenden Weihnachtsfest die große Zeit der *tamales* anbricht. Das Wort *tamale* stammt aus der Sprache der Nahuatl, die ihr weiches aztekisches Brot *nextamalli* nennen, das aus *nixtamal,* mit Kalk behandeltem Maishominy, zubereitet wird. Der Begriff beschreibt eine Zubereitung, die immer noch der des Brotes ähneln dürfte, das in den Palästen von Montezuma vor rund 500 Jahren aufgetragen wurde: weicher, gehaltvoller Maismehlteig, der in getrocknete Maisblätter gewickelt und dann gedämpft wird. Das Ergebnis ist eine große, zarte, sättigende Art von Kloß.

Diese Beschreibung trifft jedoch nur auf die einfachsten *tamales* des Südwestens zu. Sie lassen sich auch raffinierter zubereiten, mit allen möglichen Füllungen und in allen Geschmacksschattierungen: mit Schweine-, Rind-, Truthahn- und Hühnerfleisch, Käse, Streifen von gerösteten Chilischoten,

Vorhergehende Seiten, von links nach rechts: *Tortilla-Chips* (Rezept siehe Seite 132); *Weizenmehl-Tortillas* (Rezept siehe Seite 137); *Mais-Tortillas* (Rezept siehe Seite 132)

Mandeln, Pinienkernen, Rosinen, Orangenschale, Kräutern und Gewürzen.

Die modernen Meisterköche im Südwesten gehen in ihren Rezepten jedoch weit darüber hinaus. Sie machen den *tamale*-Teig mit geschlagenem Eiweiß leichter und verleihen ihm eine soufflèähnliche Konsistenz; sie kombinieren ihn mit einer Mousse aus Meerestieren oder Gemüse, mit Streifen getrockneter Tomaten, schwarzen Oliven und allen nur möglichen Zutaten, soweit es Einfallsreichtum und guter Geschmack erlauben. Interessanterweise nähern sich ihre besonders verschwenderischen Kreationen schon wieder den unglaublichen Angeboten an, wie sie auf den Straßenmärkten von Mexiko im 17. Jahrhundert zu finden waren und wie sie Fray Bernardino de Sahagún in seiner »General History of the Things of New Spain« beschreibt:

> »... gesalzene dicke Tamales, spitze Tamales, weiße Tamales, Tamales mit Bohnen, die wie eine Muschel aussehen, ... zerbröckelte, zerstoßene Tamales, Tamales mit Flecken, Tamales mit weißen Früchten, Tamales mit roten Früchten, Tamales mit Truthuhneiern ... Tamales aus zartem Mais, Tamales aus grünem Mais, Tamales in Form eines Adobe (Lehmhaus), geschmorte Tamales, Honig-Tamales, Tamales mit Bienenwachs, ... Kürbis-Tamales, ... Maisblumen-Tamales.«

Obwohl sich bei anderen Broten aus dem Südwesten ebenfalls der Eindruck aufdrängt, daß sie in mittelamerikanischen oder indianischen Traditionen wurzeln, gibt es sie erst, seitdem spanische Siedler Weizen in den Südwesten brachten. *Sopaipillas,* eine Spezialität von New Mexico, sind handgroße Dreiecke und Quadrate aus Hefeteig, die ausgebacken werden und dabei aufgehen. Obwohl sie süßlich schmecken und den im Südwesten beliebten *doughnuts* oder den mexikanischen *buñuelos* ähneln, werden sie gern als Beilage zu gewürzten Gerichten serviert. Oft reißt man die luftigen Taschen auch auf und füllt sie mit Fleisch oder Bohnenpüree. Wenn man die *sopaipillas* in Honig oder in einen mit Zimt gewürzten Zuckersirup taucht, wird aus ihnen ein einfaches, doch wohlschmeckendes Dessert.

Ähnlich in der Zubereitung, aber größer als *sopaipillas,* ist das ausgebackene Brot, eine Spezialität, die man automatisch den Navajos zuordnet; doch man muß sich vor Augen halten, daß dieser Indianerstamm vor ein paar Jahrhunderten weder

Die Indianer verwenden zum Mahlen von Körnern einen flachen Stein, den sie metate *nennen.*

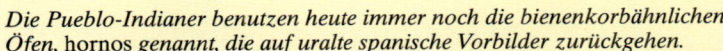
Die Pueblo-Indianer benutzen heute immer noch die bienenkorbähnlichen Öfen, hornos *genannt, die auf uralte spanische Vorbilder zurückgehen.*

Weizen noch die Zubereitungsart des Ausbackens kannte. Wie dem auch sei, das große Brot, voluminös geworden durch das Ausbacken, für das Natron als Treibmittel eingesetzt wird, erinnert mit seinen knusprigen Kanten sofort an Tortillas, Pitta-Brot und an das indische *naan,* das im Tandoor, einem Lehmofen, gebacken wird. Das ausgebackene Brot wird überall auf Festen und Jahrmärkten verkauft, oft unter dem Namen, den ihm der jeweilige Stamm gibt, oder ganz allgemein als »indianisches ausgebackenes Brot«. Häufig wird es mit Bohnenpüree bestrichen und mit Hackfleisch, Käse, Salat oder anderen Garnituren belegt und läuft dann – was keine große Überraschung ist – unter dem Namen »indianischer *taco*«.

Die englischsprachigen Siedler brachten ihre eigenen bevorzugten Brotrezepte mit in die Region, die allerdings über die Jahre einen typisch südwestlichen Charakter annahmen. Pfannkuchen können nur besser werden, wenn man sie mit Pinienkernen anreichert. *Scones,* ein Gebäck zur englischen *teatime,* werden zur hinterhältigen Falle, wenn man dem Teig frische *jalapeño*-Chillies beimischt. Ein Preiselbeer-Muffin bekommt einen gänzlich neuen Charakter, wenn der Teig mit Maismehl angereichert und die Muffins in Maisblättern wie *tamales* gebacken werden.

Sogar Pasta verwandelt sich auf ihrer Reise aus der traditionellen italienischen Küche in die moderne Küche des Südwestens auf spektakuläre Weise. Frischen *fettuccine* verleiht Avocadomus einen volleren Geschmack und eine sanfte grüne Tönung, während das rauchige Aroma von *chipotle*-Chillies Nudelgerichten einen angenehm scharfen Charakter gibt. Wahrscheinlich dürfte keine der Zubereitungen auf die Zustimmung eines aus Parma oder Palermo gebürtigen Italieners stoßen, aber so sagt ein anderes altes spanisches Sprichwort des Südwestens: »A cada tierra, su uso.« – »Jedes Land hat seine eigenen Bräuche.«

Oder in anderen Worten: »Wenn du in Phoenix bist, mach es wie die Phoenizier!«

SÜDWESTEN

Corn Tortillas
Mais-Tortillas

Masa harina, *in Nordamerika* hominy *genannt und die Hauptzutat für Mais-Tortillas, wird aus weißen Maiskörnern hergestellt, die in Kalklauge eingeweicht, dann enthäutet, getrocknet und gemahlen werden. Tortillas werden traditionell auf einem sehr heißen* comal *gebacken, einer runden Platte aus unglasiertem Ton oder Metall, die auf dem Herd oder über offenem Feuer erhitzt wird. Als Ersatz kann eine schwere, gußeiserne Pfanne dienen. Obwohl die Herstellung von Tortillas viel Arbeit macht und sie inzwischen als Fertigprodukt in Spezialgeschäften zu haben sind, lohnt sich der Aufwand dennoch, denn sie schmecken selbst gemacht einfach besser.*

475 g *masa harina* (siehe Glossar)
2 TL Salz
2 TL Schmalz oder Pflanzenfett
320 ml Wasser

In einer mittelgroßen Schüssel *masa harina* und Salz vermischen. In einem kleinen Topf das Schmalz oder Pflanzenfett mit dem Wasser aufkochen lassen. So lange rühren, bis das Fett geschmolzen ist. Diese Mischung nach und nach mit einer Gabel oder einem elektrischen Rührgerät unter die *masa harina* rühren, dabei darauf achten, daß der Teig keine Klümpchen bildet. Auf einer leicht bemehlten Arbeitsfläche etwa 5 Minuten zu einem glatten Teig kneten.

Aus dem Teig 12 Kugeln von 2½ cm Durchmesser formen und diese zwischen zwei Pergament- oder Wachspapieren zu hauchdünnen Fladen von 15 cm Durchmesser ausrollen.
Eine große, gußeiserne oder eine andere schwere Pfanne bei hoher Temperatur heiß werden lassen. Das Papier vom Teig abziehen und den Fladen in die heiße Pfanne geben. Von einer Seite in etwa 30 Sekunden braun werden lassen, wenden und auf der anderen Seite ebenfalls bräunen. In einem sauberen Küchentuch warm halten. Mit den restlichen Tortillas ebenso verfahren.

Ergibt 12 Tortillas   *Foto siehe Seite 129*

Tortilla-Chips

Pflanzenöl zum Ausbacken
12 Mais-Tortillas von 15 cm Durchmesser

Jede Tortilla in 8 Segmente schneiden und beiseite stellen. Das Öl etwa 2½ cm hoch in einen großen, schweren Topf oder in eine Pfanne gießen und bei mittlerer Temperatur auf 190 °C erhitzen. Zur Probe ein Stückchen Tortilla hineingeben. Ist es innerhalb von 60 Sekunden gebräunt, hat das Öl die richtige Temperatur erreicht.

Die Tortilla-Stücke portionsweise ins heiße Öl legen und in etwa 1–2 Minuten goldbraun ausbacken. Mit einem Schaumlöffel herausnehmen, auf Küchenpapier abtropfen und abkühlen lassen. In luftdichten Behältern aufbewahren.

Ergibt 96 Stück   *Foto siehe Seite 128*

NAVAJO-RESERVATE

Indian Fry Bread
Ausgebackenes indianisches Brot

Dieses Brot ist ein traditioneller Bestandteil der Navajo-Küche und fehlt bei keinem feierlichen Anlaß, insbesondere nicht bei den zahllosen Indianer-Festivals, die das ganze Jahr über im Südwesten stattfinden. Mit Puderzucker bestäubt oder mit Honig bestrichen, ist es ein leckerer süßer Imbiß. Mit Chillies, Ragout, Käse oder Gemüse belegt, wird daraus eine eigenständige Mahlzeit.

375 g Mehl, gesiebt
1 EL Backpulver
½ TL Salz
250 ml lauwarmes Wasser
1 kg Schmalz oder 2 l Pflanzenöl
Honig, gesiebter Puderzucker oder Taco-Lammfleischmischung
  (Rezept siehe Seite 105)

Mehl, Backpulver und Salz in einer großen Schüssel vermischen. Nach und nach das Wasser unterrühren. Zu einem weichen, aber nicht mehr klebrigen Teig verarbeiten und geschmeidig kneten. Mit einem Küchentuch bedecken und 15 Minuten ruhen lassen.

In einem großen, schweren Topf oder in einer Friteuse das Fett auf 190 °C erhitzen (Probe wie bei Tortilla-Chips). Den Teig in 12 Stücke teilen, jedes mit einem Nudelholz zu einem Fladen von 6 mm Stärke ausrollen und einige Male mit einer Gabel einstechen, damit sie beim Ausbacken aufgehen und Blasen werfen.

Die Fladen nacheinander im heißen Fett ausbacken, bis sie goldgelb sind und sich auf ihrer Oberfläche Blasen bilden. Wenden und von der anderen Seite ebenfalls goldgelb werden lassen. Mit einem Schaumlöffel herausnehmen, auf Küchenpapier abtropfen lassen und heiß servieren. Mit Puderzucker bestäuben oder mit Honig oder der Lammfleischmischung bestreichen.

Ergibt 12 Stück

Von oben nach unten: *Ausgebackenes indianisches Brot; Geschichtete grüne Enchiladas*

NEW MEXICO

STACKED ENCHILADAS VERDES
Geschichtete grüne Enchiladas

In New Mexico werden enchiladas *meist aufeinandergeschichtet statt aufgerollt. Häufig setzt man noch ein pochiertes oder gebratenes Ei obenauf. Für diese Zubereitung wird eine grüne Chilisauce statt der sonst üblichen roten verwendet. Man kann das Rezept abwandeln, indem man zusätzlich zu Zwiebeln und Käse eine Schicht gekochtes, in Streifen geschnittenes Hühner-, Rind- oder Schweinefleisch dazugibt.*

Pflanzenöl zum Ausbacken
12 Mais-Tortillas von 15 cm Durchmesser
375 ml grüne Chilisauce (Rezept siehe Seite 195)
250 g geriebener *Monterey-jack*-Käse (Glossar) oder Cheddar
125 g feingehackte Zwiebeln

Den Ofen auf 180 °C vorheizen. In eine mittelgroße, schwere Pfanne 12 mm hoch Pflanzenöl gießen und bei mittlerer Temperatur auf 190 °C erhitzen. Zur Probe einen Tortilla-Streifen hineingeben: Wenn er in 60 Sekunden gebräunt ist, hat das Öl die richtige Temperatur. Die Tortillas nacheinander mit jeder Seite etwa 5 Sekunden ins heiße Öl halten, damit sie weich werden, und auf Küchenpapier abtropfen lassen.

Die grüne Chilisauce in einem flachen Topf erhitzen und die Tortillas hineintauchen. Eine mit Chilisauce überzogene Tortilla in eine feuerfeste Form geben und mit 1 Eßlöffel Chilisauce bestreichen. Mit 2 Eßlöffeln geriebenem Käse und 1 Eßlöffel gehackten Zwiebeln bestreuen. Das Ganze zweimal wiederholen, so daß eine Portion aus drei aufeinandergeschichteten Tortillas besteht. Mit den restlichen Zutaten ebenso verfahren. In den vorgeheizten Ofen schieben und etwa 3–5 Minuten überbacken, bis der Käse geschmolzen ist.

Für 4 Personen

Von links nach rechts: *Grüne Mais-Tamales, Rote Tamales*

PHOENIX, ARIZONA
GREEN CORN TAMALES
Grüne Mais-Tamales

Tamales ißt man im Südwesten traditionell zu Weihnachten, sie erfreuen sich aber auch zu jeder anderen Jahreszeit großer Beliebtheit. Während die Füllung variieren kann, bleibt die Grundzubereitung stets gleich. Dieses Rezept stammt von Norman Fierros, der in Phoenix für seine legendäre neue mexikanische Küche berühmt ist.

MASA

475 g *masa harina* (siehe Glossar)
½ TL Backpulver
1½ TL Salz
1 EL Zucker
500 g Schmalz oder Pflanzenfett, zimmerwarm
475 g weiße Maiskörner, püriert

20 Maishüllblätter, 20 Minuten in heißem Wasser eingeweicht und gründlich abgespült
4 *Anaheim*-Chilischoten, geröstet, enthäutet, Samen entfernt und in Streifen geschnitten (siehe Glossar)
250 g geriebener Cheddar

In einer großen Schüssel *masa harina*, Backpulver, Salz und Zucker miteinander vermischen. Schmalz oder Pflanzenfett in einer Rührschüssel mit dem elektrischen Rührgerät hell und schaumig schlagen. Nach und nach die trockenen Zutaten unterrühren, dabei dar-

TORTILLAS, BROT UND PASTA

Man kann die *tamales* auch wie *burritos* aufrollen und in Pergamentpapier wickeln.
Die *tamales* sofort dämpfen oder einfrieren. Frische *tamales* werden im Dampfkochtopf in 20 Minuten, tiefgefrorene in 30–40 Minuten gegart.

Ergibt 16 Stück

SÜDWESTEN
Red Tamales
Rote Tamales

Rote tamales ißt man im Südwesten und in Mexiko zu Weihnachten. Masa harina ist bei uns über Spezialfirmen erhältlich (siehe Bezugsquellen). Masa wird aus getrockneten Maiskörnern hergestellt, die in einer Kalklauge gekocht und über Nacht eingeweicht werden. Der noch feuchte Mais wird zu masa verrieben, aus der man die Tortillas zubereitet.

FÜLLUNG

1 kg mageres Rind- oder Schweinefleisch, in Würfel geschnitten
3 Knoblauchzehen, fein gehackt
2 EL Schmalz oder Pflanzenfett
2 EL Mehl
250 ml rote Chilisauce (Rezept siehe Seite 195)
250 ml Brühe (in der das Fleisch gekocht wurde)
Salz und frisch gemahlener Pfeffer

MASA

375 g Schmalz oder Pflanzenfett
550 g *masa harina* (siehe Glossar)
125 ml rote Chilisauce-Mischung (aus obiger Zubereitung)
180 ml Brühe (in der das Fleisch gekocht wurde)
Salz

25 Maishüllblätter, 30 Minuten in heißem Wasser eingeweicht
Zusätzliche rote Chilisauce (nach Belieben)

Für die Füllung das Fleisch in einem großen, schweren Topf mit Wasser bedecken. 1 Knoblauchzehe zugeben und bei hoher Temperatur aufkochen lassen. Die Hitze reduzieren und das Fleisch unter gelegentlichem Wenden in 1–2 Stunden leise gar kochen. Das Fleisch herausnehmen, abtropfen und abkühlen lassen. Die Brühe beiseite stellen.
 In einer großen Pfanne Schmalz oder Pflanzenfett zerlassen. Die restlichen 2 Knoblauchzehen hineingeben und leicht bräunen lassen. Mit dem Mehl bestäuben und unter ständigem Rühren 2–3 Minuten goldgelb anschwitzen. Die rote Chilisauce und die Fleischbrühe einrühren und 10 Minuten köcheln lassen. 125 ml abnehmen und für die *masa* beiseite stellen. Das Fleisch in feine Streifen schneiden und in die köchelnde Sauce geben. Bei niedriger Temperatur 5 Minuten durchziehen lassen. Mit Salz und Pfeffer abschmecken und abkühlen lassen.
 Für die *masa* das Fett in eine Rührschüssel geben und mit dem elektrischen Handrührgerät etwa 5 Minuten aufschlagen, bis es hell und schaumig ist. *Masa harina*, dann die rote Chilisauce-Mischung und schließlich die Brühe unterrühren. Falls die *masa* zu trocken ist und sich nicht gut verstreichen läßt, noch etwas Brühe zugießen. Mit Salz abschmecken.
 Von 1 eingeweichten Maishüllblatt 24 Streifen zum Binden der *tamales* abziehen. Die restlichen eingeweichten 24 Maishüllblätter gründlich abspülen und mit Küchenpapier trockentupfen. Jeweils etwa 2 Eßlöffel *masa* auf der unteren Hälfte eines jeden Maishüllblattes verstreichen. Darüber 1½ Eßlöffel Fleischmischung geben. Die Längsseiten über die Füllung falten, dann das untere Ende der Maishülle nach oben, das obere nach unten falten, so daß die Füllung fest eingeschlossen ist, und mit einem Maisblattstreifen zubinden. Falls Sie die *tamales* nicht sofort dämpfen wollen, werden sie einzeln in Gefrierbeutel gegeben und eingefroren.
 Die *tamales* 25–35 Minuten im Dampfkochtopf garen, bis die *masa* fest und die Füllung heiß ist. Nach Belieben mit zusätzlicher roter Chilisauce auftragen.

Ergibt 24 Stück

auf achten, daß sich keine Klümpchen bilden. Danach den pürierten Mais gründlich untermischen.
 4 Maishüllblätter in jeweils 8 Streifen von 12 mm Breite zerteilen und beiseite stellen.
 Ein eingeweichtes Maishüllblatt mit der Spitze nach oben in die hohle Hand legen. Mit einem Gummispatel 4–5 Eßlöffel *masa* so gleichmäßig wie möglich in der Mitte des Blattes verstreichen. Darauf Chilistreifen verteilen und mit jeweils 1 Eßlöffel geriebenem Käse bestreuen. Die beiden Längsseiten des Maishüllblatts mit den Fingerspitzen zur Mitte hin zusammenführen, so daß Chillies und Käse von der *masa* umschlossen sind. Die überstehenden Blattkanten zu einer Seite falten und die beiden Enden mit jeweils einem Streifen Maishüllblatt fest verschließen. Mit den restlichen 15 *tamales* ebenso verfahren.

TORTILLAS, BROT UND PASTA

Von oben nach unten: Kreuzkümmelbrot; Maisbrot-Chorizo-Füllung, hier als Füllung für Schweinekoteletts

SÜDWEST-TEXAS

CUMIN BREAD
Kreuzkümmelbrot

Kreuzkümmel, ein im Mittelmeerraum und im gesamten Orient beliebtes Gewürz, wächst im Südwesten Amerikas wild. Man sollte ganze Samen kaufen und sie erst unmittelbar vor Gebrauch mahlen. Fertiges Kreuzkümmelpulver sollte man nur verwenden, wenn es frisch und noch aromatisch ist. Dieses herzhafte, würzige Brot paßt gut zu einem Salat oder zu gegrilltem Fleisch.

470 g Mehl
60 g Zucker
2½ TL Backpulver
½ TL Natron
1 EL Kreuzkümmel, geröstet und fein gemahlen (siehe Glossar)
1 TL Kreuzkümmel, geröstet und grob gemahlen (siehe Glossar)
½ TL Senfpulver
½ TL Salz
3 Eier, verquirlt
375 ml Buttermilch
80 ml Maiskeimöl

Den Ofen auf 180 °C vorheizen. Eine Kastenform von 23 × 13 cm Größe mit Butter ausstreichen.
    Die trockenen Zutaten in eine große Schüssel sieben. In einer anderen Schüssel Eier, Buttermilch und Öl aufschlagen, unter die trockene Mischung rühren und zu einem glatten Teig verarbeiten. In die Form geben und 1 Stunde backen. Zur Garprobe mit einem Holzspieß in das Brot stechen. Bleibt kein Teig daran kleben, kann man es aus dem Ofen nehmen. Ansonsten weitere 10 Minuten backen und den Test wiederholen. Das Brot 15 Minuten in der Form abkühlen lassen, auf ein Kuchengitter stürzen und ganz auskühlen lassen.

Ergibt 1 Brotlaib

NEW MEXICO

BLUE CORN CHORIZO STUFFING
Maisbrot-Chorizo-Füllung

Chorizo ist eine ursprünglich aus Spanien stammende pikante Wurst, die aus frischem Schweinefleisch, chili powder, Knoblauch und anderen Gewürzen hergestellt wird. Zusammen mit Maisbrot ergibt sie eine aromatische Füllung. Die Farce muß vollkommen abgekühlt sein, bevor man Wild, Geflügel oder Schweinekoteletts damit füllt. Für das traditionelle Thanksgiving-Essen im Südwesten wird der obligate Truthahn mit dieser Farce gefüllt.

375 g *chorizo* (siehe Glossar), in Stücke zerpflückt
1 EL Olivenöl
90 g feingehackte Frühlingszwiebeln
40 g geschälte, feingehackte Möhren
40 g feingehackter Sellerie
1 *poblano*-Chilischote, Samen und Scheidewände entfernt und fein gehackt
4 Knoblauchzehen, fein gehackt
125 ml Madeira, ersatzweise Rotwein
1½ TL feingehackter frischer Salbei, ersatzweise 1 TL zerriebener getrockneter Salbei
1 TL feingehacktes Koriandergrün
250 g Mais-Paprika-Brot, zerkrümelt (Rezept siehe Seite 146)
125 ml Hühnerbrühe (nach Bedarf, siehe Glossar)
Salz und frisch gemahlener Pfeffer

Die *chorizo* in einer großen Pfanne bei mittlerer Temperatur bräunen lassen. Aus der Pfanne nehmen, das Fett gut abtropfen lassen und die Wurst beiseite stellen. Das *chorizo*-Fett aus der Pfanne abgießen, das Olivenöl hineingeben und darin Zwiebeln, Möhren, Sellerie, Chili und Knoblauch etwa 5 Minuten dünsten. Madeira beziehungsweise Rotwein zugießen, aufkochen lassen, Salbei und Koriander einrühren und 1 Minute köcheln lassen.
    Chorizo und Maisbrot in einer großen Schüssel vermengen, das Gemüse aus der Pfanne zugeben und alles gründlich miteinander vermischen. Falls die Füllung zu trocken sein sollte, mit etwas Hühnerbrühe befeuchten. Mit Salz und Pfeffer abschmecken und bis zur weiteren Verwendung abkühlen lassen.

Ergibt etwa 1200 Gramm

NEW MEXICO

SOPAIPILLAS
Ausgebackene Teigkissen

Diese Spezialität ißt man in New Mexico als Beilage wie Brot zu einer Mahlzeit, während sie in den anderen Teilen des Südwestens zum Dessert gereicht wird. Mit einer Füllung ergeben die goldgelb ausgebackenen Teigkissen ein Hauptgericht. Serviert man sie als Dessert, werden sie noch heiß mit Zimtzucker bestreut oder mit Honig beträufelt.

1 Päckchen Trockenhefe
60 ml warmes Wasser (40 °C)
250 ml Milch
2 EL Schmalz oder Pflanzenfett
1 TL Salz
2 TL Zucker
470 g Mehl
1 TL Backpulver
Pflanzenöl zum Ausbacken

Die Hefe im warmen Wasser auflösen und etwa 5 Minuten gehen lassen, bis sich Schaum bildet.
    Die Milch in einem kleinen Topf bei mittlerer Temperatur aufkochen lassen. Vom Herd nehmen und Schmalz beziehungsweise Pflanzenfett, Salz und Zucker hineinrühren. Auf 40 °C abkühlen lassen, dann die Hefe unterrühren.
    Mehl und Backpulver in eine große Schüssel sieben. Nach und nach die Milch-Hefe-Mischung zugeben und gut verrühren. Auf eine leicht bemehlte Arbeitsfläche geben und in etwa 10 Minuten

zu einem glatten, elastischen Teig kneten. Den Teig mit einem sauberen Küchentuch bedecken und 20 Minuten ruhen lassen.

Den Teig auf einer leicht bemehlten Arbeitsfläche 6 mm dick ausrollen und daraus Dreiecke oder Quadrate von 7½ cm Kantenlänge schneiden. In einen großen, schweren Topf 7½ cm hoch das Öl gießen und auf 200 °C erhitzen. Zur Probe einen Brotwürfel hineingeben. Wenn er in 30 Sekunden gebräunt ist, hat das Öl die richtige Temperatur erreicht. Jeweils 2–3 Teigstücke auf einmal ins heiße Öl legen und von beiden Seiten goldbraun werden lassen. Mit einem Schaumlöffel herausnehmen, auf Küchenpapier abtropfen lassen und mit dem restlichen Teig ebenso verfahren.

Ergibt etwa 36 Stück

ARIZONA
Flour Tortillas
Weizenmehl-Tortillas

In Arizona sind Tortillas aus Weizenmehl im allgemeinen beliebter als Mais-Tortillas, da dort die Farmer mehr Weizen als Mais anbauen. Die etwas größeren Weizenmehl-Tortillas werden in unterschiedlicher Stärke angeboten. Mit einer Tortilla-Presse, die in Mexiko auf allen Märkten und in Haushaltswarengeschäften angeboten wird und die bei uns über Spezialgeschäfte zu beziehen ist (siehe Bezugsquellen), werden die Tortillas einheitlich groß und dick, man kann den Teig aber auch einfach mit dem Nudelholz ausrollen. Im Südwesten gibt es täglich frisch gebackene Tortillas zu kaufen. Sie sind in der Regel genausogut wie die selbstgemachten, und doch lohnt es sich, dieses Rezept auszuprobieren.

630 g Mehl
2 TL Salz
4 TL Backpulver
2 EL Schmalz oder Pflanzenfett
375 ml warmes Wasser, nach Bedarf etwas mehr

In einer großen Schüssel Mehl, Salz und Backpulver vermischen. Mit dem elektrischen Handrührgerät, einer Gabel oder den Händen das Fett einarbeiten. Genügend warmes Wasser unterrühren, um einen weichen, aber nicht klebrigen Teig zu bekommen. Den Teig auf einer leicht bemehlten Arbeitsfläche 5 Minuten durchkneten.

Den Teig in Portionen von je 90 g aufteilen und daraus Kugeln formen. Jede Teigkugel zu einem 3 mm dicken Fladen von 15 cm Durchmesser ausrollen.

Eine große, schwere Pfanne bei mittlerer Temperatur heiß werden lassen. Die Tortillas ohne Fettzugabe einzeln hineingeben und braun werden lassen, wenden und von der anderen Seite ebenfalls bräunen. Die Tortilla aus der Pfanne nehmen und in einem sauberen Küchentuch warm halten.

Ergibt 12 bis 16 Stück   *Foto siehe Seite 129*

Ausgebackene Teigkissen

TORTILLAS, BROT UND PASTA

LAS CRUCES, NEW MEXICO
Pecan Sourdough Waffles with Pecan-Honey Butter
Pekannuß-Sauerteig-Waffeln mit Pekannuß-Honig-Butter

Die ersten Siedler verwendeten zum Backen anstelle von Hefe einen Sauerteigansatz, der aus Mehl und Wasser angerührt und in Holzfässern oder Porzellankruken vergoren wurde. Für die Zubereitung der Waffeln muß der Sauerteig zwei bis drei Tage vorher angesetzt werden. Er ist dann allerdings unbegrenzt im Kühlschrank haltbar, vorausgesetzt, er wird immer wieder zu einem neuen Teig verarbeitet. Die Sauerteigwaffeln werden hier mit einer Pekannuß-Honig-Butter (Rezept siehe unten) serviert, aber auch zu einer cremigen Vorspeise oder zu einem Meeresfrüchtesalat schmecken sie gut.

SAUERTEIGANSATZ

315 g Mehl
2 EL Zucker
1 Päckchen Trockenhefe
500 ml warmes Wasser
½ TL Salz

WAFFELN

250 g Mehl
2 TL Backpulver
¼ TL Natron
½ TL Salz
1 EL Zucker
1 TL getrockneter Salbei
½ TL Cayennepfeffer
250 g Sauerteigansatz
2 Eier, leicht verquirlt
125 ml Pflanzenöl
375 ml Milch
125 g Pekannüsse, geröstet und fein gehackt (siehe Glossar)
Pekannuß-Honig-Butter (Rezept siehe unten) oder
   heißer Ahornsirup

Für den Sauerteigansatz alle Zutaten in einer großen Schüssel vermischen und locker zugedeckt in den Kühlschrank stellen. Dabei gelegentlich umrühren. Nach 2–3 Tagen 250 g Sauerteigansatz für die Waffeln abnehmen. In den Rest 150 g Mehl und 250 ml Wasser einarbeiten und den Teigansatz in ein verschließbares Gefäß füllen. So läßt er sich unbegrenzt im Kühlschrank aufbewahren.
   Für die Waffeln Mehl, Backpulver und Natron, Salz, Zucker, Salbei und Cayennepfeffer in einer großen Schüssel vermischen. In einer anderen Schüssel den Sauerteigansatz mit den Eiern, Öl und Milch verrühren. Die flüssige Mischung gründlich unter die Mehlmischung rühren, es dürfen keine Klümpchen entstehen. Die Pekannüsse einarbeiten.
   Ein Waffeleisen erhitzen, mit Öl bepinseln und jeweils 80 ml Teig hineingeben. Die Waffeln etwa 3–5 Minuten von jeder Seite goldbraun backen und mit Pekannuß-Honig-Butter oder heißem Ahornsirup servieren.

Für 8 Personen

Pekannuß-Honig-Butter

Sie schmeckt auch köstlich zu Pfannkuchen, Waffeln oder Muffins und hält sich zugedeckt bis zu einer Woche im Kühlschrank.

30 g Pekannüsse, geröstet (siehe Glossar)
125 g Butter, in Stücke zerteilt
185 g Honig

Die Zutaten im Mixer oder in der Küchenmaschine zu einer geschmeidigen Masse verarbeiten. Bis zum Gebrauch in den Kühlschrank stellen und vor dem Servieren Zimmertemperatur annehmen lassen.

Ergibt 340 Gramm

MITTLERES ARIZONA
Pumpkin-Apple Muffins
Kürbis-Apfel-Muffins

Diese Muffins sollten Sie im Herbst, wenn es Zeit für die Kürbis- und Apfelernte ist, zubereiten. Wer sie zum Frühstück oder zu einem Brunch servieren möchte, kann die Muffins auch in Mini-Förmchen backen, um eine größere Anzahl zu bekommen. Dann sollte man die Backzeit allerdings um 5 Minuten verkürzen.

STREUSEL

3 EL Mehl
60 g Zucker
½ TL gemahlener Zimt
2 EL kalte Butter

Von links nach rechts: *Pekannuß-Sauerteig-Waffeln mit Pekannuß-Honig-Butter; Kürbis-Apfel-Muffins*

MUFFINS

400 g Mehl
500 g Zucker
1 TL gemahlener Zimt
1 TL gemahlener Ingwer
½ TL gemahlene Nelken
½ TL geriebene Muskatnuß
1 TL Natron
½ TL Salz
2 Eier, verquirlt
375 g püriertes Kürbisfleisch
125 ml Pflanzenöl
250 g geschälte, feingehackte Äpfel

Den Ofen auf 180 °C vorheizen. 18 Muffin-Förmchen von 7½ cm Durchmesser mit Butter bestreichen oder möglichst faltenlos mit Backpapier auslegen. Im Handel sind auch passende Papierförmchen zu haben, die in die Muffin-Formen eingelegt werden.

Für die Streusel in einer kleinen Schüssel Mehl, Zucker, Zimt und die kalte Butter in Flöckchen mit den Fingerspitzen zu groben Bröseln verarbeiten und beiseite stellen.

Für die Muffins Mehl, Zucker, Zimt, Ingwer, Nelken, Muskat, Natron und Salz in einer großen Schüssel vermengen. In einer zweiten Schüssel die Eier mit dem Kürbispüree und dem Öl verrühren und anschließend die Mehlmischung einarbeiten. Die Äpfel unterrühren, jedes Muffin-Förmchen zu zwei Dritteln mit dem Teig füllen und die Streusel darauf verteilen.

Die Förmchen auf ein Backblech stellen, in den Ofen schieben und 35–40 Minuten backen. Zur Probe mit einem Zahnstocher hineinstechen. Bleibt kein Teig daran kleben, können die Muffins aus dem Ofen genommen werden.

Ergibt 18 Stück

TORTILLAS, BROT UND PASTA

VALLEY OF THE SUN, ARIZONA
ORANGE-DATE MUFFINS
Orangen-Dattel-Muffins

In Arizona gibt es riesige Zitrus- und Dattel-Plantagen. Auch viele Bewohner des Valley of the Sun pflanzen beide Baumarten in ihrem Garten oder vor dem Haus an. Die Dattelpalme trägt erstmals nach 5 Jahren, bringt aber mit den Jahren Erntemengen von bis zu 70 kg. Diese saftigen Muffins lassen sich gut einfrieren, sie schmecken allerdings am besten, wenn sie frisch aus dem Ofen kommen.

150 g Vollweizenmehl
150 g Weizenmehl Type 405
2 TL Backpulver
1 TL Natron
½ TL Salz
1 Ei
100 g brauner Zucker
150 ml Buttermilch
60 g Butter, zerlassen und abgekühlt
60 ml Orangensaft
1 Orange
90 g Datteln ohne Kern, gehackt

ZUM BESTREUEN
1 EL Zucker
½ TL gemahlener Zimt

Den Ofen auf 200 °C vorheizen. 12 Muffin-Förmchen von 7½ cm Durchmesser mit Butter bestreichen oder mit Backpapier oder passenden Papierförmchen auslegen. Mehl, Backpulver, Natron und Salz in eine große Schüssel sieben. In einer zweiten Schüssel das Ei und den braunen Zucker mit einem elektrischen Handrührgerät aufschlagen. Buttermilch, zerlassene Butter und Orangensaft unterrühren.

Die Orangenschale abreiben, dabei nicht die weiße Haut unter der Schale mitreiben, sie schmeckt bitter. Die Orange schälen, in die einzelnen Segmente zerteilen und alle Häute entfernen, das Fruchtfleisch in 6 mm große Stücke schneiden. Zusammen mit den Datteln in die Eier-Zucker-Mischung geben.

Die flüssigen Zutaten schnell unter die Mehlmischung rühren, dabei darauf achten, daß sich keine Klümpchen bilden. Den Teig in die vorbereiteten Muffin-Förmchen füllen, dabei das obere Viertel der Förmchen frei lassen.

Zucker und Zimt vermischen und die Muffins gleichmäßig damit bestreuen. Die Muffins 15 Minuten backen. Zur Garprobe mit einem Zahnstocher hineinstechen; bleibt kein Teig daran kleben, kann man sie aus dem Ofen nehmen.

Ergibt 12 Stück

Von links nach rechts: *Blaubeeren-Mais-Muffins, in Maisblättern gebacken; Orangen-Dattel-Muffins*

ALBUQUERQUE, NEW MEXICO
BLUEBERRY CORN MUFFINS IN CORN HUSKS
Blaubeeren-Mais-Muffins, in Maisblättern gebacken

Wenn man die Förmchen mit Maisblättern statt mit Papier auslegt, bekommen die Muffins einen festlicheren Anstrich. Solange es keine frischen Blaubeeren gibt, kann man die Küchlein mit tiefgefrorenen Beeren bereiten, die allerdings bei der Zubereitung noch nicht aufgetaut sein dürfen, weil ihr Saft sonst den Teig verfärbt. Verwendet man frische Blaubeeren, sollte man die Backzeit leicht reduzieren.

4 Maishüllblätter, 20 Minuten in heißem Wasser eingeweicht und in 12 mm breite Streifen zerteilt
2 Eier
180 ml Buttermilch
60 ml Maiskeimöl
185 g brauner Zucker
75 g Maismehl
150 g Weizenmehl
2 TL Backpulver
½ TL Natron
¼ TL Salz
185 g Blaubeeren, frisch oder tiefgefroren und nicht aufgetaut

Den Ofen auf 200 °C vorheizen. 12 Muffin-Förmchen von 7½ cm Durchmesser großzügig mit Butter ausstreichen, mit je 4 Maisblattstreifen auslegen, die über den Rand der Förmchen hängen.

In einer mittelgroßen Schüssel Eier, Buttermilch, Maiskeimöl und braunen Zucker mit einem elektrischen Handrührgerät aufschlagen. Maismehl, Weizenmehl, Backpulver, Natron und Salz in eine große Schüssel sieben. Mit den flüssigen Zutaten zu einem glatten Teig verrühren und die Blaubeeren unterheben. Den Teig in die 12 vorbereiteten Muffin-Förmchen verteilen.

Die Muffins 25–30 Minuten backen. Zur Garprobe mit einem Zahnstocher hineinstechen; bleibt kein Teig daran kleben, können sie aus dem Ofen genommen werden. Die Muffins an den Maisblättern fassen und zum Auskühlen auf ein Kuchengitter setzen.

Ergibt 12 Stück

HOPI PUEBLOS
PIÑON PANCAKES
Pfannkuchen mit Pinienkernen

Bevor die Europäer den Weizen einführten, bereiteten die Indianer ihr Brot aus Pinienkernen, Mais, Nüssen und Samen zu. Für diese Pfannkuchen kann man die Pinienkerne durch Pekannüsse ersetzen. Man kann sie mit Ahornsirup zum Frühstück oder Brunch servieren oder, zu winzigen Pfannkuchen gebacken, mit einem Klacks saurer Sahne und Kaviar als elegantes Hors d'œuvre reichen.

125 g Mehl
75 g Pinienkerne, geröstet und gemahlen (siehe Glossar)
½ TL Salz
2 Eier
250 ml Milch
2 EL zerlassene Butter
2 EL Pflanzenöl

In der Küchenmaschine Mehl, Pinienkerne und Salz vermischen. Eier, Milch und Butter zugeben und zu einem glatten Teig verarbeiten. Den Teig 30 Minuten im Kühlschrank ruhen lassen.

Etwas Öl in einer schweren Pfanne bei mittlerer Temperatur heiß werden lassen. Für einen Pfannkuchen etwa 2 Eßlöffel Teig ins heiße Öl geben. Sobald sich auf der Oberfläche des Pfannkuchens Blasen bilden, wenden und auf der anderen Seite ebenfalls goldbraun braten. Mit dem restlichen Teig ebenso verfahren.

Ergibt etwa 16 Stück

Von oben nach unten: *Jalapeño-Brötchen; Pfannkuchen mit Pinienkernen*

SÜDWEST-TEXAS
JALAPEÑO SCONES
Jalapeño-Brötchen

Jalapeño-Chillies und getrocknete rote Paprikaflocken geben den scones eine besondere Note. Man kann dazu zum Beispiel Butter (Avocadobutter, siehe Seite 196) oder ein Jalapeño-Gelee (Rezept siehe Seite 192) reichen, oder man schneidet die Brötchen auf und füllt sie. Die Brötchen sollten noch am Tag ihrer Zubereitung verzehrt werden, weil sie frisch am besten schmecken. Für eine Cocktail-Party schneidet man sie horizontal durch und füllt sie mit Geflügelsalat oder dünnen Scheiben geräucherter Truthahnbrust. Oder man belegt die Hälften mit einem pochierten Ei. Reicht man dazu eine Orangen-Koriandergrün-Hollandaise (Rezept siehe Seite 197), wird daraus die südwestliche Variante der »Eier Benedict«.

185 g Weizenmehl
75 g Maismehl
175 g geriebener Cheddar
1½ TL Backpulver
½ TL Natron
½ TL Salz
2 *jalapeño*-Chilischoten, Samen entfernt und fein gehackt
¼ TL getrocknete rote Paprikaflocken (siehe Glossar)
60 g kalte Butter, in etwa 1 cm große Stücke geschnitten
125 ml Sahne (nach Bedarf eventuell mehr)

Den Ofen auf 180 °C vorheizen. Ein Backblech mit Butter bestreichen oder mit Backpapier auslegen.

In einer großen Schüssel Weizenmehl, Maismehl, 120 g geriebenen Käse, Backpulver, Natron, Salz, Chillies und Paprikaflocken miteinander vermischen. Mit einer Gabel oder mit den Fingerspitzen die Butter bröselig einarbeiten. Mit der Sahne beträufeln und das Ganze zu einem weichen Teig verarbeiten. Nach Bedarf etwas mehr Sahne zugeben.

Den Teig auf einer leicht bemehlten Arbeitsfläche flach drücken und zu einem Fladen von 12 mm Stärke ausrollen. Kreise von 5 cm Durchmesser ausstechen und auf das vorbereitete Backblech legen. Die Brötchen mit dem restlichen Käse bestreuen und 20–25 Minuten im vorgeheizten Ofen goldbraun backen. Herausnehmen und auf einem Kuchengitter auskühlen lassen.

Ergibt etwa 24 Stück

TORTILLAS, BROT UND PASTA

ARIZONA
RED ENCHILADAS
Rote Enchiladas

Im Südwesten existieren unzählige Rezepte für die Zubereitung von roten enchiladas: Sie werden aufeinandergeschichtet oder aufgerollt, mit roter Chilisauce übergossen, mit oder ohne Fleisch zubereitet, im Ofen überbacken oder heiß aus der Pfanne gegessen. In dem nachfolgenden Rezept aus Arizona werden die Tortillas mit roter Chilisauce, Käse und Zwiebeln gefüllt, dann aufgerollt und im Ofen überbacken, bis der Käse geschmolzen ist.

Pflanzenöl zum Ausbacken
12 Mais-Tortillas von 15 cm Durchmesser (Rezept siehe Seite 132)
500 ml rote Chilisauce (Rezept siehe Seite 195)
250 g geriebener Cheddar
150 g feingehackte Zwiebeln

Den Ofen auf 180 °C vorheizen. Eine feuerfeste Form mit einer Größe von 23 × 30 cm mit Öl ausstreichen.
    Das Öl 12 mm hoch in eine Pfanne gießen und auf 190 °C erhitzen. Zur Probe einen Brotwürfel hineingeben. Bräunt er innerhalb von 60 Sekunden, hat das Öl die richtige Temperatur erreicht. Die Tortillas nacheinander mit jeder Seite etwa 5 Sekunden ins heiße Öl tauchen und auf Küchenpapier abtropfen lassen.
    Etwa 250 ml rote Chilisauce in eine flache Schüssel geben und die Tortillas nacheinander hineintauchen. Jede mit Chilisauce überzogene Tortilla mit 2 Eßlöffeln geriebenem Käse, 1 Eßlöffel gehackten Zwiebeln und 1 Eßlöffel Chilisauce belegen. Die Tortilla aufrollen und mit der Naht nach unten in die vorbereitete Form legen. Mit den restlichen Tortillas ebenso verfahren. Mit der restlichen Sauce bedecken, mit Zwiebeln und Käse bestreuen und 30 Minuten im Ofen überbacken, bis die *enchiladas* heiß sind und die Sauce »blubbert«.

Ergibt 12 Stück

SANTA FE, NEW MEXICO
VEGETABLE TAMALES
Gemüse-Tamales

Dieses Rezept stammt von John Sedlar, Autor der »Modern Southwest Cuisine« sowie Eigentümer und Küchenchef des »Bikini« in Santa Monica. Die tamales lassen sich sowohl als leichter Imbiß als auch als wohlschmeckende Beilage servieren.

MASA

315 g *masa harina* (siehe Glossar)
1¼ TL Backpulver
½ TL Salz
90 g Schmalz, Pflanzenfett oder weiche Butter
250 ml lauwarmes Wasser

FÜLLUNG

300 g Gemüsemischung aus in Würfel geschnittenen Zucchini, Kartoffeln und Markkürbis (Gemüsekürbis)
1 EL Pflanzenöl
60 g *jalapeño*-Chilischoten, in Würfel geschnitten und geröstet (siehe Glossar)
1 TL *chili powder* (siehe Glossar)
Salz und frisch gemahlener Pfeffer
2 EL feingehackte frische *epazote* (siehe Glossar)
20 getrocknete Maishüllblätter, 30 Minuten in warmem Wasser eingeweicht

SAUCE

Saft von 10 Möhren (etwa 625 ml)
125 ml Olivenöl
Salz und frisch gemahlener Pfeffer

Maishüllblätter, gekochtes junges Gemüse und Korianderzweige zum Garnieren

Für die *masa* in einer Rührschüssel *masa harina*, Backpulver und Salz vermischen. In einer zweiten Schüssel das Schmalz, das Pflanzenfett oder die Butter schaumig rühren. Nach und nach ein Viertel der trockenen Mischung unter das Fett rühren und 2 Eßlöffel Wasser zugeben. Die restliche *masa*-Mischung abwechselnd mit dem Wasser unterrühren, bis der Teig glatt und locker ist. Zugedeckt bis zum Gebrauch in den Kühlschrank stellen.
    Für die Füllung die Gemüsewürfel in kochendem Wasser 3–5 Minuten blanchieren, das Wasser abgießen und das Gemüse abtropfen lassen. In einer großen Pfanne das Öl bei mittlerer Temperatur heiß werden lassen. Das Gemüse und die Chillies hineinge-

TORTILLAS, BROT UND PASTA

Von links nach rechts: *Gemüse-Tamales, Rote Enchiladas*

ben, *chili powder*, Salz, Pfeffer und *epazote* zufügen und unter Rühren etwa 5 Minuten dünsten, bis das Gemüse gar ist.

Die eingeweichten Maishüllen abtropfen lassen. Am breiteren Ende beginnend, 90 g *masa* auf der Hälfte jedes Maisblattes verstreichen, in die Mitte 2 Eßlöffel Gemüsefüllung geben und die Längsseiten des Blattes zur Mitte hin übereinanderschlagen. Das untere Ende des Blattes nach oben, das obere nach unten falten und mit einem abgezogenen Streifen eines eingeweichten Maisblatts zusammenbinden.

Die *tamales* in einem Dampfkochtopf etwa 15–20 Minuten garen, bis sie fest und heiß sind.

Für die Sauce den Möhrensaft in einem großen Topf bei großer Hitze auf maximal 500 ml einkochen lassen. Den Topf vom Herd nehmen und die Reduktion in einen Mixer geben. Das Olivenöl zugießen und gründlich mit dem reduzierten Saft vermischen. Mit Salz und Pfeffer würzen.

In die Mitte von 10 Tellern jeweils 2 saubere, nicht eingeweichte Maishüllblätter legen. Je 2 eingewickelte *tamales* darauf anrichten und mit 2 Eßlöffeln Sauce begießen. Mit jungem Gemüse und Korianderzweigen garnieren und servieren.

Für 10 Personen

TORTILLAS, BROT UND PASTA

SAN ANTONIO, TEXAS
CHIPOTLE PASTA WITH MEXICAN CREAM
Chili-Nudeln mit Mexikanischer Sahne

Die Schärfe der chipotle, *einer getrockneten* jalapeño-*Chilischote, wird durch die mit Limonensaft aromatisierte Sahne gemildert. Das wunderbar ausgewogene Nudelgericht paßt perfekt zu einer gegrillten Vorspeise. Möchte man es als Hauptgang servieren, gibt man gegrilltes und in Stücke geschnittenes Hühnerfleisch, Meeresfrüchte oder Gemüse zu.*

MEXIKANISCHE SAHNE

125 g saure Sahne
125 ml süße Sahne oder Crème double
1 TL frisch gepreßter Limonensaft
Salz und frisch gemahlener Pfeffer (bei Bedarf)

NUDELN

280 g Mehl
2 Eier
½ TL Salz
2 *chipotle*-Chilischoten in *adobo*-Sauce, püriert (siehe Glossar)
Etwa 2 EL Sahne

2 EL Butter
1 Zucchini, in Streifen geschnitten
2 rote Paprikaschoten, geröstet, enthäutet, Samen und Scheidewände entfernt und in Streifen geschnitten (siehe Glossar)
10 g feingehacktes Koriandergrün
60 g geriebener *cotija*-Käse (siehe Glossar), Asiago oder Parmesan

Für die Mexikanische Sahne saure und süße Sahne oder Crème double und Limonensaft in einer Schüssel, die nicht aus Aluminium sein sollte, miteinander verrühren, mit Klarsichtfolie bedecken und mindestens 2 Stunden in den Kühlschrank stellen. Kurz vor dem Servieren abschmecken und eventuell mit Salz und Pfeffer würzen.

Für den Nudelteig Mehl, Eier, Salz und Chillies in die Küchenmaschine geben. So viel Sahne unterrühren, daß ein glatter Teig entsteht. Den Teig auf einer leicht bemehlten Arbeitsfläche durchkneten, 1 Stunde ruhen lassen und dann in vier Teile teilen. Den Teig mehrmals durch die Walzen der Nudelmaschine laufen lassen und so dünn wie möglich ausrollen. Die Teigfladen durch einen Spezialaufsatz der Maschine drehen und zu Bandnudeln schneiden.

In einem großen Topf Salzwasser zum Kochen bringen. Die Nudeln hineingeben und in etwa 2–3 Minuten al dente kochen. Die Nudeln abseihen und abtropfen lassen.

In einer großen Pfanne die Butter bei mittlerer Temperatur zerlassen. Die Zucchini hineingeben und in etwa 3 Minuten weich werden lassen. Rote Paprikastreifen und Koriandergrün zugeben, die Mexikanische Sahne und die abgetropften Nudeln unterrühren und alles noch einmal kurz erhitzen. Die Nudeln auf 6 Teller verteilen und, mit geriebenem Käse bestreut, servieren.

Für 6 Personen

Chili-Nudeln mit Mexikanischer Sahne

Avocadonudeln mit Shiitake-Pilzen, Tomaten, Ziegenkäse und Pinienkernen

PHOENIX, ARIZONA

AVOCADO PASTA WITH SHIITAKE MUSHROOMS, TOMATOES, GOAT CHEESE AND PIÑONS

Avocadonudeln mit Shiitake-Pilzen, Tomaten, Ziegenkäse und Pinienkernen

Sie können fertige frische grüne Bandnudeln als Ersatz nehmen, falls Sie die Avocado-Nudeln aus Zeitmangel nicht selbst herstellen können. Avocado-Nudeln sind ein leichtes Hauptgericht oder eine willkommene Beilage zu gegrilltem Fisch.

NUDELN

1 reife Avocado, geschält, Kern entfernt
1 TL frisch gepreßter Zitronensaft
2 große Eier
470 g Mehl
$1/2$ TL Salz
1 EL Sahne (nach Bedarf)

SAUCE

2 EL Olivenöl
185 g frische Shiitake-Pilze, Stiel entfernt und Hüte
 in Würfel geschnitten
180 ml Hühnerbrühe (siehe Glossar)
1 TL feingehackte frische Thymianblätter, ersatzweise
 $1/2$ TL getrockneter Thymian, zerrieben
Frisch gemahlener schwarzer Pfeffer
2 Eiertomaten, in Würfel geschnitten
3 EL Butter
125 g milder Ziegenfrischkäse, in Stücke zerteilt
30 g Pinienkerne, geröstet, zum Garnieren (siehe Glossar)

Für den Nudelteig das Avocadofleisch mit dem Zitronensaft pürieren. Die Eier zugeben und gründlich verrühren. In einer großen Schüssel Mehl und Salz vermengen, die Avocado-Eier-Mischung zugeben und zu einem glatten Teig verarbeiten. Falls der Teig zu trocken ist, etwas Sahne unterrühren. Den Teig 5 Minuten durchkneten, bis er glatt und geschmeidig ist. 1 Stunde ruhen lassen. Durch die Walzen der Nudelmaschine drehen und dünn ausrollen, mit dem Spezialaufsatz zu Bandnudeln schneiden.

Für die Sauce das Olivenöl in einer schweren Pfanne erhitzen, die Pilze hineingeben und 1 Minute bei hoher Temperatur braten. Die Brühe zugießen und aufkochen lassen. Thymian, Pfeffer, Tomaten, Butter und Ziegenkäse zugeben, kurz köcheln lassen und den Käse unter Rühren schmelzen. Die Pfanne vom Herd nehmen.

Die Nudeln in reichlich kochendem Salzwasser in 2–3 Minuten al dente kochen. Abseihen, abtropfen lassen und mit der Sauce vermengen. Gleichmäßig auf 6 Teller verteilen und, mit Pinienkernen bestreut, servieren.

Für 6 Personen

TAOS, NEW MEXICO

BLUE CORN AND PEPPER BREAD
Mais-Paprika-Brot

Die Zuni und andere pueblo*-Bewohner ziehen blauen Mais weißem oder gelbem vor, weil er ein intensiveres Aroma hat. Blaues Maismehl bekommt seine lavendelblaue Farbe, wenn die gemahlenen blauen Maiskörner (die eigentlich dunkelgrau sind) mit einer alkalischen Substanz wie Wacholderasche oder Kalziumkarbonat behandelt werden. Da Maismehl kein Gluten enthält, sollte man es mit Weizenmehl mischen; das Brot wird dann lockerer. Dieses Brot wird auch für die Maisbrot-Chorizo-Füllung auf Seite 136 verwendet.*

3 EL Maiskeimöl
3 EL Butter
1 rote Paprikaschote, Samen und Scheidewände entfernt und in Würfel geschnitten
1 *jalapeño*-Chilischote, Samen und Scheidewände entfernt und fein gehackt
2 Knoblauchzehen, fein gehackt
100 g Weizenmehl
150 g blaues Maismehl
4 TL Zucker
2 TL Backpulver
¼ TL Natron
½ TL Salz
2 Eier
180 ml Buttermilch

Den Ofen auf 190 °C vorheizen. Eine quadratische Kastenform von etwa 20 cm Kantenlänge leicht einfetten.

In einer kleinen Pfanne Öl und Butter bei mittlerer Temperatur erhitzen. Wenn die Butter geschmolzen ist, Paprika, Chili und Knoblauch zugeben und in etwa 3 Minuten gerade weich werden lassen. Vom Herd nehmen und abkühlen lassen.

Weizenmehl, Maismehl, Zucker, Backpulver, Natron und Salz in eine Schüssel sieben. In einer zweiten Schüssel Eier und Buttermilch verquirlen, das Gemüse zugeben und nach und nach die Mehlmischung unterrühren. Den Teig in die vorbereitete Form geben und für etwa 45–50 Minuten in den Ofen schieben. Zur Probe mit einem dünnen Holzspieß in die Brotmitte stechen; bleibt kein Teig mehr daran kleben, kann man die Form aus dem Ofen nehmen. Das Brot aus der Form lösen, auf einem Kuchengitter abkühlen lassen, in kleine Quadrate schneiden und servieren.

Für 9 kleine Brotquadrate

MITTLERES ARIZONA

PUMPKIN BREAD WITH PECANS AND SUNFLOWER SEEDS
Kürbisbrot mit Pekannüssen und Sonnenblumenkernen

Drei Zutaten aus der Neuen Welt – Kürbis, Pekannüsse und Sonnenblumenkerne – geben diesem süßen Brot seinen besonderen Charakter. Man kann es mit Frischkäse zum Tee oder mit einem Salat zum Mittag- oder Abendessen servieren. Sie sollten ungesalzene Sonnenblumenkerne verwenden; wer nur gesalzene bekommt, muß den Teig sparsam salzen.

2 Eier, verquirlt
125 ml Pflanzenöl
375 g püriertes Kürbisfleisch
320 g Mehl
250 g Zucker
1 TL Natron
½ TL gemahlener Zimt
½ TL geriebene Muskatnuß
½ TL geriebener Ingwer
½ TL gemahlenes Piment
¼ TL Salz
30 g ungesalzene Sonnenblumenkerne
125 g Pekannüsse, geröstet und fein gehackt (siehe Glossar)

Den Ofen auf 180 °C vorheizen. Eine Kastenform von etwa 21 cm Länge und 11 cm Breite mit Butter ausstreichen und mit Mehl bestäuben.

In einer kleinen Schüssel Eier, Öl und Kürbispüree glattrühren.

In einer großen Schüssel Mehl, Zucker, Natron und alle Gewürze vermischen. Die Eier-Kürbis-Mischung zugeben und gerade so lange rühren, bis ein glatter Teig entstanden ist. Sonnenblumenkerne und Pekannüsse unterheben und den Teig in die vorbereitete Form geben. Etwa 1 Stunde im vorgeheizten Ofen backen. Zur Probe mit einem dünnen Holzspieß hineinstechen; bleibt kein Teig daran kleben, kann man das Brot aus dem Ofen nehmen.

Das Kürbisbrot aus der Form nehmen, auf einem Kuchengitter abkühlen lassen und zum Servieren in Scheiben schneiden.

Ergibt 1 Laib

Im Uhrzeigersinn von oben: *Kürbisbrot mit Pekannüssen und Sonnenblumenkernen; Zwiebelbrötchen; Mais-Paprika-Brot*

SÜDWESTEN

ONION BISCUITS
Zwiebelbrötchen

Zwiebelbrötchen wurden gern von den Cowboys, die sich tagelang auf den Weidegründen aufhalten mußten, als schneller Imbiß zubereitet. Auch heute noch kann man sich nach einem arbeitsreichen Tag diese Brötchen mit einer Suppe, einem Eintopf oder einem Chili munden lassen, selbst zum Frühstück schmecken sie hervorragend. Sie sind am besten, wenn sie frisch aus dem Ofen kommen.

300 g Zwiebeln, in kleine Würfel geschnitten
2 EL Wasser
400 g Mehl
1 EL Backpulver
1 TL Salz
1 Messerspitze frisch gemahlener Pfeffer
1 TL feingehackter frischer Thymian, ersatzweise
  ½ TL getrockneter Thymian, zerrieben
125 g Butter, in kleine Würfel geschnitten
180 ml Buttermilch

Den Ofen auf 190 °C vorheizen. Die Zwiebeln in dem Wasser zugedeckt bei mittlerer Temperatur 5 Minuten köcheln lassen. Die Zwiebeln in ein Sieb abgießen und abtropfen lassen.

Mehl, Backpulver, Salz, Pfeffer und Thymian in einer mittelgroßen Schüssel vermischen. Die Butter mit einem Messer einhacken oder mit den Fingerspitzen bröselig einarbeiten. Die Zwiebeln, dann die Milch untermischen und einen glatten Teig kneten.

Den Teig auf einer leicht bemehlten Arbeitsfläche 2 cm dick ausrollen. Kreise von 5 cm Durchmesser ausstechen und auf ein leicht gefettetes Backblech setzen. In etwa 12–15 Minuten goldgelb backen.

Ergibt 18 Stück

Das Rio-Grande-Tal

DAS RIO-GRANDE-TAL

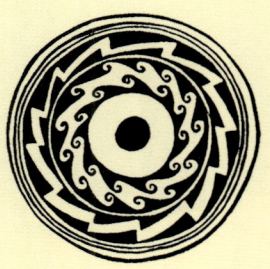

Das Tal des Rio Grande im nördlichen Zentralland von New Mexico liegt mit seinem Talboden mehr als 1500 Meter über dem Meeresspiegel. Es ist von hoch aufragenden, schneebedeckten Bergen gesäumt und beherbergt malerische Siedlungen mit Adobe-Behausungen, den für die Gegend typischen Lehmhäusern. Nirgendwo drücken sich Herz und Seele des Südwestens stärker aus als hier im Tal des Rio Grande.

»Die Welt ist hier sehr umfassend, und das kann man vom Osten kaum behaupten.« Das waren die schlichten Worte der zeitgenössischen Malerin Georgia O'Keeffe, mit der sie die Anziehungskraft dieser Landschaft beschrieb. Nach ihrem ersten Besuch in Santa Fe 1917 wußte sie, »daß ich immer wieder hierher zurückkommen werde.« Sie hielt dieses Versprechen und ließ sich schließlich in Abiquiu nieder, wo sie ihre aufwühlenden Bilder von Stierschädeln und die dramatischen Szenerien mit himmelstürmenden Bergen, von Wind und Wetter zernarbten Plateaus und spitz aufragenden Felsen malte. Es überrascht nicht, daß zahllose andere Künstler und Schriftsteller von dieser dramatischen Landschaft angezogen wurden, sei es, um sie kennenzulernen, oder um sich hier für immer niederzulassen.

Die ersten Menschen, die in dieser Region lebten, waren die Anasazi. Ihre Nachkommen leben heute noch in den vielen Pueblos des Tales: Tesuque, Nambe, Pojoaque, San Ildefonso, Santa Clara, San Juan, Picuris und Taos. Die Lebensgrundlage der Pueblos war über die Jahrhunderte hinweg

Vorhergehende Seiten: *Die Herbstfarben des Espenlaubs stehen in lebhaftem Kontrast zu den immergrünen Wäldern, die den Sunshine Peak am Mount Wilson im südlichen Colorado umgeben.*

Links: *Das älteste Haus in Santa Fe ist ein herausragendes Beispiel der uralten Adobe-Bauweise. Die Grundmauern könnten schon im 13. Jahrhundert von Pueblo-Indianern gebaut worden sein.*

rische Gebrauch von rotem Pfeffer ... bei fast jedem Gericht und fast jeder Mahlzeit üblich ist und derart hervorschmeckt, daß er den Eigengeschmack der Zutaten übertönt.« Diese Erfahrung mußte auch der Armee-Inspektor William Emory machen, als er das erste Mal in eine fleischgefüllte rote Chilischote biß: »Tränen rannen über meine Wangen, was die Zuschauer mit ihren offensichtlich ledergefütterten Schlünden zutiefst amüsierte.«

Vermutlich hat ihre drastische erste Bekanntschaft mit der Chilischote Gregg und Emory nicht abgeschreckt, denn sie wurden mit der Zeit zu Liebhabern – *aficionados* – der scharfen Frucht. Andererseits setzten die Angloamerikaner zu einer Art Gegenschlag an, als die Santa-Fe-Eisenbahn im späten 19. Jahrhundert gebaut wurde. Sie transportierte nicht nur Personen, sondern auch Kultur in entlegene Gegenden. In diesem Fall brachte sie die herkömmliche Gastronomie der Ostküste und des Mittleren Westens nach New Mexico, und zwar in Form von Speisewagen- und Bahnhofsrestaurants, Hotels und Cafés, die von der in Kansas ansässigen Fred Harvey Company betrieben wurden.

Der aus England stammende Harvey setzte bis dahin unbekannte Maßstäbe in punkto Zuverlässigkeit, Qualität und Service. Vor seiner Zeit bestand das Essen in der Eisenbahn nur aus kalten, unappetitlichen Speisen, die schon beim Ansehen Magenbeschwerden verursachten. Allerdings fanden sich auf den Speisekarten der Harvey Company kaum Spezialitäten aus dem Südwesten. Während sein Zug nordwärts durch das Rio-Grande-Tal dahinschnaufte, wurde dem Zugreisenden in einem Speisewagen der Santa-Fe-Linie ein Mittagsmenü angeboten, das aus kaltem Tomatensaft, sautierten Filets vom Seebarsch, Sandwich mit geschmolzenem Käse, Salat aus frischen Früchten mit Quark und Apfelkuchen à la

Oben: *Der Handel in Santa Fe ist eng mit dem Tourismus verwoben. Hier bieten Indianer Kunsthandwerkliches in einer Fußgängerarkade an.*

Unten: *Taos Pueblo, eine der typischsten und malerischsten Indianersiedlungen von New Mexico, wird heute, nach 700 Jahren, immer noch von den Nachkommen der Erbauer bewohnt.*

Rechte Seite: *Die Schneeflächen auf den Hängen unterhalb der skulpturartigen Gipfel der San Juan Mountains von New Mexico lassen die Landschaft fast surreal erscheinen.*

mode bestand – alles auf erlesenem Porzellan serviert, das mit prähistorischen Mimbres-Mustern geschmückt war. Tortillas gab es allerdings nicht im Tortilla-Land.

Noch 1954 fanden sich auf der Speisekarte des berühmten Hotels »La Fonda«, das die Harvey Company 1926 nach dem Vorbild eines Pueblo bauen ließ, unter vier Dutzend Gerichten nur zwei mit einem regionalen Einschlag: eine »Mexikanische Spezialplatte« mit *taco, tamale, enchilada, salsa* und Spiegelei und ein »Santa-Fe-Omelett« (grüne Chilischoten, scharf überbackene Käseschnitte, Pommes frites und grüner Salat). Eine einzige Zeile am Fuß der Speisekarte, immerhin in Versalien, informierte den Gast auf diskrete Weise, daß es Mexikanische Speisen auf Bestellung gab. Auf denkwürdige Weise anglisierte die Harvey Company *guacamole*, den Standard-Dip des Südwestens: In ihrem »El Tovar«-Hotel am Südrand des Grand Canyon wurde für das Rezept »Guacamole Monterey« vorgeschrieben, daß die pürierte Avocado mit Quark oder Sahnefrischkäse, Frühlingszwiebeln, Schnittlauch und einem Schuß Worcestershire-Sauce vermischt werde. Auf Chillies und *salsa* wurde verzichtet, um die zarten Geschmacksknospen der Gäste nicht zu verschrecken.

Aus dieser gastronomischen Falschmünzerei erklärt sich die Zwiegespaltenheit des Angebots an Speisen, wie es im Santa Fe der fünfziger Jahre zu finden war. Es war üblich, daß man in kleinen Cafés und Speiselokalen rotes und grünes Chili bekam sowie *posole,* ein scharf gewürztes Gericht aus *hominy,* in der Schüssel serviert, *enchiladas* aus blauem Mais und viele andere traditionelle Gerichte, die aber alle als Arme-Leute-Essen galten. Die Vorstellung von der Südwest-Küche schloß auch Imbisse mit ein, wie einen mit gerösteten grünen Chilischoten garnierten Hamburger oder eine äußerst beliebte Spezialität des Woolworth-Kaufhauses an der Plaza:

Frito pie, zubereitet, indem man eine Portionstüte aus *Fritos*-Mais-Chips seitlich aufschlitzte, einige Löffel scharfes *chili con carne* mit Bohnen aus der Dose hineingab und das Ganze mit gehackter Zwiebel und geriebenem altem Cheddar überstreute.

Frito pies und *chili burgers* haben nichts an Beliebtheit verloren, was wohl an ihrem schlichten Charme liegt. Andererseits hat sich das Niveau der Südwest-Küche in den letzten Jahrzehnten stetig nach oben bewegt, was darauf zurückzuführen ist, daß Santa Fe und sein Umland zu einer exklusiven Enklave für die künstlerische und geistige Elite geworden sind. Hinzu kommt, daß die Küche in den gesamten Vereinigten Staaten seit langem einen ständigen Umwandlungsprozeß durchläuft. Heute findet man in den »In«-Restaurants von Santa Fe eine innovative, moderne, allerdings nicht gerade billige, abgewandelte Südwest-Küche.

Meisterköche wie der aus New England gebürtige Mark Miller, der erst einen Umweg über das Gebiet der San Francisco Bay machte und sich schließlich in Santa Fe niederließ, sind zu leidenschaftlichen Verfechtern und Lehrmeistern geworden, die die verborgenen Qualitäten der regionalen Zutaten und Zubereitungen aufzeigen und das Publikum in bisher ungekannter Weise für die Südwest-Küche begeistern können. Wer Millers »Coyote Café« in Santa Fe besucht hat, braucht keine besondere Anregung mehr, um das nahegelegene Rancho de las Golondrinas zu besuchen, ein Freilichtmuseum vor der Stadt, wo man miterleben kann, wie gesät und geerntet wird, Mais und Weizen gemahlen werden und Brot in bienenkorbförmigen Steinöfen, den *hornos,* wie in alten Zeiten gebacken wird. Indem sie mit radikalem Wandel die Zukunft der Südwest-Küche neu gestalten, ehren die modernen Küchenmeister des Südwestens ihre Vergangenheit.

Linke Seite: *Die Muster und Formen der Töpferwaren, die heute noch verbreitet in Santa Fe gefertigt und verkauft werden, sind inspiriert von den überlieferten Traditionen des alten Südwestens.*

Unten: *Durango in Colorado, wo einst rauhbeinige Cowboys den Ton angaben, ist heute ein beliebtes Ziel für Freizeit-Sportler wie diese Schlauchbootfahrer, die den reißenden Animus befahren.*

Gemüse, Reis und Bohnen

Pinto-Bohnen sind seit über 1500 Jahren im Südwesten eine wichtige Ernährungsgrundlage.

Gemüse, Reis und Bohnen

Wer sich unter dem Südwesten nur eine unwirtliche Wüstenregion vorstellt, tut gut daran, das typischste Gemüserezept von New Mexico zu studieren: *calabacitas,* was in schlichter Übersetzung »kleine Kürbisse« heißt. Es handelt sich um ein gehaltvolles, sättigendes Gericht, das ebenso variantenreich ist wie eine französische Ratatouille. In diesem Gericht finden verschiedene Gemüse zusammen: grüner oder gelber Kürbis, manchmal beide, frischer, süßer Mais und grüne Chillies, zu denen sich noch eine milde, sämige Sauce aus weißem Käse gesellt.

Obwohl sie Schwerstarbeit leisten mußten, um ihren Lebensunterhalt dem kargen Boden zu entreißen, haben es im Südwesten sowohl Ureinwohner wie Zuwanderer geschafft, eine Fülle von farbenfrohen, wohlschmeckenden und sättigenden Gemüsegerichten zu kreieren. Kürbis, Mais und Chillies, die sich in dem Gericht *calabacitas* vereinen, wachsen schon seit einigen tausend Jahren in dieser Gegend. Diese Gemüsearten führen aber auch ein prominentes Einzelgängerdasein in den üblichen Gerichten des Südwestens: Da gibt es die gefüllten und ausgebackenen Chilischoten, *chiles rellenos,* gekochte oder gegrillte Maiskolben, ein in seiner Einfachheit nicht mehr zu unterbietendes und doch göttlich schmeckendes Gericht, und nicht zu vergessen die zarten Kürbisblüten, schon von den Zuni hochgeschätzt und nun eine Lieblingszutat jener Köche, die den Nouvelle-Cuisine-Stil pflegen.

Vorhergehende Seite, von links im Uhrzeigersinn: *Chayoten in Sahnesauce* (Rezept siehe Seite 176); *Gedämpfter Broccoli mit grüner Chili-Butter* (Rezept siehe Seite 172); *Gedünstete Cocktailtomaten mit Tequila* (Rezept siehe Seite 168)

Aus Lateinamerika und später von den Küsten Europas kamen zahlreiche andere Gemüse in den Südwesten, wo sie begeistert aufgenommen wurden und sofort ihren Weg in Kultur und Küche fanden. Kartoffeln kamen aus den Anden-Regionen, Süßkartoffeln aus der Karibik, Möhren und Zwiebeln wurden von den europäischen Siedlern eingeführt. Der aus dem Mittelmeerraum stammende Broccoli eroberte zur gleichen Zeit nicht nur den Südwesten, sondern die gesamten USA.

Jedes dieser Gemüse, ob heimisch oder eingeführt, gewinnt neuen, mitreißenden Geschmack durch südwestliche Würze. Geröstete grüne Chilischoten zum Beispiel verwandeln einen normalerweise mild schmeckenden Maisauflauf aus New England in eine verführerische Kreation, die selbst einen eingefleischten Puritaner von seinen Prinzipien abweichen läßt. Das aparte Aroma des frischen Koriandergrüns bildet einen scharfen Kontrast zur süßen Milde der Möhren. Der überall in den USA heimische Bierteig, in dem man Zwiebeln ausbackt, gewinnt im Südwesten durch Zugabe von rotem *chili powder* besonderen Pep. Eine einfache Chili-Butter zu Broccoli könnte auch ausgewiesene Broccoli-Verächter – unter ihnen befindet sich auch ein ehemaliger US-Präsident aus Texas – veranlassen, auf den Knien um einen Bissen davon zu bitten.

Ein weiterer Neuzugang aus transatlantischen Gefilden war der Reis, den die spanischen Eroberer in diese Gegend mitbrachten. Die Art, wie sie ihn kochten, hatten sie von den Mauren im eigenen Lande abgeschaut und den Zutaten, die sie auf dem neuentdeckten Kontinent vorfanden, angepaßt. Sie garten ihn langsam zusammen mit Tomaten, Chilischoten und Gewürzen zu einem wohlriechenden, an ein Pilaw erinnernden Gericht. Der sogenannte »Spanische Reis« wurde bald ein klassisches mexikanisches Gericht und konsequenterweise in »Mexikanischer Reis« umbenannt. Die Köche des Südwestens, bestrebt, dieses kulinarische Klischee abzustreifen, erfanden als Antwort darauf Reisgerichte, die zum Beispiel nur mit Zwiebeln und Knoblauch gewürzt wurden oder mit *habanero*-Chillies, die einem den Atem stocken lassen, oder mit milden grünen Chillies und einer Handvoll frischen, feingehackten *yerba buena,* wörtlich »gutes Kraut«, einer Würzpflanze aus der Minze-Familie.

Reis kommt im Südwesten jedoch oft nicht allein auf den Teller, sondern mit Bohnen – mit Pinto-Bohnen, die ihren Namen ihrem gesprenkelten Aussehen (*pinto* = ich male) verdanken, oder mit schwarzen Bohnen in ihrer eigenen dunklen Sauce. Es können auch die beliebten *frijoles refritos* sein, ein Bohnenpüree auf mexikanische Art, bei dem die Bohnen gekocht, zerstampft und in Schmalz weich gebraten werden. Texanische Köche verwenden gern getrocknete Pinto- oder Kidney-Bohnen und kochen sie mit einer großzügigen Dosis *chili powder* zu einem Gericht, das *chili beans* heißt.

Vor mehr als 1500 Jahren waren Bohnen das Hauptnahrungsmittel der Bewohner des Südwestens, heute spielen sie meist nur noch als Beilage eine Rolle. Während das andere Hauptnahrungsmittel – Mais – im landwirtschaftlichen Anbau keine besondere Mühe machte, erforderten die Bohnen »ständige Aufmerksamkeit, was ihre Anbauer zu größerer Seßhaftigkeit zwang.«

Im Mittelpunkt einer Südstaaten-Mahlzeit steht heute meistens noch immer ein großer Topf mit Bohnen, dessen Inhalt für mindestens zwei Tage reicht. Dazu werden Reis, Tortillas und *salsas* serviert – eine ausgewogene und gesunde Ernährung. Für Gaumen, die an Abwechslung gewöhnt sind, mag eine solche Ernährungsweise nach einiger Zeit langweilig sein, aber Bohnen lassen sich in schier unglaublicher Vielfalt auf den Tisch bringen, vor allem heutzutage, wo man mit Erfolg Dutzende von uralten Bohnensorten, die schon ausgestorben schienen, neu gezüchtet hat. Heimgärtnern und Kleinbauern in der Region sowie Organisationen wie Native Seeds/SEARCH in Tucson ist es zu verdanken, daß es wieder Bohnensorten gibt wie *Aztec, Bisbee red, black valentine, Hopi yellow, Mitla black, New Mexico bolita, Paiute white, Pima beige, Tohono O'odham, Yaqui string, wild Cocolmeca* und *Zuni shalako* – Namen, die sich wie ein mystischer Zaubergesang lesen und für eine Vielfalt von Farben, Formen, Größen, Geschmacksnuancen und unterschiedlichste Konsistenzen stehen.

Vor dem Zeitalter der großangelegten Bewässerungsanlagen wurde Gemüse hauptsächlich von Heimgärtnern angebaut. Hier wird im Rio-Grande-Tal im westlichen Texas Kohl geerntet.

Der Verde River bringt Leben in das Wüstental von Arizona. Schon seit Hunderten von Jahren wird in dieser fruchtbaren Gegend Ackerbau betrieben.

Ein Diskurs über Bohnen kann nicht vollständig sein, wenn man die allbekannten Verdauungsprobleme, die sie nach dem Essen verursachen, überginge. Im Laufe der Jahrhunderte haben sich immer wieder Köche der Aufgabe gewidmet, Bohnen »gasfrei« zu machen. Als bestes Mittel, die Verursacher der Darmbeschwerden, die schwer zu zähmenden, vom Verdauungssystem schlecht aufspaltbaren Zucker und Stärken, in den Griff zu bekommen, galt das Einweichen über Nacht mit einem dreimaligen Wasserwechsel. Andere sehen das Mittel der Wahl darin, die Bohnen einem »Schnellweichverfahren« zu unterziehen: Man läßt die Bohnen eine Minute in Wasser aufkochen und danach eine Stunde darin ziehen. In Mexiko und den Grenzregionen fügt man dem Kochwasser das Würzkraut *epazote* zu, das angeblich die gasbildenden Faktoren eliminiert. Die Zugabe von Natron oder Holzasche zum Kochwasser hat den zusätzlichen Vorteil, die Bohnen weicher zu machen. Der Restaurant-Inhaber Stephan Pyles aus Dallas erinnert sich, daß seine Großmutter eine Tablette Aspirin zu den Bohnen gab und den ungläubig dreinschauenden zukünftigen Koch beruhigte, daß die Bohnen so keine Kopfschmerzen hätten.

Wie viele Liebhaber der Südwest-Küche am eigenen Leib erfahren mußten, sind dies aber alles keine völlig zufriedenstellenden Patentrezepte. Am besten wird man wohl mit dem Problem fertig, wenn man den praktischen Ratschlag von John Crenshaw befolgt, den er in seinem Essay »Paean to the Pinto Bean« gibt: Wenn alle Versuche scheitern, den flüchtigsten Bestandteil der Bohne im Zaum zu halten, sollte man einfach »den Wind passieren lassen«.

GEMÜSE, REIS UND BOHNEN

SÜDWESTEN

BLACK BEANS
Schwarze Bohnen

Diese Bohnen sind immer eine delikate Beilage – egal ob mit oder ohne Käse. Mit einem Klacks saurer Sahne und etwas salsa kann man sie als Vorspeise servieren. Oaxaca (sprich Oa-cha-ka) ist ein Käse, der schnell schmilzt und in Geschmack und Konsistenz der italienischen Mozzarella ähnelt.

500 g getrocknete schwarze Bohnen
2 EL Olivenöl
125 g gehackte rote Zwiebeln
4 Knoblauchzehen, fein gehackt
Je 1 rote und gelbe Paprikaschote, Samen und Scheidewände entfernt und in Würfel geschnitten
2 TL gemahlener Kreuzkümmel
2 Tomaten, in Würfel geschnitten
2 *Anaheim*-Chilischoten, geröstet, geschält, Samen entfernt und in Würfel geschnitten (siehe Glossar), Salz
60 g geriebener *Oaxaca*- (siehe Glossar), *Monterey-jack*-Käse (siehe Glossar) oder Mozzarella (nach Belieben)

Die Bohnen in einem großen Topf mit kaltem Wasser bedecken und 1 Stunde einweichen. Das Einweichwasser abgießen, die Bohnen wieder in den Topf geben und 2½ cm hoch mit Wasser bedecken. Zum Kochen bringen und ohne Deckel bei mittlerer Temperatur etwa 1–1½ Stunden köcheln lassen, bis die Bohnen gar sind. Eventuell während des Kochens etwas Wasser nachgießen.
   In einer mittelgroßen, schweren Pfanne das Olivenöl bei mittlerer Temperatur erhitzen und die Zwiebeln darin 5 Minuten anschwitzen. Knoblauch und Paprikaschoten zugeben und etwa 5 Minuten dünsten, bis die Paprikaschoten weich sind. Beiseite stellen.
   Wenn die Bohnen gar sind, die Zwiebel-Paprika-Mischung, Kreuzkümmel, Tomaten, Chillies und Salz unterrühren. Weitere 15–20 Minuten köcheln lassen, bis das Ganze leicht eingedickt ist. Die Bohnen nach Belieben mit Käse bestreuen und sofort servieren.

Für 8 Personen (ergibt etwa 1 Liter)   *Foto siehe Seite 8*

Black Bean Cakes
Fladen aus schwarzen Bohnen

Die zubereiteten schwarzen Bohnen in einem Sieb abtropfen und abkühlen lassen. Im Mixer oder in der Küchenmaschine zu einem glatten Püree verarbeiten. Jeweils 2 Eßlöffel Bohnenpüree in eine beschichtete Pfanne geben, etwas flach drücken und bei mittlerer Temperatur auf jeder Seite etwa 1 Minute braten. Pro Person 2 Fladen auf einem Teller anrichten, mit einem Klacks saurer Sahne und etwas *salsa* garnieren und servieren.

Ergibt 32 Fladen   *Foto siehe Seite 8*

SANTA FE, NEW MEXICO

SANTA FE HOMINY
Mais nach Art von Santa Fe

Hominy sind getrocknete Maiskörner, die in einer Kalklauge eingelegt, dann enthäutet und gekocht werden. Weißer oder gelber hominy ist in Dosen in Spezialgeschäften (siehe Bezugsquellen) erhältlich. Die Schärfe des Gerichtes läßt sich durch die Verwendung unterschiedlicher Chilischoten variieren. Mag man es nicht ganz so scharf, sollte man die poblano-Chillies durch Anaheims ersetzen und die jalapeño-Chilischote ganz weglassen. Aus dieser Beilage wird ein Hauptgericht, wenn man 250 Gramm chorizo, zerkleinert und gebraten, das Fett abgetropft, unterrührt.

2 EL Maiskeimöl
2 Knoblauchzehen, fein gehackt
185 g gehackte rote Zwiebeln
470 g *hominy*, abgespült und abgetropft
3 große, reife Tomaten, in Würfel geschnitten

2 *poblano*-Chilischoten, geröstet, enthäutet, Samen und Scheidewände entfernt und in Würfel geschnitten (siehe Glossar)
1 *jalapeño*-Chilischote, Samen entfernt und fein gehackt
125 g geriebener *asadero*- oder *Monterey-jack*-Käse (siehe Glossar)

Das Öl in einer großen, schweren Pfanne erhitzen. Knoblauch und Zwiebeln darin bei mittlerer Temperatur unter Rühren glasig schwitzen. *Hominy*, Tomaten und Chillies unterrühren und zugedeckt bei niedriger Temperatur etwa 15 Minuten dünsten. Den Deckel abnehmen, das Gericht mit geriebenem Käse bestreuen, unter Rühren schmelzen lassen und das Gemüse sofort servieren.

Für 6 Personen

GEMÜSE, REIS UND BOHNEN

Von links nach rechts: *Bohnenpüree; Mais nach Art von Santa Fe*

SÜDWESTEN
REFRIED BEANS
Bohnenpüree

Frijoles refritos, wie dieses Gericht ursprünglich heißt, besteht aus Bohnen, die nach dem Kochen in Schmalz gebraten werden. Dieses Bohnenpüree, das mehr Kalorien und Cholesterin enthält als die meisten anderen Bohnengerichte, schmeckt sündhaft gut zu Chilis. Man kann frijoles refritos *auch für Dips oder als Belag für* tostadas *oder ausgebackenes indianisches Brot (Rezept siehe Seite 132) verwenden.*

2 EL Schmalz oder Speckstreifen
1 l *frijoles* (Bohnengemüse, Rezept siehe Seite 171)
250 g geriebener *ranchero-* oder *Monterey-jack-*Käse (siehe Glossar)
45 g feingehackte Frühlingszwiebeln

Schmalz oder Speck in einer großen, schweren Pfanne auslassen. Nach und nach das Bohnengemüse zugeben und mit einem Kartoffelstampfer oder einer Gabel zerdrücken. Das Püree bei niedriger Temperatur etwa 1 Stunde leise köcheln und eindicken lassen. Dabei gelegentlich umrühren und nach Bedarf etwas Wasser zugeben.

Das eingedickte Bohnenpüree auf Teller verteilen und jede Portion mit 30 g geriebenem Käse und 1 Eßlöffel gehackten Frühlingszwiebeln bestreuen.

Für 8 Personen

GEMÜSE, REIS UND BOHNEN

GEMÜSE, REIS UND BOHNEN

SÜDWESTEN

Zucchini Pancakes
Zucchinipuffer

Diese farbenfrohen Leckerbissen kann man allein oder mit einer salsa *als vegetarische Beilage servieren. Man sollte aber in jedem Fall die geraspelten Zucchini gründlich abtropfen lassen.*

2 Eier, Eiweiß und Eigelb getrennt
150 g Mehl
Je ½ TL Salz und frisch gemahlener Pfeffer
1 *Anaheim*-Chilischote, geröstet, enthäutet, Scheidewände und Samen entfernt und in Würfel geschnitten (siehe Glossar)
250 g geraspelte Zucchini, gut abgetropft
1 EL Maiskeimöl

Eigelb, Mehl, Salz und Pfeffer zu einem glatten Teig verrühren. Chilischote und Zucchini unterrühren. Das Eiweiß steif schlagen und vorsichtig unterheben. Das Öl in einer beschichteten Pfanne bei mittlerer Temperatur erhitzen. Den Teig eßlöffelweise ins heiße Öl geben und die Puffer auf beiden Seiten goldbraun braten.

Für 6 Personen

SÜDWESTEN

Black Bean Torta
Schwarze-Bohnen-Torte

Dieses Gericht, das man aus schwarzen oder Pinto-Bohnen zubereiten kann, ist eine herzhafte Gemüsebeilage oder ein fleischloses Hauptgericht. Asadero (siehe Glossar) ähnelt im Geschmack dem italienischen Provolone und hat die Konsistenz einer Mozzarella; man kann ihn durch diese beiden Käsesorten ersetzen.

750 ml gekochte schwarze Bohnen
60 ml Hühnerbrühe (siehe Glossar)
1 EL Maiskeimöl
300 g feingehackte rote Zwiebeln
2 rote Paprikaschoten, Samen und Scheidewände entfernt und in Streifen geschnitten
2 Zucchini, längs halbiert und in dünne Scheiben geschnitten
2 Knoblauchzehen, fein gehackt
185 g Maiskörner
1 TL Kreuzkümmel, frisch gemahlen, ersatzweise
  ¾ TL Kreuzkümmelpulver
¼ TL Cayennepfeffer, Salz
6 Weizenmehl-Tortillas von 20 cm Durchmesser
500 ml *salsa fresca* (Rezept siehe Seite 201)
250 g geriebener *asadero*- oder *Monterey-jack*-Käse (siehe Glossar)

Den Ofen auf 190 °C vorheizen.
  Die Bohnen mit der Hühnerbrühe in einem Mixer oder in der Küchenmaschine zu einem Püree verarbeiten und beiseite stellen. Das Maiskeimöl in einer großen Pfanne bei mittlerer Temperatur erhitzen. Rote Zwiebeln, Paprikaschoten, Zucchini und Knoblauch hineingeben und unter Rühren in etwa 10 Minuten weich dünsten. Mais, Kreuzkümmel, Cayennepfeffer und Salz unterrühren und das Ganze weitere 2–3 Minuten dünsten.
  Den Boden einer geölten Springform von 20 cm Durchmesser und 7½ cm Höhe mit einer Tortilla belegen. Darauf 125 ml Bohnenpüree verstreichen und mit 125–250 g Gemüsemischung bedecken. Über das Gemüse 80 ml *salsa* verteilen und diese mit 30 g geriebenem Käse bestreuen. Mit den restlichen Zutaten ebenso verfahren und das Ganze mit geriebenem Käse abschließen.
  Die Schwarze-Bohnen-Torte für 45 Minuten in den vorgeheizten Ofen schieben, herausnehmen und 5 Minuten ruhen lassen, bevor man sie aufschneidet.

Für 10 bis 12 Personen

Von links nach rechts: *Zucchinipuffer; Schwarze-Bohnen-Torte*

GEMÜSE, REIS UND BOHNEN

Von links nach rechts: *Ausgebackene scharfe Zwiebelringe; Fritierte pikante Süßkartoffeln; Ausgebackene Maisküchlein*

COLORADO
SPICY SWEET POTATO FRIES
Fritierte pikante Süßkartoffeln

Auf seiner ersten Fahrt, die ihn zu den Westindischen Inseln führte, entdeckte Kolumbus die Süßkartoffel und brachte sie mit nach Europa. Süßkartoffeln ähneln im Geschmack und in der Konsistenz Yamswurzeln, die man ohne weiteres anstelle der Süßkartoffeln für diese südwestliche Variante der französischen Pommes frites verwenden kann. Hier die klassische Methode für die Zubereitung von Pommes frites: Man fritiert die Kartoffeln zweimal, dann werden sie von außen schön knusprig und bleiben innen weich.

1 kg Süßkartoffeln
2 l Maiskeimöl zum Ausbacken
1 EL Gewürzmischung »Südwest« (Rezept siehe Seite 196)

Die Süßkartoffeln schälen und in Streifen schneiden. In eine große Schüssel mit kaltem Wasser legen, abspülen, gut abtropfen lassen und mit Küchenpapier gründlich trockentupfen. Die Süßkartoffeln sollten so trocken wie möglich sein, damit sie nicht spritzen, wenn man sie ins heiße Öl gibt.

In einem großen, tiefen Topf das Öl bei hoher Temperatur auf 170 °C erhitzen. Zur Probe einen Brotwürfel hineingeben. Wird er innerhalb von 90 Sekunden braun, hat das Öl die richtige Temperatur erreicht. Immer nur eine kleinere Menge Kartoffeln hineingeben, damit das Fett nicht zu stark abkühlt, und in etwa 5 Minuten

GEMÜSE, REIS UND BOHNEN

PHOENIX, ARIZONA

Chili-Corn Fritters
Ausgebackene Maisküchlein

Serviert man diese leichten, schmackhaften Maisküchlein – eine Kreation von Eddie Matney, Besitzer und Küchenchef von »Eddie's Grill« in Phoenix – mit einer Ananas- oder einer anderen salsa seiner Wahl, ergeben sie eine perfekte Beilage zu Hauptgerichten, die ohne Sauce zubereitet werden. Aber auch als kleiner Snack sind sie eine Köstlichkeit.

375 g Maiskörner (etwa 5 Maiskolben)
2 Eier
2 Frühlingszwiebeln, fein gehackt
2 EL *Anaheim*-Chilischoten, geröstet, enthäutet, Samen und Scheidewände entfernt, in Würfel geschnitten (siehe Glossar)
1 Knoblauchzehe, fein gehackt
2 EL feingehacktes Koriandergrün
Je 2 TL gemahlener Koriander, frisch gemahlener Pfeffer, Zucker, Salz
75 g Weizenmehl
75 g Maismehl
$^1/_2$ TL Backpulver
Pflanzenöl zum Ausbacken
Ananas-Salsa (Rezept siehe Seite 201) oder eine andere *salsa*

Alle Zutaten, mit Ausnahme des Öls und der *salsa*, in eine Rührschüssel geben und mit der Küchenmaschine oder einem elektrischen Handrührgerät schnell zu einem Teig verrühren. Oder die Zutaten nach und nach, ohne Öl und *salsa*, in einen Mixer geben und das Ganze zu einem Teig verarbeiten. Den Teig 1 Stunde bei Zimmertemperatur ruhen lassen.
   Das Öl etwa 12 mm hoch in eine schwere Pfanne gießen und bei mittlerer Temperatur auf 190 °C erhitzen. Zur Probe einen Brotwürfel hineingeben: Ist er innerhalb von 60 Sekunden gebräunt, hat das Öl die richtige Temperatur erreicht. Den Teig eßlöffelweise ins heiße Öl geben und die Maisküchlein goldbraun und gar braten. Auf Küchenpapier abtropfen lassen und im nicht zu heißen Ofen warm stellen. Mit dem restlichen Teig ebenso verfahren. Mit der *salsa* servieren.

Ergibt 48 Stück

TEXAS

Chili Onion Rings
Ausgebackene scharfe Zwiebelringe

Chili powder und Cayennepfeffer geben den knusprigen Zwiebelringen die richtige Würze. Man kann dazu ein Chili-Ketchup (Rezept siehe Seite 189) als Dip reichen oder sie als Beilage zu Steak oder Hamburger servieren.

500 ml kalte Milch
2 große Zwiebeln, in Ringe geschnitten
250 ml Bier
150 g Mehl
$^1/_2$ TL Cayennepfeffer
$^1/_2$ TL *chili powder* (siehe Glossar)
$^1/_2$ TL Salz
Pflanzenöl zum Ausbacken

Die Milch in eine große Schüssel gießen und die Zwiebelringe darin ziehen lassen.
   In einer mittelgroßen Schüssel Bier, Mehl, Cayennepfeffer, *chili powder* und Salz zu einem glatten Teig verrühren. In einen mittelgroßen, schweren Topf oder eine Friteuse $7^1/_2$ cm hoch das Öl gießen und bei mittlerer Temperatur rauchend heiß werden lassen. Die Zwiebelringe nacheinander aus der Milch nehmen, abtropfen lassen und in den Teig tauchen. In kleineren Mengen im heißen Öl goldbraun ausbacken, damit das Öl nicht zu stark abkühlt. Auf Küchenpapier abtropfen lassen und im nicht zu heißen Ofen warm stellen. Mit den restlichen Zwiebelringen ebenso verfahren.

Für 6 Personen

etwas Farbe annehmen lassen. Mit einem Schaumlöffel oder Sieb aus dem Topf heben und auf Küchenpapier abtropfen lassen. Mit den restlichen Süßkartoffeln ebenso verfahren. Die Kartoffeln beiseite stellen und das Öl aufbewahren.
   Kurz vor dem Servieren das Öl auf 185 °C erhitzen. Zur Probe einen Brotwürfel hineingeben. Bräunt er innerhalb von 75 Sekunden, hat das Öl die richtige Temperatur erreicht. Kleinere Mengen der bereits einmal fritierten Süßkartoffeln für etwa 1 Minute ins heiße Fett geben und goldbraun werden lassen. Herausheben, auf Küchenpapier abtropfen lassen und nach Belieben mit der Gewürzmischung bestreuen. Mit den restlichen Süßkartoffeln ebenso verfahren. Sofort servieren.

Für 6 Personen

GEMÜSE, REIS UND BOHNEN

NEW MEXICO
CORN PUDDING
Maisauflauf

Dieser cremige Auflauf paßt gut zu gegrilltem Huhn oder Fleisch und ist eine schmackhafte Bereicherung für jedes Brunch-Buffet. Um dem Ganzen mehr Schärfe zu geben, kann man zusätzlich eine serrano- oder jalapeño-Chilischote zufügen. Ranchero, ein Frischkäse von krümeliger Konsistenz, gibt dem Auflauf ein unverwechselbares Aroma.

375 g gekochte Maiskörner
150 g gelbes Maismehl
125 g Butter, zerlassen
250 ml Buttermilch
300 g feingehackte Zwiebeln
2 Eier, verquirlt
½ TL Natron
250 g geriebener *ranchero*-Käse (siehe Glossar) oder Schafmilch-Cheddar
3 *New-Mexico*-Chilischoten, geröstet, enthäutet, Samen und Scheidewände entfernt und in Würfel geschnitten (siehe Glossar)

Eine 2 Liter fassende feuerfeste Form leicht mit Butter ausstreichen. Den Ofen auf 180 °C vorheizen. Den Mais in einem Mixer zu einem glatten und cremigen Püree verarbeiten.

In einer großen Schüssel Maismehl, Butter, Buttermilch, Zwiebeln, pürierten Mais, Eier und Natron miteinander verrühren. Die Hälfte der Masse in die vorbereitete Auflaufform geben, mit dem geriebenen Käse und den Chillies bestreuen und mit der restlichen Masse bedecken. Etwa 1 Stunde im Ofen backen, bis der Auflauf fest und goldbraun geworden ist. Vor dem Servieren 10 Minuten ruhen lassen.

Für 6 bis 8 Personen

SÜDWESTEN
EGGPLANT-TOMATO CASSEROLE
Auberginen mit Tomaten aus dem Ofen

Man kann bei diesem Rezept den gelben Kürbis durch Zucchini oder Gurken, die grünen Paprikaschoten durch gelbe oder rote ersetzen.

6 EL Olivenöl
300 g feingehackte Zwiebeln
2 Knoblauchzehen, fein gehackt
250 g gelber Kürbis, in Scheiben geschnitten

2 TL Salz
1 TL getrockneter oder 2 TL frischer Oregano
½ TL gemahlener Kreuzkümmel
Frisch gemahlener Pfeffer
4 lange, dünne oder 1 große, dicke Aubergine, in Scheiben geschnitten
2 grüne Paprikaschoten, Samen und Scheidewände entfernt und in 12 mm breite Streifen geschnitten
2 reife Tomaten, Samen entfernt und in Scheiben geschnitten

Den Ofen auf 180 °C vorheizen. In einer mittelgroßen Pfanne 2 Eßlöffel Olivenöl bei mittlerer Temperatur heiß werden lassen. Zwiebeln und Knoblauch hineingeben und etwa 5 Minuten anschwitzen, bis die Zwiebeln glasig sind. Die Hälfte dieser Mischung auf dem Boden einer feuerfesten Form von 2 Liter Inhalt verteilen. Die Kürbisscheiben auf dem Zwiebelbett auslegen. In einer kleinen Schüssel Salz, Oregano, Kreuzkümmel und Pfeffer vermischen. Die Kürbisscheiben mit 1 Teelöffel dieser Gewürzmischung bestreuen und mit 1 Eßlöffel Olivenöl beträufeln. Darüber die Auberginenscheiben gleichmäßig verteilen, ebenfalls mit 1 Teelöffel Gewürzmischung bestreuen und mit 1 Eßlöffel Olivenöl beträufeln. Mit einer Lage grünem Paprika abschließen, die mit den restlichen Gewürzen bestreut und mit 2 Eßlöffeln Olivenöl beträufelt wird.

Die Form mit Alufolie bedecken und das Gemüse 1 Stunde im Ofen garen lassen. Die Folie entfernen und das Gemüse mit den Tomatenscheiben belegen. Die restlichen Zwiebelwürfel darüber verteilen und ohne Folie weitere 15 Minuten backen. Sofort servieren.

Für 6 bis 8 Personen

SÜDWEST-ARIZONA
CHERRY TOMATOES SAUTÉED WITH TEQUILA
Gedünstete Cocktailtomaten mit Tequila

Dieses Gemüsegericht ist ideal »in letzter Minute« zuzubereiten und paßt zu vielen Hauptgerichten, besonders zu Eierspeisen. Hübsch sieht es aus, wenn man rote und gelbe Cocktailtomaten mischt.

2 EL Olivenöl
1 Knoblauchzehe, fein gehackt
375 g Cocktailtomaten, Stielansatz entfernt
2 EL Tequila
2 EL feingehacktes Koriandergrün
45 g Pinienkerne, geröstet (siehe Glossar)
Salz und frisch gemahlener Pfeffer

In einer schweren Pfanne das Olivenöl bei mittlerer Temperatur erhitzen. Den gehackten Knoblauch und die Tomaten hineingeben und etwa 5 Minuten dünsten, bis der Knoblauch weich, aber nicht braun ist. Den Tequila unterrühren und das Ganze 1 weitere Minute dünsten. Koriandergrün und Pinienkerne zugeben und unter Rühren noch 1 Minute dünsten. Die Tomaten mit Salz und Pfeffer abschmecken und sofort servieren.

Für 6 Personen   *Foto siehe Seite 159*

NEW MEXICO
SQUASH, CORN AND PEPPERS MEDLEY
Kürbis mit Mais und Paprika

Die Indianer haben immer schon die Samen wildwachsender Sonnenblumen gesammelt und sie im ganzen oder gemahlen für ihre Speisen verwendet. Dieses Gericht aus New Mexico ist ein gutes Beispiel für die geglückte Verschmelzung der ursprünglichen Indianer-Küche mit den Einflüssen aus der mexikanischen und der europäischen Küchentradition. Wenn man die Sahne und den Rahmkäse wegläßt und die Butter durch Distelöl ersetzt, ist das Gericht nicht ganz so kalorienreich.

Von oben nach unten: Kürbis mit Mais und Paprika; Maisauflauf

GEMÜSE, REIS UND BOHNEN

Auberginen mit Tomaten aus dem Ofen

2 EL Butter
150 g feingehackte Zwiebeln
2 Knoblauchzehen, fein gehackt
3 gelbe Kürbisse, in 6 mm dicke Scheiben geschnitten
2 reife Tomaten, in Würfel geschnitten
150 g Maiskörner
1 *poblano*-Chilischote, geröstet, enthäutet, Samen und Scheidewände entfernt und in Würfel geschnitten (siehe Glossar)
¼ TL getrockneter Oregano
1 TL frisch gemahlener Kreuzkümmel, ersatzweise 1 TL Kreuzkümmelpulver
Salz und frisch gemahlener Pfeffer
250 ml Sahne oder halb Milch, halb Sahne
¼ TL *red hot pepper sauce* (Tabasco-Sauce, siehe Glossar)
90 g Doppelrahm-Frischkäse, in Würfel geschnitten
45 g Sonnenblumenkerne

In einer schweren Pfanne die Butter bei mittlerer Temperatur zerlassen. Die Zwiebeln und den Knoblauch darin etwa 5 Minuten anschwitzen.
Den Kürbis zugeben und 5 Minuten dünsten. Tomaten, Mais, Chilischote, Oregano, Kreuzkümmel einrühren, mit Salz und Pfeffer würzen, die Hitze reduzieren und das Ganze bei niedriger Temperatur 15–20 Minuten dünsten, bis der Kürbis weich ist. Gelegentlich umrühren.
Sahne, Tabasco-Sauce und Frischkäse untermischen, unter Rühren erhitzen und den Käse schmelzen lassen. Die Sonnenblumenkerne einstreuen und servieren.

Für 6 Personen

SÜDWESTEN
HABANERO PILAF
Habanero-Pilaw

Die laternenförmige habanero *ist die schärfste unter den Chilischoten. Sie ist sogar dreißig- bis fünfzigmal schärfer als die* jalapeño. *Bei ihrer Zubereitung sollten Sie Gummihandschuhe tragen. Aus der pikanten Beilage entsteht mit gekochtem und in Würfel geschnittenem Hühner-, Schweine- oder Rindfleisch ein delikates Hauptgericht.*

2 EL Butter
125 g gehackte rote Zwiebeln
2 *habanero*-Chilischoten, Samen entfernt und fein gehackt (siehe Glossar)
½ TL zerstoßener oder ¼ TL gemahlener Kreuzkümmel
220 g Basmati-Reis
500 ml Hühnerbrühe (siehe Glossar)
375 g Tomatenwürfel ohne Samen
1 TL gehacktes Koriandergrün, Salz

In einem großen, schweren Topf die Butter bei mittlerer Temperatur zerlassen. Zwiebeln, Chillies, Kreuzkümmel und Reis zugeben und rühren, bis die Zwiebeln weich sind und der Reis glasig ist. Die Hühnerbrühe zugießen und zum Kochen bringen. Tomatenwürfel, Koriander und Salz unterrühren und den Pilaw zugedeckt bei niedriger Temperatur 20–25 Minuten köcheln lassen, bis die Flüssigkeit aufgenommen und der Reis gar ist.

Für 6 Personen   *Foto siehe Seite 9*

GEMÜSE, REIS UND BOHNEN

Im Uhrzeigersinn von links: *Gefüllte Chillies; Bohnengemüse; Mexikanischer Reis*

NEW MEXICO
CHILES RELLENOS
Gefüllte Chillies

Die Rezepte für chiles rellenos *variieren von Region zu Region. In Mexiko verwendet man zum Füllen meist* poblano-*Chilischoten, während man im Südwesten die* New Mexico green *vorzieht. Bei der klassischen Zubereitungsart werden die Schoten nur mit Käse gefüllt, bevor man sie in den Teig taucht und ausbackt. Bei diesem Rezept kommen zusätzlich Maiskörner hinein, die der Füllung Aroma und Biß geben. Wenn man es noch deftiger mag, kann man außerdem in Streifen geschnittenes Hühnerfleisch zugeben.* Chiles rellenos *schmecken mit einer grünen Chilisauce (Rezept siehe Seite 195) oder einer Tomatensauce nach Rancher-Art (Rezept siehe Seite 190), aber auch ohne Sauce sind sie ausgezeichnet.*

2 EL Pflanzenöl
150 g feingehackte Zwiebeln
2 Knoblauchzehen, fein gehackt
375 g Maiskörner, gekocht
$1/2$ TL getrockneter oder 1 TL frischer Oregano
Salz und frisch gemahlener Pfeffer
60 g saure Sahne
250 g geriebener *Monterey-jack*-Käse (siehe Glossar)
6 *New-Mexico-green-* oder *Anaheim*-Chilischoten mit Stiel, geröstet, enthäutet, vorsichtig seitlich aufgeschnitten und Samen entfernt (siehe Glossar)
3 Eier, Eiweiß und Eigelb getrennt
2 EL Mehl
$1/4$ TL Salz
$1/4$ TL Backpulver
Pflanzenöl zum Ausbacken

ebenfalls goldgelb werden lassen. Mit einem Schaumlöffel herausnehmen, auf Küchenpapier abtropfen lassen und warm stellen. Auf vorgewärmten Tellern anrichten und mit einer grünen Chilisauce oder einer Tomatensauce nach Rancher-Art servieren.

Für 6 Personen

SÜDWESTEN

FRIJOLES
Bohnengemüse

Als frijoles *– der mexikanische Name für Bohnen –, werden in der Regel gekochte Pinto-Bohnen bezeichnet, die wegen ihres gesprenkelten Aussehens so heißen. Die Bohnen sollen langsam in ungesalzenem Wasser garen, denn Salz macht ihre Haut ledrig.* Frijoles *sind eine beliebte Beilage, Grundlage für Bohnenpüree oder Belag für* tostadas *und ein wichtiger Bestandteil in der Küche des Südwestens.*

450 g getrocknete Pinto-Bohnen
1 Zwiebel, halbiert und in Scheiben geschnitten
1 Knoblauchzehe, fein gehackt
250 g Speck, in Würfel geschnitten
1 *guajillo*-Chilischote, geröstet, Stiel und Samen entfernt (siehe Glossar)
1 *chile de árbol*, geröstet, Stiel und Samen entfernt (siehe Glossar)
Salz
Geriebener *cotija*-, Cheddar oder *Monterey-jack*-Käse (siehe Glossar) zum Bestreuen (nach Belieben)

Die Bohnen verlesen und eventuell vorhandene Steinchen entfernen. In einem großen Topf etwa 5 cm hoch mit kaltem Wasser bedecken und über Nacht einweichen.

Das Einweichwasser abgießen, die Bohnen gut abspülen und abtropfen lassen. Mit Zwiebel, Knoblauch, Speck und Chilischoten zurück in den Topf geben und etwa 2½ cm hoch mit kaltem Wasser bedecken. Zum Kochen bringen, die Hitze reduzieren und die Bohnen 2–3 Stunden köcheln lassen. Sie sollen gar und die Flüssigkeit fast ganz verdampft sein. Mit Salz abschmecken. Serviert man die Bohnen als Beilage, wird jede Portion mit geriebenem Käse bestreut und sofort serviert.

Für 6 bis 8 Personen; ergibt etwa 1 Liter

SONORA-WÜSTE

MEXICAN RICE
Mexikanischer Reis

In mexikanischen Restaurants sind Reis und Bohnen Bestandteil vieler Standardgerichte, wobei die Bohnen meist als Bohnenpüree serviert werden. Hier das Rezept für das typische mexikanische Reisgericht.

60 ml Pflanzenöl
220 g weißer Langkornreis
2 EL in Würfel geschnittene rote Paprikaschote
30 g feingehackte Zwiebel
1 EL feingehackte Petersilie
75 g Tomatenmark
2 Knoblauchzehen, fein gehackt
625 ml kaltes Wasser
¾ TL Salz

Das Öl in einem großen, schweren Topf bei mittlerer Temperatur erhitzen. Den Reis hineingeben und unter ständigem Rühren etwa 5 Minuten goldgelb braten. Paprikawürfel und Zwiebel zugeben und weitere 5 Minuten rühren. Petersilie, Tomatenmark und Knoblauch kurz einrühren, Wasser und Salz zugeben und bei hoher Temperatur aufkochen lassen. Die Hitze reduzieren und den Topf mit einem Deckel fest verschließen. Den Reis 20–30 Minuten köcheln lassen, bis er gar und das Wasser ganz aufgenommen ist. Den Topf vom Herd nehmen und den Reis 10 Minuten ziehen lassen, bevor man ihn serviert.

Für 6 Personen

Das Öl in einer Pfanne bei mittlerer Temperatur erhitzen. Zwiebeln und Knoblauch darin in etwa 5 Minuten weich schwitzen. Mais, Oregano, Salz und Pfeffer zugeben und unter ständigem Rühren in etwa 2 Minuten heiß werden lassen. Die Pfanne vom Herd nehmen und die Mischung etwas abkühlen lassen. Saure Sahne und Käse unterrühren. Die Chillies mit dieser Mischung füllen und 1 Stunde kalt stellen.

In einer kleinen Schüssel das Eigelb mit Mehl, Salz und Backpulver verrühren. Das zu steifem Schnee geschlagene Eiweiß unterheben.

In eine schwere Pfanne 2½ cm hoch Öl gießen und auf 190 °C erhitzen. Zur Probe einen Brotwürfel hineingeben: Wird er innerhalb von 60 Sekunden braun, hat das Öl die richtige Temperatur erreicht. Die gefüllten Chilischoten nacheinander in den Teig tauchen und in kleineren Mengen, damit das Öl nicht zu stark abkühlt, goldgelb ausbacken. Wenden und die Chillies von der anderen Seite

GEMÜSE, REIS UND BOHNEN

SANTA FE, NEW MEXICO

STEAMED BROCCOLI WITH GREEN CHILI BUTTER
Gedämpfter Broccoli mit grüner Chili-Butter

Chili-Butter paßt hervorragend zu fast jedem frischen Gemüse. New-Mexico-green-Chilischoten haben einen recht milden Geschmack; für eine schärfere Butter sollte man poblano-Chillies verwenden.

CHILI-BUTTER

90 g Butter
¼ TL gemahlener Kreuzkümmel
2 reife Tomaten, Samen entfernt und fein gehackt
3 *New-Mexico-green*-Chilischoten, geröstet, enthäutet, Samen entfernt und fein gehackt (siehe Glossar)

2,5 kg Broccoli, geputzt, in einzelne Röschen zerteilt, gedämpft und warm gestellt
Salz und frisch gemahlener Pfeffer

Die Butter in einem großen, schweren Topf bei mittlerer Temperatur zerlassen. Sobald sie zu schäumen beginnt, zuerst den Kreuzkümmel, dann Tomaten und Chilischoten unterrühren. Die Hitze reduzieren und das Ganze heiß werden lassen. Den Broccoli vorsichtig unterheben, mit der Chili-Butter überziehen und würzen.

Für 6 Personen   *Foto siehe Seite 159*

NEW MEXICO

CALABACITAS
Kürbisgemüse

Calabacitas, wörtlich übersetzt »kleine Kürbisse«, besteht gewöhnlich aus den drei Hauptzutaten der Indianer: aus Mais, Kürbis und Chilischoten. Queso fresco (siehe Glossar) ist ein milder weißer Frischkäse, den man durch Feta ersetzen kann.

60 g Butter
60 g gehackte Zwiebel
1 Knoblauchzehe, fein gehackt
950 g Zucchini oder gelber Kürbis, in Würfel geschnitten
1 rote Paprikaschote, Samen und Scheidewände entfernt und in Würfel geschnitten
3–4 *Anaheim*-Chilischoten, geröstet, enthäutet, Samen und Scheidewände entfernt und in Würfel geschnitten (siehe Glossar)
185 g Maiskörner
1 TL Gewürzmischung »Südwest« (Rezept siehe Seite 196)
Frisch gemahlener Pfeffer
125 g *queso fresco* (siehe Glossar), zerbröckelt, oder geriebener *Monterey-jack*-Käse (siehe Glossar)

In einer großen Pfanne die Butter zerlassen. Zwiebel und Knoblauch darin 2 Minuten anschwitzen. Zucchini beziehungsweise Kürbis und Paprika zugeben und 2 Minuten dünsten. Chillies, Mais und Gewürze unterrühren und den Kürbis zugedeckt bei niedriger Temperatur in etwa 5 Minuten weich werden lassen. Mit dem Käse bestreuen und unter Rühren schmelzen lassen.

Für 6 Personen

SÜDWESTLICHE ROCKY MOUNTAINS

SAUTÉED POTATOES WITH GREEN CHILIES
Bratkartoffeln mit grünen Chillies

Diese Bratkartoffeln sind eine feine Beilage zu gegrillten Steaks oder zu Spareribs. Man kann die rote Paprikaschote durch grüne ersetzen.

60 ml Pflanzenöl
4 ungeschälte rotschalige Kartoffeln, in dünne Scheiben geschnitten
250 g rote Zwiebeln, in Würfel geschnitten
1 rote Paprikaschote, Samen und Scheidewände entfernt und in Würfel geschnitten
1 *Anaheim*-Chilischote, Samen und Scheidewände entfernt und in Würfel geschnitten
Salz und frisch gemahlener Pfeffer

In einer großen, schweren Pfanne das Öl bei mittlerer Temperatur erhitzen und die Kartoffeln darin unter ständigem Wenden in 10 Minuten weich braten. Zwiebeln und Paprika 3 Minuten mitbraten, dabei gelegentlich wenden. Die Chilischote untermischen, mit Salz und Pfeffer würzen und weitere 5 Minuten braten.

Für 6 Personen

GEMÜSE, REIS UND BOHNEN

Im Uhrzeigersinn von unten links: *Grüne Bohnen mit Pinienkernen; Kürbisgemüse; Bratkartoffeln mit grünen Chillies*

NEW MEXICO

Green Beans with Piñons
Grüne Bohnen mit Pinienkernen

Diese Bohnen schmecken heiß oder kalt zu gebratenem oder gegrilltem Fleisch. Pininenkerne geben dem Gericht Biß, während Manchego, ein ausgereifter Käse, den man in spanischen Lebensmittelläden oder in den Lebensmittelabteilungen großer Kaufhäuser findet, einen sanfteren Kontrast dazu bildet.

500 g grüne Bohnen
45 g Pinienkerne, geröstet (siehe Glossar)
60 ml Olivenöl
60 ml Rotweinessig
1 TL frischer oder ½ TL getrockneter Oregano
1 TL gehacktes Koriandergrün
1 Knoblauchzehe, fein gehackt
Salz und frisch gemahlener Pfeffer
30 g geriebener *Manchego* (siehe Glossar) oder Parmesan

Die Bohnen in kochendem Salzwasser gerade gar kochen, aber nicht zu weich werden lassen. Das Wasser abgießen und die Bohnen unter fließendem kaltem Wasser abschrecken, damit sie ihre grüne Farbe behalten. Gut abtropfen lassen.

In einer großen Pfanne Pinienkerne, Olivenöl, Essig, Oregano, Koriander und Knoblauch miteinander verrühren. Die Bohnen zugeben und bei mittlerer Temperatur unter Wenden heiß werden lassen. Mit Salz und Pfeffer abschmecken und mit geriebenem Käse bestreuen.

Für 6 Personen

Der Llano Estacado

Der Llano Estacado

Beiderseits der Grenze zwischen New Mexico und Texas erstreckt sich die südliche Fortsetzung der Great Plains, der großen Ebenen, des Herzlandes des nordamerikanischen Kontinents. Nur an dieser nordöstlichen Ecke des Südwestens, wo New Mexico an den Texas Panhandle grenzt, werden die sanft gewellten, eigentlich fast konturlosen Ebenen von den Überbleibseln Hunderter kleiner Vulkane unterbrochen. Noch weiter südlich verlieren sich die Plains in den flachen Weiten und den verwitterten, schroffen Felsabhängen des riesigen Llano Estacado.

Wörtlich aus dem Spanischen übersetzt, bedeutet *llano estacado* »abgesteckte Ebene«. Es gibt verschiedene Erklärungen für diesen Namen. So wird er von einigen damit erklärt, daß die frühen Pioniere Wasservorkommen markierten, indem sie an diesen Orten Stangen in den sonst trockenen Boden trieben; andere führen den Namen auf die in der Gegend häufigen Yucca-Palmen zurück, deren Stämme ebenfalls wie Stangen aus dem Boden ragen. Heutige Spaßvögel mögen die Benennung von den Stangen ableiten, die man derzeit im Llano findet: die Bohrtürme der Öl- und Gasquellen, die die ganze Gegend überziehen. Geologisch Orientierte wiederum weisen darauf hin, daß die zerklüfteten Klippen der Gegend an eine Palisade erinnern, die im Spanischen *estacada* heißt. Forscher der Indianerkulturen haben noch eine weitere Erklärung. Der Name könnte daher

Vorhergehende Seiten: Zarte Kornblumen wachsen in der Regenzeit in den weiten Ebenen des Texas Panhandle, einer Gegend, in der im Jahresdurchschnitt nur 40 bis 50 cm Regen fallen.
Links: Grundwasser schuf die außerirdische Schönheit der Carlsbad Caverns (Höhlen). Es sickert durch die darüberliegende Kalksteinschicht, die sich vor 250 Millionen Jahren bildete, als das südöstliche New Mexico noch vom Meer bedeckt war.

rühren, daß die Komantschen Stangen als Wegweiser für den Großen Häuptling aufgestellt haben, der der Legende nach aus dem Osten kommen würde, um sie aus der Unterdrückung zu befreien.

Vor etwa elftausend Jahren, als sich die Eiszeit ihrem Ende näherte, zogen große Herden von Bisons und Wollmammuts über diese Ebenen, und Nomadenstämme erjagten hier ihre Nahrung. Die Nachkommen dieser frühen Jäger, die Komantschen, Apachen und Kiowas, jagten bis ins 19. Jahrhundert den amerikanischen Bison, auch Büffel genannt – ein Tier, an dem es kein Teil gab, das sie nicht auf höchst ökonomische und ökologische Weise nutzten.

Bevor die Spanier das Pferd in die Neue Welt brachten, zogen sich die Indianer vermutlich Tierfelle über, um sich den tonnenschweren Bisons unauffällig nähern zu können. Sie töteten sie mit Pfeilen, von Bögen abgeschossen, die mit Sehnen aus Büffelhaut bespannt waren. Die Frauen des Stammes zerlegten die Tiere mit Werkzeugen aus den Knochen der Tiere, sie säuberten damit auch die Felle, bevor sie gegerbt wurden. Das Fleisch wurde in dünne Streifen geschnitten und in der Sonne getrocknet oder über einem Feuer aus Büffeldungfladen, der sogenannten »Präriekohle«, gegart. Ihre Büffelfleisch-Eintöpfe reicherten die Indianer mit den Innereien der Tiere – Leber, Herz, Hirn und Hoden – an und schufen so die Vorläufer der bei den Cowboys des Südwestens so beliebten *son-of-a-gun-* oder *son-of-a-bitch-*Stews.

Die Angloamerikaner, anders als die Indianer ohne Gespür für die ökologischen Zusammenhänge ihres Lebensraumes, jagten die Büffel, bis diese Ende des 19. Jahrhunderts praktisch ausgerottet waren. Auf den endlosen Weideflächen der Prärien des Llano Estacado und des Texas Panhandle ersetzten nun Schaf- und Rinderherden die Bisons. Einige Farmer schafften es auch, durch Bewässerung ihrer Felder gute Ernten zu erzielen. Dafür legten sie eine unterirdische Wasserleitung, die 400 Kilometer weit nördlich bis nach Kansas reicht. Weiter westlich in Richtung der Ausläufer der Sacramento Mountains liefern artesische Brunnen und der Pecos mit seinen Nebenflüssen – Salt Creek, Rios Hondo und Penasco – das nötige Wasser, um Mais und Bohnen, aber auch Obst anbauen zu können.

Die Art und Weise, wie man in dieser Gegend kocht, hat ihren Ursprung in der Tradition der *chuck-wagon-*Küche der Cowboys, bei der man nicht sehr wählerisch und heikel sein durfte. Der Kaffee, den man über dem Lagerfeuer braute, war so stark, daß sich der Löffel darin verbog. Man gab dafür einfach etwas gemahlenen Kaffee in einen Topf mit kochendem Wasser, wartete eine Weile, bis sich der gröbste Kaffeesatz auf dem Boden abgesetzt hatte, und goß dann das aufmunternde Gebräu in Becher.

Pinto-Bohnen wurden in großer Menge zusammen mit einem Stück Räucherspeck oder einer Schweinshaxe in einem Eisenkessel über dem Feuer gegart und eventuell noch mit einer Prise zerstoßener Chilischoten abgeschmeckt. Teig, den man mit einem Sauerteigansatz gehen ließ, kam in den *Dutch oven,* einen gußeisernen Kessel, und wurde ebenfalls über dem Feuer zu Küchlein gebacken. Die Grundlage für das *son-of-a-gun-*Stew ist ein Rindfleischeintopf, der mit großen Stücken Fleisch zubereitet und mit Innereien abgerundet wird. Daneben finden sich in der Cowboy-Küche würzige Kartoffel-Zwiebel-Kasserollen, süß-saure Marmeladen und Kompott aus getrockneten Früchten und für spezielle Gelegenheiten Kuchen, die mit aromatischem Kürbispüree oder wilden Pflaumen gefüllt sind.

Obwohl der pferdebespannte *chuck wagon* fast ganz der Vergangenheit angehört und seine Aufgabe längst von Kleinlastwagen übernommen wurde, findet man diese unverschnörkelte, auf große Portionen ausgerichtete Küche heute immer noch; selbst in den Cafés und Restaurants der Region wird diese Tradition aufrechterhalten und mit ausgefallenen

Die grünen Oasen der Salzzedern weisen darauf hin, daß es hier, inmitten der trockenen Unendlichkeit des Llano Estacado, Wasser gibt.

Die leuchtenden Farben der Sternkaktusblüte scheinen besser in die Tropen als in die trockenen Ebenen von Nord-Texas zu passen.

Gerichten nachempfunden. In Amarillo, der Stadt der riesigen Viehhöfe, wo jährlich über 600 000 Stück Vieh versteigert werden, gibt es ein Speiselokal, das den Namen »Big Texan Steak Ranch & Emporium« trägt. Seine Spezialität ist ein komplettes Abendessen, dessen Hauptgang aus einem gut zwei Kilo schweren Steak besteht. Der Gast, der es schafft, den Riesenbrocken samt Beilagen innerhalb einer Stunde wegzuputzen, muß sein Abendessen nicht bezahlen.

Kultiviertere Gaumen kommen im Llano Estacado jedoch auch auf ihre Kosten. Aus der Gegend von Lubbock mit ihren unendlich scheinenden Horizonten kommen Weine, die die Brust jedes Texaners vor Stolz schwellen lassen. So produziert die Pheasant Ridge Winery ausgezeichneten Chardonnay, Chenin Blanc, Sauvignon Blanc, Barbera und Cabernet Sauvignon. Die hochgelobte Llano Estacado Winery ist für ihren hervorragenden Chardonnay, Riesling, Chenin Blanc und ihren Cabernet, den es als Rot- und Roséwein gibt, berühmt.

Der einzig passende Kommentar dazu kann nur lauten: Prost allerseits!

Salsas, Saucen und Beilagen

Die Wüstenbewohner kennen die Vorzüge der Kaktusfeige schon seit langem. Sie verwenden in ihrer Küche sowohl die Früchte (tunas) *als auch die Sprossen* (nopales) *der Kakteen.*

SALSAS, SAUCEN UND BEILAGEN

Anfang der neunziger Jahre konnte die Südwest-Küche so etwas wie einen Triumph feiern: Der Umsatz von *salsas* in den gesamten Vereinigten Staaten überflügelte den von Tomatenketchup. Allerdings war die *salsa*-Attacke zugegebenermaßen ziemlich unfair.

Da Ketchup fast ausnahmslos unter dem Markennamen »Heinz« verkauft wird – nur wenige Amerikaner verschmähen das Standardprodukt –, hatten es die Vertreiber der in die Hunderte gehenden verschiedenen *salsa*-Sorten, für die überall in den USA und in ihrer Heimat geworben wird, leicht, sich gegen den allein auf sich gestellten Hersteller von Heinz-Ketchup zu verschwören und sein Produkt vom ersten Platz zu verdrängen.

Einigen Einwohnern von Des Moines, Portland oder Fort Lauderdale mag die Ketchup-Niederlage noch nicht zu Ohren gekommen sein, doch im Südwesten waren *salsas* immer schon die Würzsaucen der Wahl. Der Begriff *salsa* verlangt nach einer Erklärung: *Salsa* ist nichts anderes als das spanische Wort für Sauce, doch sind – das muß betont werden – nicht alle Saucen aus dem Südwesten *salsas*.

Saucen sind zumeist gekochte Mixturen, die ein fester Bestandteil eines würzigen Gerichtes sind. Beispielhaft dafür ist die mexikanische *mole*, die aus Brühe, Tomaten, Zwiebeln, bitterer Schokolade, Chillies und Gewürzen gekocht wird und der zum Andicken Tortillas, Sesamsamen, Erdnüsse oder Kürbiskerne beigegeben werden. *Mole* kann entweder als Garflüssigkeit für Fleisch oder Geflügel verwendet werden oder als begleitende Sauce zu Gegrilltem. Das Charakteristische an der *mole* ist, daß sie lange köcheln muß.

Die *salsas* des Südwestens hingegen werden in der Regel – aber nicht immer – frisch und aus rohen Zutaten zubereitet und fast ausschließlich – aber nicht immer – als Würze serviert, von der sich jeder Gast nach Belieben nimmt.

Man kann heute beliebig viele frische Zutaten kombinieren. Die gängigsten *salsas* werden aus Tomaten oder *tomatillos,* aus roten oder braunen Zwiebeln und frischem Korian-

Eine salsa *darf bei keiner Mahlzeit im Südwesten fehlen. Fast jeder Koch hat sein eigenes Rezept dafür.*

Vorhergehende Seiten, im Uhrzeigersinn von oben links: *Guacamole* (Rezept siehe Seite 191); *Gewürzmischung »Südwest«* (Rezept siehe Seite 196); *Taco-Sauce* (Rezept siehe Seite 197); *Salsa fresca* (Rezept siehe Seite 201)

Die handgefertigten Chili-Girlanden, ristras *genannt, sind Schmuck und zugleich stets griffbereite Kochzutat.*

dergrün hergestellt. Aber *salsas* werden auch aus so modisch scheinenden Zutaten wie Mangos, schwarzen Bohnen, Papayas, Zuckermais, Pfirsichen, Ananas, Kürbiskernen, Zucchini, Avocados, Melonen, Cranberries und Kaktussprossen zubereitet.

Was immer in der Mixschüssel landet: Der gemeinsame Nenner aller *salsas* ist die Chilischote, angefangen von getrockneten roten Chilischoten über milde grüne *New-Mexico-green-chiles,* feurige *jalapeños, serranos* oder *pequíns,* den höllisch scharfen *habaneros* und ihren verstandraubenden Verwandten. Ihre Präsenz rechtfertigt denn auch so beliebte *salsa*-Namen wie »Maddog« (reißender Hund), »Hellfire and Damnation« (Höllenglut und Verdammnis), »Dog's Breath« (Hundehecheln), »Across the Border Tangy Backfire« (grenzüberschreitender Schuß ins Auge), »Prairie Fire« (Präriefeuer), »Snakebite« (Schlangenbiß) und »Pistol Packin' Picante« (scharfe Pistolenladung).

Diese vielfältigen Hinweise auf die den *salsas* eigene Gefährlichkeit lassen verstehen, warum der Südweststaatler ihren Konsum als ideale Gelegenheit betrachtet, geschmackliche Verwegenheit zu demonstrieren. »Obwohl ich ein Gringo bin«, erinnert sich der Schriftsteller Tom Danehy aus Tucson, »hatte ich das Glück, in einer spanischsprachigen Gegend von Los Angeles aufzuwachsen, deshalb kenne ich *salsas* von Kindheit an. Ich hab' sie über meine Süßigkeiten und in meinen Malztrunk getan, und wenn kein Wick-Vaporub da war, hab' ich sie mir auf die Brust geschmiert. Hauptsächlich jedoch hab' ich Chips hineingetaucht. Manchmal war das das einzige, was ich tagelang gegessen habe.« Bei solcher Begeisterung kann das Ketchup natürlich keine Chance haben.

Die Präsenz von Chillies prägt auch eine der bekanntesten Spezialitäten des Südwestens: *guacamole.* Man kann es fast einen alchimistischen Vorgang nennen, wenn ein wenig kleingehackte *jalapeño*-Chilischote mit der Avocado vermischt wird, jener auf der Zunge zergehenden Gemüsefrucht, die man früher allgemein als »indianische Butter« bezeichnete. Die Mischung zähmt und verfeinert das Chili-Aroma und verleiht der eher faden Avocado mehr Charakter.

Die Beliebtheit der *salsas* hat auch dazu geführt, daß Saucen und Würzen, die von den Pionieren und Siedlern aus der Ostküstenregion mitgebracht wurden, sich dem *salsa*-Geschmack angenähert haben. Was sind Chutneys oder Gelees, die mit *jalapeños* gewürzt werden, anderes als süße und würzige *salsas,* die in größerer Menge eingemacht werden? Eine simple Vinaigrette verwandelt sich durch Zugabe von Chilischoten, Zwiebeln und Koriandergrün in eine Salat-*salsa*. Es wird auch niemanden wundern, daß die Chilischote ihren Weg in die Ketchup-Flasche gefunden hat und den Konsumenten von Pommes frites auf der Zunge beißt.

Selbst vor den klassischen Saucen der französischen Küche macht der *salsa*-Trend nicht halt. Die üppige Emulsion aus Eigelb und Butter, unter dem Namen Sauce hollandaise bekannt, bekommt einen exemplarischen südwestlichen Einschlag, wenn man frisches Koriandergrün und den Saft von Orangen zugibt, die im Valley of the Sun in Arizona gereift sind.

Auch ihre Dessert-Saucen reichern die Köche im Südwesten mit den Aromen der Region an, indem sie vielleicht eine Handvoll geröstete Pinienkerne in eine gehaltvolle Karamelsauce geben, einer warmen Schokoladensauce mit der in Mexiko üblichen Prise Zimt mehr Leben einhauchen oder aus Kaktusfeigen mit Wein eine rubinrote Fruchtsauce kochen zu Eiscreme oder Gebäck.

Für den berühmten Meisterkoch Mark Miller in Santa Fe sind die *salsas* und Saucen des Südwestens wörtlich »eine Mini-Fiesta für die Geschmacksknospen«.

SALSAS, SAUCEN UND BEILAGEN

EL PASO, TEXAS
Mexican Chocolate Sauce
Mexikanische Schokoladensauce

Seit der spanischen Kolonialzeit gehören in Mexiko die Begriffe Schokolade und Zimt unweigerlich zusammen. Diese gehaltvolle Schokoladensauce bekommt durch eine Prise Zimt ihr wunderbares Aroma, und der konzentrierte Kaffee verstärkt den Schokoladengeschmack noch einmal. Wichtig ist Schokolade bester Qualität: Je feiner ihr Aroma, desto besser schmeckt die Sauce. Sie paßt gut zu Eiscreme oder zu süßen »Tacos« (Rezept siehe Seite 216).

250 g bittere oder halbbittere Schokolade, grob zerkleinert
60 ml starker Kaffee
125 ml Sahne
¼ TL gemahlener Zimt

Die Schokoladenstückchen mit dem Kaffee in einen schweren Topf geben und bei niedriger Temperatur schmelzen lassen. Sahne und Zimt unterrühren und die Sauce heiß servieren. Die Schokoladensauce läßt sich bis zu 1 Woche im Kühlschrank aufbewahren.

Ergibt etwa 375 Milliliter

TAOS, NEW MEXICO
Caramel Sauce with Piñons
Karamelsauce mit Pinienkernen

Geröstete Pinienkerne und karamelisierter Zucker gehen in dieser Sauce eine gelungene Verbindung ein. Man kann sie zu Eiscreme, zur Mexikanischen Schokoladentorte (Rezept siehe Seite 217), zu kaltem Zitronen-»Soufflé« (Rezept siehe Seite 214) oder zum Apfelkuchen mit Jalapeño-Gelee (Rezept siehe Seite 215) servieren.

250 g Zucker
60 ml Wasser
250 ml Sahne
75 g Pinienkerne, geröstet (siehe Glossar)

Zucker und Wasser unter gelegentlichem Rühren in einem schweren Topf bei hoher Temperatur aufkochen lassen. 10–15 Minuten köcheln lassen, bis der Zucker geschmolzen ist und braun zu werden beginnt. Den Topf vom Herd nehmen und sofort die Sahne zufügen, sie soll vollständig untergerührt sein. Erst dann die Pinienkerne zugeben und die Sauce auf Zimmertemperatur abkühlen lassen. Die Karamelsauce läßt sich bis zu 1 Woche im Kühlschrank aufbewahren.

Ergibt etwa 375 Milliliter

EL PASO, TEXAS
Chile Catsup
Chili-Ketchup

Für die Zubereitung dieses kräftig gewürzten, frischen Ketchups sollte man nur voll ausgereifte Tomaten verwenden. Dieses Ketchup ist der perfekte Begleiter zu Hamburgers und Pommes frites.

1 kg vollreife Tomaten
150 g feingehackte Zwiebeln
75 g gehackte rote Paprikaschote
1 *habanero*-Chilischote, Samen entfernt und fein gehackt
1 TL Selleriesamen
1 TL Senfkörner
1 TL Kreuzkümmel
1 Zimtstange
3 EL Zucker
60 ml Weißweinessig

Linke Seite, von links nach rechts: Karamelsauce mit Pinienkernen; Mexikanische Schokoladensauce

Chili-Ketchup

½ TL Paprikapulver
¼ TL gemahlener Piment
½ TL *chili powder* (siehe Glossar)
Salz und frisch gemahlener Pfeffer

Die Tomaten vierteln, die Samen entfernen und das Fruchtfleisch in einen großen, schweren Topf geben. Zwiebeln, Paprika- und Chilischote zugeben und unter gelegentlichem Rühren bei mittlerer Temperatur zum Kochen bringen. Die Hitze reduzieren und die Tomaten im offenen Topf in etwa 20 Minuten weich werden lassen. Die Mischung im Mixer pürieren, durch ein Sieb zurück in den Topf passieren, bei mittlerer Temperatur aufkochen und ohne Deckel in etwa 1 Stunde um die Hälfte einkochen lassen.

Gewürzsamen und Zimtstange in ein Mulltuch binden, fest mit Küchengarn verschließen und zum Tomatenpüree geben. Weitere 20 Minuten leise köcheln lassen. Das Gewürzsäckchen entfernen.

Das Tomatenpüree mit Zucker, Essig, Paprikapulver, Piment und *chili powder* würzen und in etwa 30–45 Minuten auf etwa 500 ml einköcheln lassen. Mit Salz und Pfeffer abschmecken. Das Ketchup abkühlen lassen und in eine Flasche oder einen sonstigen verschließbaren Behälter füllen. Chili-Ketchup läßt sich bis zu 2 Wochen im Kühlschrank aufbewahren.

Ergibt etwa 500 Milliliter

SALSAS, SAUCEN UND BEILAGEN

SCOTTSDALE, ARIZONA

Jalapeño Chutney
Jalapeño-Chutney

Louise DeWald aus Scottsdale, Autorin der »Arizona Highways«-Kochbuchserie, verrät eines ihrer Lieblingsrezepte. Um Kalorien zu sparen, wird statt Kristallzucker Fruchtzucker (Fructose) zum Süßen verwendet. Er ist in Reformhäusern oder Naturkostläden zu bekommen. Das Jalapeño-Chutney schmeckt gut zu gegrilltem Huhn oder Fleisch, mit Crackern oder Tortilla-Chips als Snack oder zusammen mit Reis als würzige Beilage.

315 ml Apfelessig
375 g Tomaten, Samen entfernt und in Würfel geschnitten
155 g *tomatillos*, Hüllen entfernt und in Würfel geschnitten (siehe Glossar)
125 g Fruchtzucker, ersatzweise Kristallzucker
60 g Zwiebel, in Würfel geschnitten
60 g *Anaheim-* oder *New-Mexico-green-*Chilischoten, in Würfel geschnitten
45 g Rosinen
2 EL gehacktes Koriandergrün
½ EL feingehackte *jalapeño-*Chilischote
½ TL gemahlener Kreuzkümmel

Alle Zutaten bei mittlerer Temperatur zum Kochen bringen. Die Hitze reduzieren und ohne Deckel 1½–2 Stunden köcheln lassen, bis die Flüssigkeit eingekocht ist, abkühlen lassen. Man kann das Chutney zugedeckt bis zu 1 Woche im Kühlschrank aufbewahren.

Ergibt 500 Milliliter

PHOENIX, ARIZONA

Red Pepper Sauce
Rote Paprikasauce

Grüne und rote Chilischoten sind keine Sorten, sondern nur unterschiedliche Reifezustände. So sind auch die roten jalapeño- *und* serrano-*Chillies im unreifen Zustand grün. Diese farbenfrohe, aromatische Sauce schmeckt besonders gut zu der gefüllten Hühnerbrust mit Käse und Paprika (Rezept siehe Seite 106) oder zu gegrilltem Huhn oder Fleisch.*

1 Knoblauchzehe, fein gehackt
2 Schalotten, gehackt
1 rote *jalapeño-* oder *serrano-*Chilischote, in Würfel geschnitten
250 ml Hühnerbrühe (siehe Glossar)
2 rote Paprikaschoten, geröstet, enthäutet, Samen und Scheidewände entfernt und in Würfel geschnitten (siehe Glossar)
Salz und frisch gemahlener Pfeffer

Knoblauch, Schalotten, Chilischote und Hühnerbrühe in einem kleinen Topf bei hoher Temperatur aufkochen lassen. Die Hitze reduzieren und das Ganze 15 Minuten köcheln lassen. Die Mischung mit den roten Paprikaschoten im Mixer glatt pürieren. Mit Salz und Pfeffer abschmecken. Die Sauce läßt sich 2–3 Tage im voraus zubereiten. Kühl aufbewahren und vor Gebrauch wieder erhitzen.

Ergibt etwa 300 Milliliter

SONORA-WÜSTE

Ranchero Sauce
Tomatensauce nach Rancher-Art

Die gleichen Zutaten, die man für viele rohe salsas *verwendet, ergeben gekocht diese milde, sämige Sauce. Sie sollten sie zu den Eiern nach Rancher-Art (Rezept siehe Seite 115) oder der Frühstücks-Burritos (Rezept siehe Seite 102) statt Tomatensauce verwenden.*

2 EL Pflanzenöl
150 g feingehackte Zwiebeln

1 Knoblauchzehe, fein gehackt
750 g feingehackte frische Tomaten oder Tomaten aus der Dose
2 *Anaheim-*Chilischoten oder andere milde Chillies, Samen und Scheidewände entfernt und gehackt
1 TL Zucker
Salz und frisch gemahlener Pfeffer
2 EL feingehacktes Koriandergrün

Das Öl in einer großen Kasserolle bei mittlerer Temperatur erhitzen und die Zwiebeln darin 2 Minuten unter Rühren anschwitzen. Knoblauch zugeben und 2 Minuten weiterschwitzen, bis die Zwiebeln glasig sind. Tomaten, Chillies, Zucker, Salz und Pfeffer einrühren und etwa 15 Minuten köcheln lassen, bis die Sauce leicht eingedickt ist. Zum Schluß das Koriandergrün unterrühren. Die Sauce läßt sich bis zu 1 Woche im Kühlschrank aufbewahren.

Ergibt etwa 1 Liter

Im Uhrzeigersinn von oben links: *Tomatensauce nach Rancher-Art; Jalapeño-Chutney; Rote Paprikasauce*

SÜDWESTEN
GUACAMOLE
Guacamole

Guacamole, *eine vielseitig verwendbare* salsa *aus Chillies, Zwiebeln und Avocados, erfreut sich im ganzen Südwesten der USA und in Kalifornien großer Beliebtheit. Obwohl man ihn im Mixer oder in einer Küchenmaschine zubereiten kann, schmeckt er am besten, wenn er nicht ganz glatt püriert ist und noch einige Gemüsestückchen enthält. Deshalb wird das Fruchtfleisch der Avocados mit einer Gabel zerdrückt oder im Mörser zerstoßen. Guacamole dient als wohlschmeckender Dip zu Tortilla-Chips und rohem Gemüse, als Zutat für Vorspeisen mit geschichteten Tortillas, als Salat-Dressing oder als Belag für* chimichangas, tacos, enchiladas *oder* tostadas.

3 große, reife Avocados, geschält, Kern entfernt
2 EL frisch gepreßter Limonensaft
1 reife Tomate, in Würfel geschnitten
2 Frühlingszwiebeln, fein gehackt
2 *Anaheim*-Chilischoten, geröstet, enthäutet, Samen entfernt und in Würfel geschnitten (siehe Glossar)
1 *jalapeño*-Chilischote, Samen entfernt und fein gehackt
60 g saure Sahne, Salz

Die Avocados mit dem Limonensaft in einer mittelgroßen Schüssel mit einer Gabel zerdrücken. Tomate, Frühlingszwiebeln, Chillies und saure Sahne unterrühren und eventuell mit etwas Salz abschmecken. Falls der *guacamole* nicht sofort serviert wird, gibt man, damit er nicht seine Farbe verliert, einen Avocadokern hinein und stellt ihn zugedeckt kalt.

Ergibt etwa 375 Gramm   *Foto siehe Seite 184*

SALSAS, SAUCEN UND BEILAGEN

Oben links: *Jalapeño-Gelee;* oben rechts: *Kaktusfeigengelee;* unten links: *Margarita-Marmelade*

ARIZONA
PRICKLY PEAR JELLY
Kaktusfeigengelee

Seine leuchtendrote Farbe verdankt das Gelee dem tiefroten Fruchtfleisch der frischen Kaktusfeige. Das milde, angenehme Fruchtaroma macht es zu einem köstlichen Brotaufstrich. Man kann das Gelee auch mit Rotwein verdünnen und als Sauce zu Fleisch servieren oder, mit Süßwein verdünnt, als Dessertsauce reichen.

750 g geschälte Kaktusfeigen (etwa 6 große Früchte)
500 ml Wasser
500 g Zucker
60 ml frisch gepreßter Zitronensaft (nach Belieben)
90 ml flüssiges Pektin

Zerkleinerte Kaktusfeigen und Wasser in einem schweren Topf bei hoher Temperatur zum Kochen bringen. Die Hitze reduzieren und die Früchte 15 Minuten köcheln lassen. Im Mixer oder in der Küchenmaschine zu einem glatten Püree verarbeiten.

Durch ein Sieb zurück in den Topf passieren, Zucker zugeben und aufkochen lassen. Abschmecken und eventuell etwas Zitronensaft unterrühren. Das flüssige Pektin unterrühren, aufkochen und unter Rühren etwa 1 Minute kochen lassen. In warme, sterilisierte Gläser füllen (siehe Glossar) und abkühlen lassen. Das Kaktusfeigengelee läßt sich bis zu 1 Monat im Kühlschrank aufbewahren.

Ergibt etwa 1 Liter

SÜDWESTEN
JALAPEÑO JELLY
Jalapeño-Gelee

Dieses ungewöhnliche und dekorative Gelee läßt sich auch als hübsches Gastgeschenk verwenden. Für ein schnelles, einfaches Hors d'œuvre bestreicht man einen Block Doppelrahm-Frischkäse mit Jalapeño-Gelee und umlegt ihn mit Crackern. Auch zu Lamm schmeckt dieses Gelee ausgezeichnet.

Je 150 g feingehackte rote und grüne Paprikaschoten,
    Samen und Scheidewände entfernt
90 g *jalapeño*-Chilischoten, Samen entfernt und fein gehackt
1,5 kg Zucker
375 ml Apfelessig
180 ml flüssiges Pektin

Paprikaschoten, Chillies, Zucker und Essig in einen schweren Topf füllen und unter Rühren aufkochen lassen. Wenn sich der Zucker aufgelöst hat, das Pektin zugeben und unter ständigem Rühren 1–2 Minuten kochen lassen. Den Topf vom Herd nehmen, das Gelee leicht abkühlen und etwas dick werden lassen und in warme, sterilisierte Gläser füllen (siehe Glossar). Wenn man die Gläser mit Paraffin versiegelt, hält sich das Gelee außerhalb des Kühlschranks bis zu 2 Monate. Bewahrt man es verschlossen im Kühlschrank auf, ist es 2–3 Monate haltbar.

Ergibt etwa 1,5 Liter

TUCSON, ARIZONA
MARGARITA JAM
Margarita-Marmelade

Diese Marmelade bezieht ihr Aroma – wie der mexikanische Drink – aus Limonensaft, Tequila und Triple Sec, einem Orangenlikör. Sie schmeckt gut zu Crackern mit Frischkäse und zu Mais-Muffins.

160 ml Tequila
80 ml Triple Sec
160 ml frisch gepreßter Limonensaft
2 EL geriebene Limonenschale
750 g Zucker
80 ml flüssiges Pektin

Tequila, Triple Sec, Limonensaft und -schale sowie Zucker in einem schweren Topf bei mittlerer Temperatur unter Rühren zum Kochen bringen. Sobald sich der Zucker aufgelöst hat, das Pektin zugeben und 1 Minute unter Rühren kochen lassen. Die Marmelade in warme, sterilisierte Gläser füllen und luftdicht verschließen (siehe Glossar). Bewahrt man sie verschlossen im Kühlschrank auf, ist sie bis zu 2–3 Monate haltbar.

Ergibt etwa 1 Liter

VALLEY OF THE SUN, ARIZONA
PRICKLY PEAR WINE SAUCE
Weinsauce mit Kaktusfeigen

Diese farbenfrohe, aromatische Sauce paßt hervorragend zu Desserts und gegrilltem Fleisch. Frische Kaktusfeigen werden bei uns im Sommer angeboten.

500 ml Rotwein, vorzugsweise Cabernet Sauvignon, Zinfandel oder Pinot noir
250 g Kaktusfeigen (etwa 4 Stück), geschält und in Würfel geschnitten
125 g Zucker
¼ TL frisch gemahlener schwarzer Pfeffer

Alle Zutaten in einem schweren Topf, der nicht aus Aluminium sein sollte, vermischen, unter gelegentlichem Rühren aufkochen und 10–15 Minuten um die Hälfte einkochen lassen. Dabei darauf achten, daß nichts anbrennt. Die Sauce durch ein Sieb in eine saubere Schüssel passieren und abkühlen lassen. Die Weinsauce läßt sich im Kühlschrank bis zu 1 Monat aufbewahren. Servieren Sie sie kalt zu Eiscreme oder zu Kuchen und Torten oder warm zu gegrilltem Huhn.

Ergibt etwa 325 Milliliter

Weinsauce mit Kaktusfeigen

Von links nach rechts: *Mole; Grüne Chilisauce; Rote Chilisauce*

PHOENIX, ARIZONA
MOLE
Mole

Das Wort mole *stammt aus der Azteken-Sprache und bedeutet »Mischung«. Gewöhnlich wird mit* mole *eine gehaltvolle Sauce, die Chilischoten enthält, bezeichnet. Es gibt unzählige unterschiedliche Arten von* mole, *die jedoch eines gemeinsam haben: Sie sind alle arbeitsaufwendig und zeitraubend zuzubereiten. Truthahn, Huhn oder Fleisch werden für besondere Zubereitungen langsam in* mole *gegart. Man kann die Sauce auch zu gegrilltem Geflügel oder Fleisch reichen. RoxSand Scoccos, Besitzerin und Küchenchefin des »Rox-Sand Restaurant« in Phoenix, Arizona, verrät uns ihr* mole-*Rezept. Sie serviert die Sauce zu gegrillter Schweinelende, aber auch zu Ente, Huhn oder Truthahn schmeckt sie ausgezeichnet.*

6 *ancho*-Chilischoten, gründlich gewaschen
4 EL Schmalz
45 g Sesamsamen
4 Mais-Tortillas von 15 cm Durchmesser, in 12 mm breite Streifen geschnitten
150 g feingehackte Zwiebeln
185 g gehackte Tomaten ohne Samen
20 g gehacktes Koriandergrün
1 Lorbeerblatt, zerkleinert
½ TL gemahlener Zimt
½ TL frisch gemahlener schwarzer Pfeffer
½ TL Salz
¼ TL gemahlene Nelken
½ TL gemahlener Kreuzkümmel
½ TL Cayennepfeffer
½ TL Oregano
125 g zartbittere Schokolade, zerkleinert
875 ml Hühnerbrühe (siehe Glossar)
75 g Cashewnüsse, geröstet und gehackt (siehe Glossar)

Die Chillies mit heißem Wasser bedecken und 30 Minuten darin einweichen. Vom Einweichwasser 80 ml abnehmen und beiseite stellen. Von den Chilischoten Stiele und Samen entfernen.

In einer mittelgroßen Pfanne 1 Eßlöffel Schmalz bei mittlerer Temperatur zerlassen. Die Chillies darin auf jeder Seite 30 Sekunden anschwitzen, aus der Pfanne nehmen und beiseite stellen. Die Sesamsamen hineingeben und etwa 1 Minute unter ständigem

SALSAS, SAUCEN UND BEILAGEN

NEW MEXICO
GREEN CHILI SAUCE
Grüne Chilisauce

Die New-Mexico-Chilischote, eine milde, lange Sorte, gedeiht, wie ihr Name verrät, in diesem Landstrich besonders gut. Auch sie verfärbt sich im Herbst, wenn sie ausgereift ist, wie alle Chilischoten rot. Sie wurde erstmals um die Jahrhundertwende in Anaheim, Kalifornien, gezüchtet, ist aber schärfer als die eigentlichen Anaheim-Chillies. Diese Sauce schmeckt gut zu enchiladas, Garnelen, gegrilltem Geflügel, Fisch oder Fleisch. Mit frischer Minze statt Koriander paßt sie ausgezeichnet zu Lamm.

1 *jalapeño*-Chilischote, Samen entfernt und in Würfel geschnitten
1 Knoblauchzehe, zerdrückt
20 g gehackte Frühlingszwiebeln
4 *tomatillos,* Hüllen entfernt und in Würfel geschnitten (siehe Glossar)
375 ml Hühnerbrühe (siehe Glossar)
2 *New-Mexico-green-* oder *Anaheim*-Chilischoten, geröstet, enthäutet, Samen und Scheidewände entfernt und in Würfel geschnitten (siehe Glossar)
10 g gehacktes Koriandergrün
1 EL frisch gepreßter Limonensaft
Salz und frisch gemahlener Pfeffer
1 EL Crème double

Jalapeño-Chili, Knochblauch, Frühlingszwiebeln, *tomatillos* und Hühnerbrühe in einem mittelgroßen Topf bei mittlerer Temperatur zum Kochen bringen, die Hitze reduzieren und 15–20 Minuten köcheln lassen, bis die Flüssigkeit auf 250 ml eingekocht ist. In einem Mixer oder in der Küchenmaschine mit Chillies, Koriandergrün und Limonensaft glattpürieren. Mit Salz und Pfeffer würzen. Die Crème double unterrühren und heiß servieren. Die Sauce läßt sich 1–2 Tage im Kühlschrank aufbewahren.

Ergibt etwa 375 Milliliter

NEW MEXICO
RED CHILI SAUCE
Rote Chilisauce

Diese klassische Sauce aus ausgereiften roten New-Mexico-Chillies wird für die Zubereitung von enchiladas, huevos rancheros, tamales, Suppen, Bohnen und vielen anderen Gerichten verwendet. Auch als Marinade für Steaks oder Hühnerfleisch ist sie hervorragend geeignet.

10 getrocknete *New-Mexico*-Chilischoten
1 EL Olivenöl
150 g feingehackte Zwiebeln
2 Knoblauchzehen, fein gehackt
500 ml Hühnerbrühe (siehe Glossar)
2 EL Schmalz oder Pflanzenöl
Salz

Die Chillies 3–4 Minuten bei 120 °C im Ofen rösten. In kochendes Wasser legen, mit einem kleineren Deckel beschweren und 20–30 Minuten einweichen lassen. Die Chilischoten aus dem Wasser nehmen, Stiel und Samen entfernen und das Fruchtfleisch in Streifen reißen.

Das Olivenöl in einer mittelgroßen Kasserolle bei niedriger Temperatur erhitzen. Die Zwiebeln darin in etwa 5 Minuten bräunen lassen. Zusammen mit den Chilischoten, dem Knoblauch und 250 ml Hühnerbrühe in einem Mixer oder in der Küchenmaschine zu einem glatten Püree verarbeiten. Durch ein Sieb passieren.

Das Schmalz oder Pflanzenöl in einer schweren Kasserolle bei mittlerer Temperatur heiß werden und das Chilipüree darin unter Rühren etwa 5 Minuten schwitzen lassen. So viel Hühnerbrühe unterrühren, bis die Sauce die gewünschte Konsistenz hat, und mit Salz abschmecken. Bis zum Gebrauch zugedeckt kalt stellen. Die Chilisauce läßt sich 2–3 Tage im Kühlschrank aufbewahren.

Ergibt etwa 500 Milliliter

Rühren leicht Farbe annehmen lassen, aus der Pfanne nehmen und beiseite stellen. 1 weiteren Eßlöffel Schmalz in der Pfanne zerlassen und die Tortilla-Streifen etwa 2 Minuten braten, bis sie weich sind.

Chilischoten, Sesamsamen, Tortilla-Streifen und 80 ml Einweichwasser in einen Mixer geben und zu einem glatten Püree verarbeiten. Beiseite stellen.

Die restlichen 2 Eßlöffel Schmalz in einer großen Pfanne bei mittlerer Temperatur zerlassen und die Zwiebeln darin in etwa 3 Minuten glasig anschwitzen. Tomaten und Koriandergrün 2 Minuten mitdünsten. Mit Lorbeerblatt, Zimt, Pfeffer, Salz, Nelken, Kreuzkümmel, Cayennepfeffer und Oregano würzen und unter ständigem Rühren 2 Minuten weiterdünsten, damit sich die Aromen entfalten können. Die Schokolade unterrühren und in etwa 2 Minuten schmelzen lassen. Hühnerbrühe und Cashewnüsse zugeben und zum Kochen bringen. Das Chilipüree unterrühren, die Hitze reduzieren und die Masse ohne Deckel 15–20 Minuten köcheln lassen, dabei gelegentlich umrühren. Die Mischung sollte leicht eingedickt sein, und die Aromen sollten sich verbunden haben. *Mole* mit gegrillter Schweinelende, Entenbrust, Huhn oder Truthahn servieren.

Ergibt etwa 750 Milliliter

SALSAS, SAUCEN UND BEILAGEN

Avocadobutter, hier mit Maisbrotstangen

SÜDWESTEN
Southwest Seasoning Mix
Gewürzmischung »Südwest«

Aus dieser Gewürzmischung lassen sich sämtliche erdigen Aromen des Südwestens herausschmecken. In nur kleineren Mengen herstellen und bald verbrauchen! Mit dieser Südwest-Mixtur kann man Fleisch und Geflügel, das gegrillt wird, einreiben, sie mit Semmelbröseln zu einer Panade vermengen oder einen Löffel davon als Würze in ein Gemüsegericht geben.

1 EL *chili powder* (siehe Glossar)
1 EL Paprikapulver
1 TL Kreuzkümmel
1 TL gemahlener Koriander
1 TL Zucker und 1 TL Salz
½ TL frisch gemahlener Pfeffer
½ TL Cayennepfeffer

Alle Zutaten im Mixer oder in einer Gewürzmühle mahlen und in einem fest verschließbaren Glas an einem kühlen, trockenen Ort bis zu 1 Monat aufbewahren.

Ergibt etwa 60 Gramm   *Foto siehe Seite 185*

VALLEY OF THE SUN, ARIZONA
Avocado Butter
Avocadobutter

Diese Butter schmeckt köstlich zu Brot, gegrilltem Fisch oder Huhn und Maiskolben. Sie behält einige Tage lang ihre appetitliche Farbe, wenn man sie, mit Frischhaltefolie bedeckt, im Kühlschrank aufbewahrt. Für besondere Anlässe kann man die weiche Butter in eine hübsche Form füllen, im Kühlschrank fest werden lassen und stürzen.

125 g Butter, zimmerwarm
90 g reife Avocado, mit der Gabel oder im Mörser zerdrückt
60 ml frisch gepreßter Zitronensaft
2 EL feingehackte glatte Petersilie
2 Knoblauchzehen, fein gehackt
1 Spritzer *red hot pepper sauce* (Tabasco-Sauce, siehe Glossar)
Salz

Alle Zutaten im Mixer oder in der Küchenmaschine vermischen. Abschmecken und in eine dekorative Schüssel oder eine hübsche Form geben. Die Avocadobutter ist, zugedeckt, bis zu 1 Woche im Kühlschrank haltbar.

Ergibt etwa 250 Gramm

SÜDWESTEN
TACO SAUCE
Taco-Sauce

Zusammen mit Hühner- oder Rindfleischstreifen ist diese relativ milde und würzige Sauce eine gute Füllung für tacos, aber auch zu gegrilltem Fleisch, Geflügel und Hamburgers ist sie ein Genuß.

750 g reife Tomaten, geviertelt
1 EL Pflanzenöl
150 g feingehackte Zwiebeln
2 große Knoblauchzehen, fein gehackt
1 TL getrockneter Oregano
1 TL gemahlener Kreuzkümmel
1 TL gemahlener Koriander
1 EL Tomatenmark
1 *jalapeño*-Chilischote, Samen entfernt und fein gehackt
2 TL Zucker
1 EL feingehacktes Koriandergrün
2 TL Rotweinessig
Salz und frisch gemahlener Pfeffer

Die Tomaten im Mixer oder in der Küchenmaschine pürieren. Das Öl in einer großen Kasserolle bei mittlerer Temperatur erhitzen. Zwiebeln und Knoblauch darin etwa 3 Minuten glasig anschwitzen. Mit Oregano, gemahlenem Kreuzkümmel und Koriander würzen und unter ständigem Rühren 2 Minuten weiterschwitzen lassen. Die restlichen Zutaten unterrühren, die Hitze reduzieren und die Sauce 15–20 Minuten köcheln lassen, bis sie eingedickt ist. Dabei gelegentlich umrühren. Abkühlen lassen und zugedeckt kalt stellen. Die Taco-Sauce läßt sich bis zu 1 Woche im Kühlschrank aufbewahren.

Ergibt etwa 500 Milliliter   *Foto siehe Seite 185*

PHOENIX, ARIZONA
ORANGE-CILANTRO HOLLANDAISE
Orangen-Koriandergrün-Hollandaise

Diese aromatische Variante der klassischen Sauce hollandaise schmeckt hervorragend, wenn man sie auf ein aufgeschnittenes Jalapeño-Brötchen (Rezept siehe Seite 141) gibt, das mit geräuchertem Lachs oder einem pochierten Ei – etwa einem »Ei Benedict« nach südwestlicher Art – belegt wurde. Gekochter frischer Stangenspargel – weiß und grün – mit einer Orangen-Koriandergrün-Hollandaise ergibt eine elegante Vorspeise.

250 ml frisch gepreßter Orangensaft
4 Schalotten, fein gehackt
2 Eigelb
180 g Butter, zerlassen und warm
2 TL geriebene Orangenschale
10 g feingehacktes Koriandergrün
Salz und frisch gemahlener Pfeffer

Orangensaft und Schalotten in einem kleinen Topf bei mittlerer Temperatur stark einkochen lassen. In einer Schüssel, die nicht aus Aluminium sein sollte, das Eigelb verquirlen. Die Reduktion aus Orangensaft und Schalotten unterrühren. Die Schüssel in ein nicht zu heißes Wasserbad stellen und das Eigelb in 3–5 Minuten zu einer dicken, hellgelben Masse aufschlagen. Aus dem Wasserbad nehmen und nach und nach die flüssige Butter unterrühren. Falls die Sauce zu dick geworden ist, ein paar Tropfen heißes Wasser zufügen. Orangenschale und Koriandergrün unterrühren, mit Salz und Pfeffer abschmecken und sofort servieren. Man kann die Hollandaise 1–2 Stunden in einer Thermosflasche warm halten, die vorher mit heißem Wasser ausgespült und gründlich abgetrocknet wurde.

Ergibt etwa 250 Milliliter

Orangen-Koriandergrün-Hollandaise

SALSAS, SAUCEN UND BEILAGEN

SONORA-WÜSTE, ARIZONA
Cilantro-Citrus Vinaigrette
Koriandergrün-Zitrus-Vinaigrette

Die Kombination unterschiedlicher Zitrussäfte macht diese Sauce vielseitig verwendbar: Man kann sie über gedämpftes Gemüse geben, einen grünen Blattsalat damit anrichten, als Marinade für Gemüse oder Geflügel oder als Dip für Avocados, Tomaten und Zitrusfrüchte verwenden. Falls achiote- (Annatto-)Samen nicht erhältlich sind, kann man die Vinaigrette auch ohne sie zubereiten. Sie wird dann allerdings nicht den typischen, kräftig orangefarbenen Ton haben.

80 ml Pflanzenöl
1 EL *achiote-* (Annatto-)Samen (in Spezialgeschäften erhältlich, siehe Glossar)
1 rote *serrano-*Chilischote, Samen entfernt und fein gehackt
1 Knoblauchzehe, fein gehackt
2 Frühlingszwiebeln, fein gehackt
1 EL feingehacktes Koriandergrün
1 EL frisch gepreßter Zitronensaft
1 EL frisch gepreßter Limonensaft
1 EL Orangensaft
Salz und frisch gemahlener Pfeffer

Pflanzenöl und Annatto-Samen in einen kleinen Topf geben und das Öl in etwa 5 Minuten bei mittlerer Temperatur eine kräftig orangene Farbe annehmen lassen. Dabei umrühren. Den Topf vom Herd nehmen, das Öl durch ein Sieb in eine saubere Schüssel gießen und abkühlen lassen.

Chilischote, Knoblauch, Frühlingszwiebeln, Koriandergrün und die Zitrussäfte in einer kleinen Schüssel miteinander verrühren. Nach und nach das abgekühlte Öl unterrühren und mit Salz und Pfeffer abschmecken. Die Vinaigrette läßt sich bis zu 2 Wochen im Kühlschrank aufbewahren.

Ergibt etwa 180 Milliliter

SEDONA, ARIZONA
Spicy Cucumber Dressing
Würziges Gurken-Dressing

Dieses fettarme, leicht bekömmliche Dressing paßt ausgezeichnet zu pochiertem oder gegrilltem Fisch, zu Blattsalaten oder als Dip zu rohem Gemüse. Man sollte für diese Zubereitung möglichst Freilandgurken verwenden, weil sie ein kräftigeres Aroma haben als Treibhausware.

100 g geschälte, feingehackte Salatgurke, Samen entfernt
2 EL feingehackter frischer Dill
1 TL feingehackte *jalapeño-*Chilischote
3 Knoblauchzehen
2 EL frisch gepreßter Zitronensaft
375 g fettarmer Joghurt
2 EL Olivenöl
Salz und frisch gemahlener Pfeffer

Gurke, Dill, Chili und Knoblauch im Mixer zu einer glatten, cremigen Sauce aufschlagen. In eine Schüssel füllen und die restlichen

Von links nach rechts: *Koriandergrün-Zitrus-Vinaigrette; Würziges Gurken-Dressing*

Grüne Chili-Salsa

Zutaten unterrühren. Das Gurken-Dressing läßt sich 2–3 Tage im Kühlschrank aufbewahren.

Ergibt etwa 550 Milliliter

NEW MEXICO

GREEN CHILI SALSA
Grüne Chili-Salsa

Die leicht säuerliche salsa *wird aus Chillies,* tomatillos *und* nopalitos *zubereitet und schmeckt köstlich zu gegrilltem Fisch oder Geflügel, zu* quesadillas *oder Tortilla-Chips. Mit* nopalitos *(siehe Glossar) werden die fleischigen, in Streifen geschnittenen Sprossen des Feigenkaktus bezeichnet, die man bei uns in Dosen oder im Glas in Spezialgeschäften (siehe Bezugsquellenverzeichnis) bekommt. Frische* nopales *(Kaktussprossen) sind bei uns kaum erhältlich. Wer sie doch einmal bekommt, sollte zuerst vorsichtig möglichst viele Stacheln entfernen, die Sprossen anschließend etwa 15 Minuten dämpfen, mit einem scharfen Messer abschaben und dann in Streifen schneiden.*

45 g gehackte *nopalitos* (siehe Glossar)
4 *New-Mexico-green-* oder *Anaheim*-Chilischoten, geröstet, enthäutet, Samen entfernt und in Würfel geschnitten (siehe Glossar)
1 *poblano*-Chilischote, geröstet, enthäutet, Samen entfernt und in Würfel geschnitten (siehe Glossar)
Je 1 grüne und rote oder gelbe Paprikaschote, Samen und Scheidewände entfernt und in Würfel geschnitten
1 *serrano*-Chilischote, Samen entfernt und in Würfel geschnitten
30 g gehackte rote Zwiebel
90 g *tomatillos*, Hüllen entfernt und in Würfel geschnitten (siehe Glossar)
90 g gehackte Tomaten
2 EL frisch gepreßter Limonensaft
1 EL gehacktes Koriandergrün
Salz

Alle Zutaten in einer Glasschüssel bei Zimmertemperatur 30 Minuten ziehen lassen. Die *salsa* läßt sich zugedeckt bis zu 1 Woche im Kühlschrank aufbewahren.

Ergibt etwa 500 Milliliter

Im Uhrzeigersinn von links: *Kürbiskern-Salsa; Tomatillo-Salsa; Ananas-Salsa*

SONORA-WÜSTE
TOMATILLO SALSA
Tomatillo-Salsa

Tomatillos *sehen wie kleine grüne Tomaten aus, die von einem papierartigen Kelch umhüllt sind und etwas säuerlicher als Tomaten schmecken. Der in diesem Rezept verwendete Apfelsaft unterstreicht das natürliche zarte Apfelaroma der* tomatillos. *Die* salsa *paßt zu Kä*se-quesadillas, *Tortilla-Chips, gegrilltem Fisch, Geflügel oder Fleisch.*

250 g *tomatillos* (etwa 5 Stück), Hüllen entfernt und in Würfel geschnitten (siehe Glossar)
2 *Anaheim*-Chilischoten, geröstet, enthäutet, Samen und Scheidewände entfernt und in Würfel geschnitten (siehe Glossar)
1 rote Paprikaschote, geröstet, enthäutet, Samen und Scheidewände entfernt und in Würfel geschnitten (siehe Glossar)
2 Eiertomaten, in Würfel geschnitten
1 *jalapeño*-Chilischote, Samen entfernt und in Würfel geschnitten
45 g feingehackte Frühlingszwiebeln
2 Knoblauchzehen, fein gehackt
1 TL Kreuzkümmel, zu grobem Pulver zerstoßen
2 EL Apfelessig
1 EL Apfelsaft
Salz und frisch gemahlener Pfeffer

Alle Zutaten in einer Glasschüssel vermischen und 1 Stunde ziehen lassen, damit sich die Aromen verbinden können. Im Kühlschrank läßt sich die Tomatillo-Salsa bis zu 1 Woche aufbewahren.

Ergibt etwa 625 Milliliter

SALSAS, SAUCEN UND BEILAGEN

1 rote und ½ grüne Paprikaschote, Samen und Scheidewände
   entfernt und in Würfel geschnitten
150 g feingehackte rote Zwiebeln
3 EL feingehacktes Koriandergrün
1 Papaya, geschält, Samen entfernt und in Würfel geschnitten
2 EL frisch gepreßter Limonensaft
1½ TL Reisweinessig
3 Frühlingszwiebeln, fein gehackt
1 *habanero*-Chilischote, fein gehackt
1 Messerspitze Cayennepfeffer
Salz und frisch gemahlener Pfeffer

In einer großen Glasschüssel alle Zutaten vermischen und abschmecken. Die *salsa* bis zum Servieren kalt stellen. Am besten schmeckt sie, wenn man sie am Tag der Zubereitung verzehrt. Man kann sie jedoch bis zu 1 Woche im Kühlschrank aufbewahren.

Ergibt etwa 1 Liter

SANTA FE, NEW MEXICO
Pumpkin Seed Salsa
Kürbiskern-Salsa

Grüne Kürbiskerne geben dieser farbenfrohen salsa *einen besonderen Biß. Sie bildet einen interessanten geschmacklichen Kontrast, wenn man sie zu Geflügel oder Fisch serviert.*

185 g gekochte Maiskörner
280 g gehackte Tomaten
1 *New-Mexico-green-* oder *Anaheim*-Chilischote, geröstet,
   enthäutet, Samen entfernt und gehackt (siehe Glossar)
1 rote *serrano*-Chilischote, Samen entfernt und in Würfel geschnitten
2 EL frisch gepreßter Limonensaft
¼ TL gemahlener Kreuzkümmel
150 g Kürbiskerne, geröstet (siehe Glossar)
Salz und frisch gemahlener Pfeffer

In einer Schüssel, die nicht aus Aluminium sein sollte, Maiskörner, Tomaten, Chillies, Limonensaft und Kreuzkümmel vermischen. Die Kürbiskerne einstreuen. Mit Salz und Pfeffer würzen und nochmals abschmecken.

Ergibt etwa 875 Milliliter

SÜDWESTEN
Salsa Fresca
Salsa fresca

Salsa ist der neue Favorit unter den Würzen in der amerikanischen Küche. Salsa fresca, auch salsa fría, pico de gallo, salsa cruda, salsa picante und salsa Mexicana genannt, kann man milde, mittelscharf oder scharf zubereiten, je nachdem, wie viele serrano-Chillies man hineingibt. Salsa fresca paßt gut zu Chips, quesadillas, burritos, Eiergerichten oder Fleisch.

3 reife Tomaten, fein gehackt
75 g feingehackte Zwiebeln
1–3 *serrano*-Chilischoten, Samen und Scheidewände entfernt und
   fein gehackt
1 *Anaheim*-Chilischote, Samen und Scheidewände entfernt und
   fein gehackt
2 EL feingehacktes Koriandergrün
1 TL Zucker
1 EL frisch gepreßter Limonensaft
Salz und frisch gemahlener Pfeffer

Alle Zutaten in einer Schüssel, die nicht aus Aluminium sein sollte, miteinander vermischen und mindestens 1 Stunde bei Zimmertemperatur ziehen lassen. Die *salsa fresca* läßt sich im Kühlschrank bis zu 2 Wochen aufbewahren.

Ergibt etwa 375 Milliliter   *Foto siehe Seite 184*

PHOENIX, ARIZONA
Pineapple Salsa
Ananas-Salsa

Das Rezept zu dieser süßlich-pikanten salsa *stammt von Susan Fillhouer Begin, die einen Party-Service betreibt und an der Les Gourmettes Cooking School in Phoenix unterrichtet. Die Ananas-Salsa schmeckt köstlich zu gegrilltem Thunfisch, zu* quesadillas *mit Hühnerfleisch oder blauen Mais-Chips. Die* habanero *ist eine der schärfsten Chilischoten der Welt, sie ist dreißig- bis vierzigmal schärfer als* jalapeño-*Chillies. Man sollte bei ihrer Handhabung vorsichtig sein (am besten Handschuhe tragen) und sie sparsam verwenden.*

1 große Ananas, geschält, den harten Strunk entfernt und das
   Fruchtfleisch in Würfel geschnitten

DIE GRENZREGIONEN

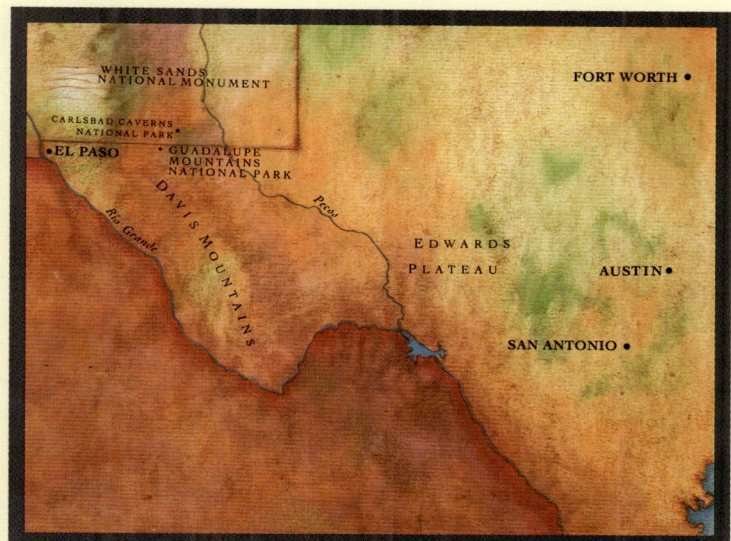

DIE GRENZREGIONEN

Auf einer Länge von fast 1300 km bildet der in vielen Windungen dahinfließende Rio Grande die Grenze zwischen Texas und Mexiko. Seine Funktion als Grenzfluß übernimmt er in El Paso, fließt an den Davis Mountains und der Sierra Madre Oriental vorbei, durch die Canyons des Big Bend National Park und die großen Stauseen von Val Verde und Zapata. Seine letzte Etappe führt ihn durch das Schwemmland des tiefer gelegenen Rio-Grande-Tals, um schließlich bei der Stadt Brownsville in den Golf von Mexiko zu münden.

In diesen Grenzregionen findet seit jeher ein reger Austausch zwischen den angloamerikanischen und den lateinamerikanischen Staaten statt. Eine Reihe größerer texanischer Städte ist mit mexikanischen Städten jenseits des schmalen Flußverlaufs verschwistert, so zum Beispiel El Paso mit Juarez, Laredo mit Nuevo Laredo und Brownsville mit Matamoros. Diese Beziehungen über die Grenzen hinweg haben der östlichsten Region des Südwestens eine einzigartige Kulturlandschaft beschert, die sich mehr als 150 km zur Mitte von Texas hinzieht und die historische Stadt San Antonio, die texanische Hauptstadt Austin und das texanische Hügelland im Westen dieser beiden Städte miteinschließt.

Demzufolge hat sich in dieser Landschaft auch eine besondere Variante der Südwest-Küche herausgebildet. Der Begriff »Tex-Mex« wird von den Texanern mit Stolz ausgesprochen, doch außerhalb der texanischen Grenzen, vor allem in Mexiko, wird die Tex-Mex-Küche eher mit Spott und Hohn bedacht und als »gastronomischer Bastard« betrachtet. Wohlmeinende verwenden den Ausdruck »Kreuzung«

Vorhergehende Seiten: *Die Missionsstation Concepcion in San Antonio, im 18. Jahrhundert erbaut, ist eine Hinterlassenschaft der Spanier, der ersten Kolonisatoren von Texas.*
Links: *Der Alamo wurde 1722 ursprünglich als Kirche errichtet und später als Festung ausgebaut, von wo aus eine Handvoll texanischer Rebellen sich 1836 im Sezessionskrieg gegen eine Übermacht von Mexikanern verteidigte.*

DIE GRENZREGIONEN

für diese Mischung aus der nordmexikanischen und der *chuck-wagon*-Küche der Cowboys, die sich der Zutaten des amerikanischen Südens bedient, aber auch die Küchentraditionen der deutschen und tschechischen Einwanderer miteinbezieht, die das Hügelland Mitte des letzten Jahrhunderts bevölkerten.

Die Einwohner des Südens der USA erheben Anspruch auf das Urheberrecht am Barbecue und an gegrillten Fleischzubereitungen, was auch ausnahmslos für die Grenzregionen gilt. Der Einfluß dieser Küche drückt sich am stärksten in den Marinaden und Saucen aus, deren Rezepte noch aus der Zeit der alten Südstaaten-Herrlichkeit stammen und in denen die Saucen mit dickem Pinsel auf die Rind- oder Schweinefleischstücke gestrichen wurden, während diese langsam vor sich hin garten. Auch die texanischen Cowboys und ihre südlich der Grenze tätigen Kollegen, die *caballeros,* haben sich Verdienste um die Küche der Grenzregionen erworben. Was gibt es Einfacheres, als ein Stück Fleisch direkt draußen in der Prärie über einem offenen Lagerfeuer zu grillen? Doch spielten Mittel- und Osteuropäer ebenfalls eine nicht zu übersehende Rolle: Sie brachten ihre traditionellen geräucherten Wurst- und Fleischwaren mit in das texanische Hügelland.

Das Barbecue ist jedoch mit Sicherheit die älteste hier heimische Garmethode. Vor dem Eintreffen der Europäer gab es in den Grenzregionen bereits ein buntes Gemisch von nomadisierenden Stämmen. Conchos und Chisos, Sumas und Jumanos, Tobosos und Mansos jagten vom Büffel alles, was sich an jagdbarem Wild anbot. Archäologische Funde lassen darauf schließen, daß sie das erbeutete Fleisch in Feuergruben oder auf Ästen aufgespießt über offener Flamme garten. Daneben gab es noch viele andere Einflüsse bei der Vervollkommnung des nach Rauch schmeckenden Barbecues, wie es in Texas heutzutage, mit besonderer Sorgfalt zubereitet, überall angeboten wird.

Aus der gleichen Mischtradition heraus entstand das wohl bekannteste Tex-Mex-Gericht: *Chili con carne.* Es gibt eine große Anzahl wohlbegründeter und hochwissenschaftlicher Definitionen für diesen einzigartigen Eintopf aus Fleisch, Chillies und anderen Zutaten, der entweder mit den in der Region allgegenwärtigen Pinto-Bohnen zubereitet oder von ihnen begleitet wird. Dem Journalisten Frank X. Tolbert aus Dallas, dem König des Chilis, gebührt ewiger Dank für seinen anekdotenhaften geschichtlichen Abriß »A Bowl of Red« (Eine Schüssel mit Rotem). Darin untermauert Tolbert die Theorie, daß Chili-Gerichte das erste Mal in den dreißiger Jahren des letzten Jahrhunderts von den ärmeren Bevölkerungsschichten von San Antonio zubereitet wurden. Er beruft sich dabei auf die Reisebeschreibung eines gewissen J. C. Clopper, dem auffiel, daß das wenige Fleisch, das sich eine Familie leisten konnte, »gewöhnlich zu einer Art Ragout verarbeitet wurde, zu dem man die gleiche Menge an kleingeschnittenen Pfefferschoten gab und alles zusammen schmoren ließ.«

Tolbert zitiert auch die Geschichte der Schwester Maria von Agreda, wie sie George Leonard Herter in seinem Buch »Bull Cook and Authentic Historical Recipes and Practices« (Die Rindfleisch-Küche – authentische historische Rezepte und Praktiken) erzählt. Der Überlieferung nach verfiel im frühen 17. Jahrhundert eine spanische Nonne in ihrer Abtei in Kastilien in Trance; sie erschien als wundersame Vision dem in rund 10 000 km Entfernung am Rio Grande lebenden Stamm der Jumano und predigte den christlichen Glauben. Angeblich notierte sie sich währenddessen das Rezept der Indianer für die Zubereitung von Wild oder Antilope, gelegentlich auch Bi-

Linke Seite: Wenn sie in Blüte stehen, üben die Agaven eine unwiderstehliche Anziehungskraft auf Kolibris, Fledermäuse, Schmetterlinge und verschiedene andere Insekten aus.

Unten: Die im 18. Jahrhundert in San Antonio erbaute Missionsstation San Juan mit ihrer an den Mittelmeerraum erinnernden Architektur wird heute noch als Pfarrkirche genutzt.

samratte, für das neben Zwiebeln und Tomaten auch die scharfen kleinen *chiltepín*-Chilischoten, die wild in der Gegend wuchsen, verwendet wurden. Auch wenn man der Legende um Maria von Agreda keinen rechten Glauben schenken mag, die Geschichte hat doch einen Bezug zur Realität: Die Grundzutaten für ein Chili gab es in den Grenzregionen schon lange, bevor das Gericht zum ersten Mal beschrieben wurde.

Wo immer auch die tatsächlichen Ursprünge des *Chili con carne* liegen mögen – San Antonio besitzt seine eigene Variante. Um 1880 herum war die Stadt vor allem wegen ihrer *chili queens,* ihrer Chili-Königinnen, bekannt. Wenn die Abenddämmerung hereinbrach, rollten mexikanisch-amerikanische Frauen ihre Karren auf die Plätze der Innenstadt und errichteten um ihre fahrbaren Küchen herum kleine Straßenlokale, die aus einem Tisch mit einem karierten Wachstischtuch bestanden, einigen darum herum gruppierten Stühlen, einer Lampe mit farbigem Licht und einem Holzkohlen- oder Mesquite-Feuer, über dem ein Eisenkessel mit Chili blubberte. Ebenso angenehm wie der würzige Duft ihrer Speise war der Anblick dieser Frauen: Sie trugen farbenfrohe mexikanische Kleider, an deren Ausschnitt sie sich bunte Blumensträuße gesteckt hatten.

Die *chili queens* waren bis 1943 ein fester Bestandteil des Straßenbildes San Antonios, doch dann machten neu eingeführte Hygienevorschriften ihnen das Leben so schwer, daß sie innerhalb kürzester Zeit von der Bildfläche verschwanden. Heute ehrt man sie mit einem Fest, das jährlich am Wochenende des Memorial Day stattfindet, dem »Return of the Chili Queens Festival«. Während die *chili queens* ausstarben, erwachte dank der Bemühungen von William Gebhardt ein neuer Trend zum Leben, der San Antonio Millionen von chilibegeisterten Kunden zuführte. 1896 hatte Gebhardt in der Stadt New Braunfels im texanischen Hügelland seine erste Fabrik eröffnet, in der er kommerziell *chili powder* herstellte, ein feingemahlenes Gemisch aus getrockneten Chilischoten, Oregano, Kreuzkümmel und Knoblauch. Zwölf Jahre später fing er in einem größeren Betrieb in San Antonio an, *Chili con carne* in Dosen zu produzieren. Das allbekannte »Gebhardt's Chili« war jahrzehntelang für die Mehrzahl der Amerikaner der erste, wenn auch nur wenig authentische Eindruck, den sie von der Südwest-Küche bekamen.

Eine ähnliche Erfolgs-Story, in der der Unternehmergeist eines einzelnen traditioneller Eßkultur zum landesweiten Durchbruch verhalf, beschreibt Betty Fussell, ernährungswissenschaftlich orientierte Historikerin, in ihrem umfassenden Buch »The Story of Corn« (Die Geschichte des Mais):

»1932 kaufte ein Mann namens Elmar Doolin in einem kleinen Café in San Antonio für fünf Cent ein Päckchen Mais-Chips. Er fand Gefallen an dem, was er aß, und spürte den mexikanischen Hersteller auf. Doolin kaufte für hundert Dollar das ›Rezept‹ des Mexikaners für *tortillas fritos,* zusammen mit der ›Betriebseinrichtung‹, einer alten Kartoffelpresse. Doolin gab beides an seine Mutter weiter, woraufhin Mrs. Daisy Dean Doolin und ihr Sohn begannen, täglich zehn Pfund *fritos* herzustellen, bis sie es sich leisten konnten, nach Dallas umzuziehen und ihr Geschäft zu vergrößern. Im Zweiten Weltkrieg wurden sie noch erfolgreicher, als sie mit der Firma H. W. Lay Potato Chips fusionierten und darangingen, den ewigen Hunger der Amerikaner nach Salzigem, Knusprigem und leicht Transportablem zu befriedigen.«

Viele Amerikaner, die in ihrer Jugend *Fritos Corn Chips* mümmelten, haben keine Ahnung, daß diese in San Antonio aus einem mexikanischen Rezept für *tortillas fritos* entstanden sind. Diese Chips haben im Laufe der Zeit dazu beigetragen, den Geschmack der Amerikaner auf die heute so beliebte Küche des Südwestens vorzubereiten.

Unten: Die Umgebung des Rio Grande im südwestlichen Texas ist vom Ackerbau geprägt. Hier repariert ein Farmarbeiter eine Windmühle.

Rechte Seite: El Paso ist immer schon ein wichtiges Bindeglied zwischen Mexiko und New Mexico gewesen.

DIE GRENZREGIONEN

Die alte Küche des Südwestens veränderte sich merklich, als die ersten europäischen Siedler Obst, darunter Äpfel, anpflanzten. Im südöstlichen Utah werden Äpfel direkt von der Plantage angeboten.

DESSERTS UND GETRÄNKE

Die Natur hatte schon seit jeher die Indianerstämme des Südwestens mit vielen süßen Früchten ausgestattet. Überall in der sonst öden Wüstenregion findet man in der Übergangszeit vom Sommer in den Herbst die rotleuchtenden Kaktusfeigen. Die von den spanischsprechenden Siedlern *tunas* genannten, stachelbewehrten Früchte enthalten ein vollmundiges, süßes rubinfarbenes Fruchtfleisch, das man frisch essen, aus dem man Saft pressen oder auch Sirup, Sorbet, Marmelade und Süßigkeiten gewinnen kann. Holunderbeeren, Bärentrauben und andere Wildfrüchte gehören ebenfalls seit Urzeiten zum Speiseplan der Wüsten-Ureinwohner.

Kakteen und andere Sukkulenten (Fettpflanzen), darunter die Agave und der Saguaro-Kaktus, liefern ein süßes Fruchtfleisch, das von den Indianern als Nachspeise besonders geschätzt wird. Frische Maiskörner, von Natur aus gehaltvoll und cremig, wurden mit Honig und Wasser vermischt und in frostigen Winternächten ins Freie gestellt, wo die Mischung eiscremeartig gefror.

Nüsse gehören ebenso zur traditionellen Ernährung im Südwesten. Zu ihren Vorzügen zählt nicht nur ihr zartes Aroma, sondern auch, daß sie reichlich Fett und Eiweiß liefern. An den Bergausläufern, Bächen und Canyons wächst die Schwarze Walnuß, die der Stadt Nogales ihren Namen (*nogal* = Nußbaum) gegeben hat.

Die wichtigsten nußähnlichen Früchte sind jedoch ohne Zweifel die Pinienkerne, die häufig noch mit ihrem spanischen Namen *piñones* bezeichnet werden. Sie bestehen zu rund 60 Prozent aus Fett, zu 17 Prozent aus Kohlenhydraten und zu 15 Prozent aus Eiweiß. Die milden, leicht harzig schmeckenden Kerne waren schon immer ein Grundnahrungsmittel der Hopi, der Navajos und anderer Stämme, die die Kerne samt Schale zermahlten und mit Wasser zu einer nährstoffreichen Suppe kochten, mit der man Säuglinge aufzog, deren Mütter bei der Geburt gestorben waren.

Die Indianer verdienen einen Teil ihres Lebensunterhalts immer noch mit Pinienkernen, die sie im Herbst sammeln und vielfältig verwenden: für Backwaren, Süßigkeiten und Spezialitäten. Wohin der Tourist kommt, findet er *piñon*-Krokant, *piñon*-Fudge, *piñon*-Plätzchen, *piñon*-Pfannkuchen.

Auch Obst, das hier ursprünglich nicht heimisch war, wächst heute wie selbstverständlich in den trockenen Tälern und in den hochgelegenen kühlen Bergregionen des Südwestens. Die ersten europäischen Siedler brachten Samen und Setzlinge der verschiedenen Sorten von Pfirsichen, Aprikosen und Äpfeln, die heute vor allem in Cochise County, Arizona, in Lincoln County, New Mexico, und in Gillespie County, Texas, sowie in allen höheren Lagen der Region wachsen. Es wundert daher nicht, daß Cobblers (unter einer Teigdecke gebackene Früchte) und Obstkuchen ein fester Bestandteil der Südwest-Tafel geworden sind.

Schon im 18. Jahrhundert wurden von den spanischen Missionsstationen aus bis hinein in die Sonora-Wüste von Arizona Zitrusbäume angepflanzt – Vorläufer der heute hier auf riesigen Plantagen wachsenden Zitronen-, Orangen- und Mandarinenbäume, deren Früchte mit ihren kräftigen Farben und ihrer ausgewogenen Säure Gebäck, Eiscremes, Fruchtsalate und Soufflés bereichern.

Noch nicht so lange gibt es Datteln im Südwesten; sie wurden erst 1917 eingeführt, als das Landwirtschaftsmi-

Vorhergehende Seiten, von links nach rechts: Schokoladen-Nuß-Kuchen mit Ancho-Chili (Rezept siehe Seite 218); Süße »Tacos« (Rezept siehe Seite 216)

DESSERTS UND GETRÄNKE

Eiscreme ist eine hochwillkommene Erfrischung an einem heißen Sommernachmittag im Südwesten.

nisterium einige Palmen aus arabischen Ländern kaufte und sie in der Nähe von Phoenix anpflanzte. Bald war die Stadt von Dattelpalmen-Plantagen im Ausmaß von einigen Hektar umgeben. Inzwischen mußten die meisten Bäume den Wohn- und Bürobauten weichen, aber einige der »Dattel-Ranches«, wie sie genannt wurden, existieren noch – ebenso die Vorliebe der Einwohner für klebrig-süße Dattel-Nachspeisen.

Bei den regionalen Desserts macht sich immer noch der starke spanische Einfluß bemerkbar. *Natillas,* die mexikanische Version der französischen *œufs à la neige* oder *îles flotantes,* luftig-leichte Meringen aus Eischnee auf einer Vanillesauce, gehören ebenso dazu wie die kleinen, aus Mexiko stammenden *bizcochitos,* ein mit Anis gewürztes Zuckergebäck, das sich vor allem zu Weihnachten bei spanischsprechenden Familien großer Beliebtheit erfreut und das Köche immer wieder zu eigenen Varianten und neuen Formen anregt.

Ein Dessert ist nicht nur deswegen typisch südwestlich, weil es nach einem traditionellen Rezept oder mit einheimischen Zutaten zubereitet wird. Wenn es nach den Meisterköchen von Arizona, New Mexico und Texas geht, genügt es schon, daß es einen Namen trägt, der südwestlich klingt; im Handumdrehen wird dann aus einem von weit her stammenden Rezept ein einheimisches. Füllt man aus der französischen Küche stammendes Gebäck oder Crêpes mit einer beliebigen süßen Masse, kann man, ohne seine Phantasie weiter strapazieren zu müssen, das Produkt je nach Laune *tacos, enchiladas* oder *burritos* nennen. Gibt man einen Hauch von Chili – aus botanischer Sicht eine Frucht – an einen Apfelkuchen oder an ein Schokoladen-Dessert, strömt die Kreation schon die dem Landstrich eigene, besondere Schärfe aus. Formt man importierte französische oder belgische Schokolade zu einer Chilischote oder einer Pfeilspitze, hat man auf der Stelle ein aufsehenerregendes Konfekt aus dem Südwesten.

Ebenso wie die Desserts des Südwestens vereinen die bekanntesten Getränke der Region Elemente aus der Alten und der Neuen Welt in sich. Der unter dem Namen »Margarita« überaus beliebte Cocktail wird folgendermaßen zubereitet: Man beginnt mit einem Schuß Tequila, einem mexikanischen Branntwein, destilliert aus Agavensaft *(mescal),* der mit Limonensaft aufgefüllt und mit einem Schuß Triple Sec oder Cointreau abgerundet wird. Vor allem die beiden letztgenannten Zutaten tragen dazu bei, daß der ahnungslose Trinker nicht gleich erkennt, wie hochprozentig das Gebräu tatsächlich ist.

Die Urheberschaft für den Margarita wird von vielen in Anspruch genommen, doch die überzeugendsten Argumente kann wohl ein gewisser Francisco »Pancho« Morales vorbringen, der die inzwischen klassisch gewordene Rezeptur erstmals 1942 vorstellte, als er Barkeeper in »Tommy's Place« in Juarez, der El Paso gegenüberliegenden Grenzstadt, war. Von hier aus begann der Drink seinen Siegeszug durch den Südwesten und die gesamten USA, was den Tequila alsbald zu einem der bestverkauften Spirituosen ganz Nordamerikas machte.

Doch nicht nur mit Margarita kann man eine Handvoll *nachos* oder ein paar Chips mit *guacamole* hinunterspülen, sondern auch mit Bier, das vielleicht erfrischender ist und nicht so schnell in den Kopf steigt. Bier paßt gut zu den herzhaften, würzigen Speisen der Region, weswegen die vielen Biersorten Mexikos, vor allem die aus den von Deutschen gegründeten Brauereien des texanischen Hügellandes, sich großer Beliebtheit erfreuen. In den letzten Jahrzehnten zeigte sich in vielen Städten, so auch in Santa Fe, ein neuer Trend: die Rückkehr zu kleinen Hausbrauereien. Viele Restaurants und Kneipen brauen ihr eigenes Bier, vor allem Ale und Porter, das oft mit einer Auszeichnung bedacht wird.

Die Eleganz der zeitgenössischen Südwest-Küche, ihre Aromen und feinen Saucen verlangen nach ebenbürtiger Begleitung, sprich Wein. Die regionalen Winzer haben diesen Trend der Zeit erkannt. Noch vor einiger Zeit waren die Weine aus den schon von den spanischen Missionaren angelegten Weinbergen ohne Ausdruck und gerade zur Zubereitung einer *sangría,* also zum Mischen mit Fruchtsaft und Eis, geeignet. Nachdem man jedoch wie im kalifornischen Napa Valley neueste Techniken eingeführt hat und den Weinanbau wie eine Wissenschaft betreibt, ist der Traum einiger Winzer Wirklichkeit geworden: Aus den Weinbergen, die von Mittel-Texas bis nach Lubbock County, von Las Cruces, New Mexico, bis Tucson, Arizona, vom Espanola Valley im Norden von Santa Fe bis nach Colorado Springs reichen, kommen so hervorragende Tropfen wie Chenin blanc und Riesling, Cabernet und Muscat Canellis, die jeden Gang eines Menüs im Südwesten würdig begleiten können.

Überall in den Wüstenstrichen des Südwestens wachsen Pinien. Ihre Samen, die Pinienkerne, stellten einen wichtigen Teil der Ernährung der Indianer dar.

DESSERTS UND GETRÄNKE

TUCSON, ARIZONA
Margarita Roulade
Margarita-Roulade

Der Geschmack dieses erfrischenden, leichten Desserts läßt sich variieren, indem man die Margarita-Roulade mit verschiedenen Saucen serviert: mit einer Weinsauce mit Kaktusfeigen (Rezept siehe Seite 193), einer Karamelsauce mit Pinienkernen (Rezept siehe Seite 189) oder einer Himbeersauce.

BISKUIT
4 Eier, getrennt
60 g Zucker
1 EL frisch gepreßter Limonensaft
2 TL geriebene Limonenschale
¼ TL Salz
75 g Mehl, gesiebt

ZUM TRÄNKEN
1 EL frisch gepreßter Limonensaft
2 EL Triple Sec
1 EL Tequila

LIMONENCREME
3 Eigelb
60 ml Triple Sec
2 EL Tequila
2 TL geriebene Limonenschale
2 EL frisch gepreßter Limonensaft
1 TL weiße Gelatine, in 2 EL kaltem Wasser aufgelöst
125 ml Sahne, steif geschlagen

ZUM BESTREICHEN UND BESTÄUBEN
160 ml Margarita-Marmelade (Rezept siehe Seite 193) oder Limonen-Marmelade
Puderzucker zum Bestäuben

Den Ofen auf 190 °C vorheizen. Ein Backblech von 25 × 38 cm mit Backpapier auslegen.

Von oben nach unten: Kaltes Zitronen-»Soufflé«; Margarita-Roulade

Für den Biskuit das Eigelb in einer mittelgroßen Schüssel mit einem elektrischen Handrührgerät schaumig schlagen. Nach und nach den Zucker, dann Limonensaft, -schale und das Salz unterrühren. Die Masse etwa 5 Minuten rühren, bis sie hellgelb und dick ist. In einer großen Schüssel das Eiweiß steif schlagen. Ein Drittel des Eischnees unter die Eigelbmasse heben. Ein Drittel des Mehls darüberstäuben und vorsichtig glattrühren. Dann das zweite Drittel Eischnee unterheben und wiederum mit einem Drittel Mehl verrühren. Mit dem restlichen Drittel Eischnee und Mehl ebenso verfahren. Die Masse auf dem vorbereiteten Backblech glattstreichen und in etwa 15 Minuten goldgelb backen. Aus dem Ofen nehmen und 5 Minuten abkühlen lassen.

Ein sauberes Küchentuch auf einen ausreichend großen Rost legen und die Biskuitplatte daraufstürzen. Das Papier abziehen. Die Zutaten für die Tränkflüssigkeit miteinander verrühren und den Biskuit gleichmäßig damit bestreichen. Die Teigplatte von der Breitseite aus 5 cm umschlagen und mit dem Tuch aufrollen. Den Biskuit mindestens 15 Minuten, jedoch nicht länger als 1 Stunde, vollständig auskühlen lassen.

Für die Limonencreme Eigelb, Triple Sec, Tequila, Limonenschale und -saft in einen schweren Topf geben, der nicht aus Aluminium sein sollte. Etwa 10 Minuten bei mittlerer Temperatur mit einem Schneebesen zu einer dicken und cremigen Masse aufschlagen. Die aufgelöste Gelatine unterrühren. Die Eimasse in eine Schüssel geben und diese in eine große Schüssel mit Eiswasser stellen. Die Eiercreme mit dem Schneebesen etwa 10 Minuten aufschlagen, bis sie abgekühlt ist. Die Creme unter die Schlagsahne heben und zugedeckt für etwa 30 Minuten in den Kühlschrank stellen, damit sie fest wird.

Zum Füllen die Biskuitplatte ausrollen und dünn mit Marmelade bestreichen. Darüber gleichmäßig die Limonencreme verteilen. Den Teig an der Breitseite etwa 5–7½ cm umschlagen und – diesmal ohne Tuch – wieder aufrollen. Die gefüllte Biskuitrolle in Plastikfolie wickeln und mindestens 3 Stunden, höchstens jedoch 2 Tage, kalt stellen. Kurz vor dem Servieren mit Puderzucker bestäuben und in Scheiben schneiden. Nach Wunsch mit einer Frucht- oder Karamelsauce servieren.

Für 12 Scheiben

ARIZONA
Chilled Lemon Soufflé
Kaltes Zitronen-»Soufflé«

Nach einer gutgewürzten Mahlzeit ist dieses Zitronensoufflé genau das richtige. Nach Wunsch kann man eine Karamelsauce mit Pinienkernen dazu servieren (Rezept siehe Seite 189). Mit einem echten Soufflé hat diese feine Creme nur die Form gemeinsam.

6 Blatt weiße Gelatine
4 Eier, getrennt
250 g Zucker
125 ml frisch gepreßter Zitronensaft
1½ EL geriebene Zitronenschale
375 ml Sahne
Kandierte Veilchen oder Zitronat zum Garnieren

Die Gelatine in kaltem Wasser einweichen und beiseite stellen. Den Rand einer Souffléform von 1 Liter Inhalt mit Pergamentpapier belegen, das Papier soll 5 cm über den Rand hinausstehen. Den Boden der Form und das Papier leicht mit Öl bestreichen.

Das Eigelb in einem schweren Topf bei niedriger Temperatur mit einem Schneebesen schaumig rühren. Zucker, Zitronensaft und -schale zugeben und die Masse unter ständigem Rühren etwas dick werden lassen. Die eingeweichte Gelatine ausdrücken, unterrühren und in 1–2 Minuten vollständig auflösen. Den Topf vom Herd nehmen und in eine große Schüssel mit Eiswasser stellen. Die Zitronencreme mit dem Schneebesen rühren, bis sie abgekühlt, aber noch nicht fest geworden ist.

250 ml Sahne in eine Rührschüssel geben und steif schlagen. Nicht zu lange schlagen, weil die Sahne sonst flockt. Die Sahne vorsichtig unter die kalte Zitronencreme heben.

Apfelkuchen mit Jalapeño-Gelee

Das Eiweiß in einer großen, völlig fettfreien Schüssel zu steifem Schnee schlagen. Den Eischnee unter die Zitronencreme heben. Die Mischung in die vorbereitete Form füllen und etwa 2 Stunden kalt stellen.

Das Soufflé aus der Form stürzen und den Papierstreifen entfernen. Die restliche Sahne steif schlagen, in einen Spritzbeutel mit Sternentülle füllen und die Oberfläche des Zitronensoufflés mit Sahnerosetten verzieren. Auf jede Rosette ein kandiertes Veilchen oder ein Stück Zitronat setzen.

Für 6 Personen

SEDONA, ARIZONA

APPLE TART WITH JALAPEÑO
Apfelkuchen mit Jalapeño-Gelee

Die jalapeños übertönen nicht den Geschmack dieses Kuchens, sie unterstreichen lediglich das Aroma der Äpfel und hinterlassen einen Hauch von Schärfe auf der Zunge. Man kann diesen Kuchen natürlich auch ohne jalapeño-Gelee und Chillies zubereiten; ihm fehlt dann allerdings das gewisse Etwas.

MÜRBETEIG

125 g kalte Butter, in Stücke geschnitten
235 g Mehl
3 EL Zucker
1/4 TL Salz
1 Ei
3–4 EL kaltes Wasser

FÜLLUNG

2 EL *jalapeño*-Gelee (Rezept siehe Seite 192)
500 g säuerliche Äpfel, vorzugsweise Boskop oder Granny Smith, geschält, das Kernhaus mit dem Apfelstecher ausgehoben, in Scheiben geschnitten
1 EL frisch gepreßter Zitronensaft
1 EL Zucker
1 EL Mehl
1/2 TL gemahlener Zimt
1/4 TL geriebene Muskatnuß
2 EL brauner Zucker
2 TL feingehackte *jalapeño*-Chilischote

BELAG

125 g Zucker
75 g Mehl
60 g kalte Butter, in Stücke geschnitten
90 g geriebener *Monterey-jack*-Käse (siehe Glossar)

Butter, Mehl, Zucker und Salz in die Küchenmaschine oder eine mittelgroße Schüssel geben und mit der Maschine oder 2 Messern zu einem bröseligen Teig verarbeiten. Das Ei und nur so viel Wasser zugeben, daß man einen festen Teig daraus kneten kann. Den Teig zu einer Kugel formen, in Plastikfolie wickeln und 2 Stunden oder über Nacht kalt stellen. Den Teig mit einem Nudelholz auf einer leicht bemehlten Arbeitsfläche 3 mm dick ausrollen und eine Springform von 25 cm Durchmesser damit auskleiden. Den Teigboden mehrmals mit einer Gabel einstechen.

Den Ofen auf 180 °C vorheizen. Für die Füllung den Teigboden gleichmäßig mit dem *jalapeño*-Gelee bestreichen. In einer großen Schüssel die Apfelscheiben mit dem Zitronensaft vermengen. In einer anderen Schüssel Zucker, Mehl, Zimt, Muskat und braunen Zucker miteinander vermischen und über die Äpfel streuen, gut vermengen und gleichmäßig auf dem Teigboden verteilen. Mit den feingehackten *jalapeño*-Chillies bestreuen.

Für den Belag Zucker und Mehl in einer mittelgroßen Schüssel vermischen. Die Butter mit einer Gabel oder mit dem elektrischen Rührgerät bröselig einarbeiten und den Käse untermengen.

Diese Mischung gleichmäßig über der Apfelfüllung verteilen. Den Apfelkuchen etwa 45 Minuten backen, bis der Belag goldbraun ist. Lauwarm oder zimmerwarm servieren.

Für 8 bis 10 Personen

Von links nach rechts: *Mexikanische Schokoladentorte; Schokoladen-Chimichangas*

PHOENIX, ARIZONA

COOKIE TACOS
Süße »Tacos«

Die pfefferkuchenähnlichen, aromatischen Plätzchen werden noch warm auf einem Nudelholz wie kleine tacos *geformt, mit Eiscreme oder Früchten gefüllt und mit einer Schokoladen- oder Fruchtsauce serviert. Diese »*tacos*« sehen nicht nur köstlich aus, sie schmecken auch so!*

60 g Butter
60 ml dunkler Maissirup
60 g hellbrauner Zucker
¼ TL gemahlener Ingwer
¼ TL gemahlener Zimt
90 g Mehl
Espresso-Zimt-Eis (Rezept siehe Seite 226), Mexikanische Schokoladensauce (Rezept siehe Seite 189) oder frische Früchte und Weinsauce mit Kaktusfeigen (Rezept siehe Seite 193)

Den Ofen auf 190 °C vorheizen. Ein Nudelholz gut einbuttern. Butter, Maissirup, Zucker und Gewürze in einen schweren Topf geben und unter ständigem Rühren bei mittlerer Temperatur die Butter zerlassen. Den Topf vom Herd nehmen und das Mehl unterrühren. Dabei darauf achten, daß sich keine Klümpchen bilden. Den Topf wieder auf den Herd stellen und den Teig 2 Minuten rühren.

Je Küchlein 1 Eßlöffel Teig auf ein nicht eingefettetes Backblech geben, dabei einen Abstand von mindestens 7½ cm halten. Nur ein Backblech auf einmal in den Ofen schieben und die Küchlein in etwa 6–8 Minuten goldbraun backen. Aus dem Ofen nehmen und 30–60 Sekunden abkühlen lassen. Die Küchlein vom Blech nehmen und über dem eingebutterten Nudelholz zu U-förmigen Schalen formen. Falls sie zu hart und zerbrechlich sind und sich nicht formen lassen, gibt man die Küchlein nochmals für 1–2 Minuten in den Ofen. Die Küchlein 2–3 Minuten abkühlen und hart werden lassen, dann vom Nudelholz lösen.

Jedes *taco*-Küchlein mit Espresso-Zimt-Eis füllen und mit etwas Mexikanischer Schokoladensauce beträufeln. Oder man gibt frische Früchte hinein und richtet sie auf einem Spiegel aus Weinsauce mit Kaktusfeigen an.

Für 12 bis 16 Personen   *Foto siehe Seiten 210/211*

DESSERTS UND GETRÄNKE

ZUM BESTÄUBEN

Kakao oder Puderzucker (nach Belieben)

Für den Teig Butter und Zucker in eine Rührschüssel geben und mit dem elektrischen Handrührgerät weißschaumig aufschlagen. Zimt und Vanille-Essenz unterrühren. Kakao und Mehl sieben und gründlich unter die Butter-Zucker-Mischung rühren. Den Teig zu einem Fladen formen und, falls er sehr weich ist, 30 Minuten kalt stellen.

Ein Stück Frischhaltefolie auf die Arbeitsfläche legen, darauf den Teigfladen plazieren und mit einem zweiten Stück Frischhaltefolie bedecken. Den Fladen mit einem Nudelholz zu einem Kreis von etwa 30 cm Durchmesser und einer Stärke von 3 mm ausrollen. Die obere Folie entfernen und mit Hilfe der unteren Folie in eine Tortenbodenform mit herausnehmbarem Boden und 25 cm Durchmesser heben. Die Folie abziehen und die Form mit dem Fladen auskleiden, dabei den Teig an den Boden und den Rand der Form drücken. 30 Minuten kalt stellen, bis der Teig fest geworden ist.

Den Ofen auf 190 °C vorheizen. Den Teigboden mehrmals mit einer Gabel einstechen und etwa 15 Minuten im vorgeheizten Ofen backen. Herausnehmen und abkühlen lassen.

Für die Füllung die zerkleinerte Schokolade in eine große, feuerfeste Schüssel geben. Die Sahne gerade zum Kochen bringen und über die Schokolade gießen. 3 Minuten ziehen lassen, dann umrühren, bis die Schokolade geschmolzen und die Mischung glatt ist. Die Masse auf dem abgekühlten Teigboden verstreichen. Etwa 3 Stunden kalt stellen, damit die Füllung fest werden kann. Nach Belieben mit Puderzucker oder Kakao bestäuben.

Für 16 Personen

PHOENIX, ARIZONA

Chocolate Chimichangas
Schokoladen-Chimichangas

Das Rezept für diese kleinen, mundgerechten Leckerbissen, die im wahrsten Sinne des Wortes auf der Zunge zergehen, stammt von Norman Fierros, Küchenchef in Phoenix. Durch das Ausbacken im heißen Öl schmilzt die Schokoladenfüllung in der knusprigen Tortilla-Hülle – eine sensationelle Zusammenstellung!

500 g Vollmilchschokolade mit Mandeln
16 Weizenmehl-Tortillas von 15 cm Durchmesser
Pflanzenöl zum Ausbacken
Puderzucker zum Bestäuben

Die Schokolade in 16 etwa 30 g schwere Stücke zerteilen. Die Tortillas in Form schneiden. Dafür mit einem Teigrädchen oder einem scharfen Messer die untere Kante mit den Seiten der Tortillas zu einem Viereck schneiden, die obere Hälfte spitz zulaufen lassen, so daß die Tortillas wie aufgeklappte Briefkuverts aussehen. Die Tortillas auf der Herdplatte oder über einer Gasflamme von jeder Seite etwa 30 Sekunden erhitzen und sofort in einen Plastikbeutel geben, damit sie weich bleiben.

Ein Stück Schokolade in $2^{1}/_{2}$ cm Abstand zur Unterkante auf der Tortilla plazieren. Das untere Ende der Tortilla über die Schokolade schlagen, festhalten, die rechte Seite darüberklappen, anschließend die linke. Die Tortillas zur Spitze hin zu gut verschlossenen Päckchen aufrollen und mit einem kleinen Holzspieß fixieren.

Einen großen, schweren Topf $2^{1}/_{2}$ cm hoch mit Öl füllen und bei mittlerer Temperatur auf 190 °C erhitzen. Zur Probe einen Brotwürfel hineingeben. Ist er innerhalb von 45 Sekunden braun, hat das Öl die richtige Temperatur erreicht. Die *chimichangas* in kleineren Mengen – damit das Öl nicht zu stark abkühlt – hineinlegen und in 3–5 Minuten goldgelb ausbacken. Mit einem Schaumlöffel aus dem Topf nehmen, auf Küchenpapier abtropfen lassen und den Holzspieß entfernen. Mit Puderzucker bestäuben und heiß servieren.

Ergibt 16 Stück

SAN ANTONIO, TEXAS

Mexican Chocolate Tart
Mexikanische Schokoladentorte

Wie die köstliche chocolate con leche *so wird auch dieser gehaltvolle Kuchen aus Kakao, Zimt und Sahne zubereitet. Man kann die Schokoladentorte ganz einfach garnieren, indem man sie mit einer Schablone belegt und mit Puderzucker oder Kakao bestäubt.*

TEIG

125 g Butter, zimmerwarm
125 g Zucker
$^{1}/_{2}$ TL gemahlener Zimt und 1 TL Vanille-Essenz
30 g ungesüßtes Kakaopulver
125 g Mehl

FÜLLUNG

300 g bittere oder halbbittere Schokolade, in Stücke gebrochen
300 ml Sahne

DESSERTS UND GETRÄNKE

PHOENIX, ARIZONA

FUDGE PIE WITH ANCHO CHILI
Schokoladen-Nuß-Kuchen mit Ancho-Chili

Die Chilischote in diesem ausgefallenen Kuchen unterstreicht das Schokoladenaroma aufs angenehmste und hinterläßt ein leichtes Prickeln auf der Zunge. Im Südwesten wird bevorzugt Pekannußeis dazu serviert. Wer es nicht fertig kaufen kann, reicht dem Schokoladenkuchen am besten mit Walnußeis.

MÜRBETEIG

250 g Mehl
125 g kalte Butter, in Stücke geschnitten
1 EL Zucker
1 Messerspitze Salz
Etwa 60 ml kaltes Wasser

FÜLLUNG

125 g Walnüsse, grob gehackt
1 *ancho*-Chilischote
180 g Butter
250 g bittere oder halbbittere Schokolade, in Stücke zerteilt
2 Eier
125 g Zucker
100 g brauner Zucker
1 EL Vanille-Essenz
75 g Mehl

Den Ofen auf 180 °C vorheizen. Für den Teig alle trockenen Zutaten in einer mittelgroßen Schüssel oder in der Küchenmaschine vermischen. Die Butter mit zwei Messern, einem elektrischen Handrührgerät oder in der Küchenmaschine bröselig einarbeiten. Nach und nach das Wasser zugeben, bis sich die Zutaten verbinden und der Teig sich zu einer Kugel formen läßt. Den Teig etwas flach drücken, in Klarsichtfolie wickeln und etwa 1 Stunde kalt stellen. Den Teig auf einer leicht bemehlten Arbeitsfläche ausrollen und eine Springform von 23 cm Durchmesser damit auskleiden, nochmals kalt stellen.

Für die Füllung die Walnüsse in einem kleinen Topf mit kochendem Wasser bedecken und 2–3 Minuten blanchieren. Das Wasser abgießen, die Walnüsse gut abtropfen lassen und auf ein Backblech geben. Die Nüsse im vorgeheizten Ofen etwa 10 Minuten goldbraun rösten und herausnehmen. Die Ofentemperatur auf 170 °C herunterschalten. Die Chilischote in einer kleinen Schüssel mit kochendem Wasser bedecken und etwa 30 Minuten einweichen lassen. Die Schote aus dem Wasser nehmen, Samen und Stiel entfernen und mit 1 Eßlöffel Einweichwasser im Mixer pürieren. Durch ein Sieb passieren und beiseite stellen. Butter und Schokolade im heißen Wasserbad schmelzen lassen und beiseite stellen. In einer großen Rührschüssel die Eier mit einem elektrischen Handrührgerät schaumig aufschlagen. Nach und nach den Zucker unterrühren, dann Vanille-Essenz, Chilipüree und die Schokoladen-Butter-Mischung zugeben. Zum Schluß das Mehl und die gerösteten Walnüsse unterheben.

Die Masse in die Springform geben und den Kuchen etwa 1 Stunde backen, bis die Füllung fest geworden ist.

Für 8 bis 10 Personen   *Foto siehe Seite 210*

TEXANISCHES HÜGELLAND

APRICOT-PECAN TARTLETS
Aprikosen-Pekannuß-Törtchen

Diese leckeren Törtchen sind einfach zuzubereiten. Den Teig drückt man mit den Händen in Muffin-Förmchen; man muß ihn weder ausrollen noch schneiden.

TEIG

125 g Butter, zimmerwarm
90 g Doppelrahm-Frischkäse, zimmerwarm
150 g Mehl
1–2 EL Sahne, falls erforderlich

FÜLLUNG

120 g getrocknete Aprikosen, in Würfel geschnitten
180 ml Wasser
90 g Pekannüsse, geröstet und gehackt (siehe Glossar)
60 g Zucker
2 EL Orangenmarmelade
½ TL gemahlener Zimt
½ TL gemahlene Nelken

Den Ofen auf 170 °C vorheizen. Für den Teig Butter und Frischkäse in einer kleinen Schüssel mit dem elektrischen Handrührgerät cremig aufschlagen. Das Mehl unterrühren und, falls der Teig zu trocken ist, nach und nach etwas Sahne zugeben, bis der Teig weich und geschmeidig ist. Aus dem Teig Kugeln von 2½ cm Durchmesser formen, in die Mitte von kleinen Tortelett-Förmchen geben und die Förmchen gleichmäßig damit auskleiden, kalt stellen.

Für die Füllung Aprikosen und Wasser in einem kleinen Topf zum Kochen bringen. Die Hitze reduzieren und zugedeckt 8–10 Minuten köcheln lassen, bis die Aprikosen weich sind. Das Wasser abgießen, die Aprikosen abtropfen lassen und wieder in den Topf geben. Mit Pekannüssen, Zucker, Marmelade, Zimt und Nelken gründlich verrühren.

Von oben nach unten: *Spanische Creme; Aprikosen-Pekannuß-Törtchen*

Die Füllung gleichmäßig in die Förmchen verteilen und 25–30 Minuten backen, bis der Teig goldbraun ist. Die Förmchen aus dem Ofen nehmen und auf einem Rost 10 Minuten abkühlen lassen. Die Törtchen aus den Förmchen nehmen und auf dem Rost vollkommen auskühlen lassen.

Ergibt 24 Törtchen

NEW MEXICO
NATILLAS
Spanische Creme

Diese Creme ist ein traditionelles mexikanisches Dessert. Man kann das Rezept abwandeln, indem man, bevor der Eischnee untergehoben wird, etwas Cognac oder Likör unter den Eigelbschaum rührt. Anstelle von Zimt und Rosinen kann man die natillas auch mit Schokoladenspänen oder frischen Früchten garnieren.

1 l Vollmilch
4 Eier, getrennt
45 g Mehl
185 g Zucker
¼ TL geriebene Muskatnuß
Gemahlener Zimt und Rosinen zum Garnieren

8 Förmchen von 125 ml Inhalt ausbuttern. In einer mittelgroßen Schüssel 250 ml Milch, Eigelb und Mehl miteinander verrühren und beiseite stellen.

In einem mittelgroßen Topf die restliche Milch und den Zucker bei mittlerer Temperatur aufkochen lassen. Vorsichtig 250 ml heiße Milch unter die Eigelbmischung rühren, das Ganze nach und nach zur heißen Milch in den Topf gießen und unter ständigem Rühren mit einem Schneebesen bei mittlerer Temperatur etwa 8–10 Minuten köcheln lassen, bis die Masse die Konsistenz einer weichen Creme hat. Mit Muskat würzen, mit gebuttertem Papier bedecken und abkühlen lassen.

In einer großen Schüssel das Eiweiß steif aufschlagen. Etwas Eischnee unter die abgekühlte Creme heben, nach und nach den Rest unterziehen. In die vorbereiteten Förmchen verteilen und kalt stellen. Kurz vor dem Servieren mit Zimt und Rosinen bestreuen.

Für 8 Personen

DESSERTS UND GETRÄNKE

Karamel-Creme (Rezept siehe Seite 229); Vanilleeis mit Zimtkruste

SCOTTSDALE, ARIZONA

FRIED ICE CREAM
Vanilleeis mit Zimtkruste

Dieses ausgebackene Eis wird in mexikanischen Restaurants inzwischen häufig als Dessert verlangt. Zunächst ist man neugierig darauf, und dann will man mehr von dem Eis mit dem Zimtaroma und der warmen, knusprigen Hülle.

375 ml Vanilleeis bester Qualität
4 TL gemahlener Zimt
125 g Cornflakes, zerstoßen, oder gemahlene Nüsse
375 ml Sahne
2 EL Zucker
Pflanzenöl zum Ausbacken
90 g Honig
Gemahlener Zimt und Erdbeeren zum Garnieren
 (nach Belieben)

Mit zwei Löffeln oder einem Eisportionierer die Eiscreme in 6 Kugeln von etwa 5 cm Durchmesser teilen. Zimt und 90 g Cornflakes oder Nüsse vermischen und die Eiskugeln nacheinander darin rollen, sie sollen ganz von dieser Mischung überzogen sein. Sofort auf eine mit den restlichen Cornflakes oder Nüssen bestreute Platte setzen und 2–3 Stunden ins Gefrierfach stellen, die Kugeln sollen sehr hart werden.

6 Servierschalen kalt stellen. In einer mittelgroßen Schüssel die Sahne mit dem Zucker steif schlagen und beiseite stellen. In einen mittelgroßen, schweren Topf so viel Öl gießen, daß eine Eiskugel davon bedeckt wird. Das Öl bei mittlerer Temperatur auf 200 °C erhitzen. Zur Probe einen Brotwürfel hineingeben. Bräunt er innerhalb von 45 Sekunden, hat das Öl die richtige Temperatur erreicht. Die Eiskugeln nacheinander ins heiße Öl geben und die Hülle in etwa 5 Sekunden knusprig werden lassen. Mit einem Schaumlöffel herausheben, auf Küchenpapier gut abtropfen lassen und sofort in eine gekühlte Servierschale geben.

Das Eis mit etwas Honig beträufeln, mit Zimt bestäuben, mit Schlagsahne und nach Belieben mit Erdbeeren garnieren. Sofort servieren.

Für 6 Personen

NORD-ARIZONA

CRANBERRY-PRICKLY PEAR TART
Cranberry-Kaktusfeigen-Torte

Diese leuchtendrote Torte ist eine willkommene Bereicherung für jede Festtagstafel. Sie wird aus frischen Cranberries zubereitet, ersatzweise kann man aber auch tiefgefrorene Früchte verwenden. Kaktusfeigen sind bei uns im Sommer erhältlich, man kann sie notfalls durch 125 g Himbeeren ersetzen. Aus dem Teig lassen sich auch hervorragende Kekse backen: Man gibt sie auf ein eingefettetes Backblech und läßt sie im 190 °C heißen Ofen in 7–9 Minuten goldgelb werden.

TEIG

90 g gestiftelte Mandeln
60 g Puderzucker
125 g kalte Butter, in Stücke geschnitten
½ TL Salz
1 TL Vanille-Essenz
1 Ei
150 g Mehl

FÜLLUNG

4 Kaktusfeigen, geschält
250 g Cranberries (ersatzweise Preiselbeeren)
60 ml Wasser
1 EL Grand Marnier
185 g Zucker

Für den Teig die Mandeln in die Küchenmaschine geben und grob mahlen. Den Puderzucker dazusieben und vermischen. Mit Butter, Salz, Vanille-Essenz und Ei cremig rühren. Das Mehl zugeben und schnell zu einem Teig verarbeiten. Wer den Teig nicht in der Küchenmaschine zubereitet: Die Mandeln sehr fein hacken und den Puderzucker zugeben. Mit einem Schneebesen die Butter (sie muß zimmerwarm sein), Salz, Vanille-Essenz und das Ei untermischen, zuletzt das Mehl einarbeiten. Den Teig in Klarsichtfolie wickeln und am besten über Nacht im Kühlschrank fest werden lassen. Herausnehmen, 3 mm dick ausrollen und eine Springform von 20 cm Durchmesser damit auskleiden, kalt stellen.

Für die Füllung die Kaktusfeigen in einen Mixer oder in die Küchenmaschine geben und zu einem glatten Püree verarbeiten. Durch ein Sieb passieren und beiseite stellen. Cranberries, Wasser, Grand Marnier und Zucker in einen kleinen Topf geben. Bei mittlerer Temperatur unter ständigem Rühren etwa 5 Minuten köcheln lassen, bis die Früchte zu platzen beginnen. Vom Herd nehmen, das Kaktusfeigenpüree unterrühren und abkühlen lassen.

Den Ofen auf 200 °C vorheizen. Die Früchte gleichmäßig auf dem Tortenboden verteilen, den Kuchen in den Ofen schieben und etwa 20 Minuten backen, bis der Teig goldgelb ist und die Cranberries Blasen werfen. Auf einem Rost abkühlen lassen und die Torte aus der Form nehmen.

Für 8 Personen

Rechte Seite: *Cranberry-Kaktusfeigen-Torte*

DESSERTS UND GETRÄNKE

221

Von oben nach unten: Heiße mexikanische Schokolade; Orangenbiskotten; Dattel-Streusel-Kuchen

SCOTTSDALE, ARIZONA

DATE BARS
Dattel-Streusel-Kuchen

Datteln gibt es in den Wüstengebieten das ganze Jahr hindurch. Püriert ergeben sie eine wunderbare Füllung für diesen Kuchen. Die Walnüsse kann man durch Pekannüsse ersetzen.

TEIG
60 g Instant-Haferflocken
75 g Mehl

30 g Walnüsse, geröstet und gehackt (siehe Glossar)
¼ TL Natron
125 g Butter, in 1 cm große Stücke geschnitten und kalt gestellt

FÜLLUNG
250 g Datteln, entkernt
100 g brauner Zucker
80 ml Wasser
1 TL Vanille-Essenz

Den Ofen auf 180 °C vorheizen. Ein quadratisches Backblech von 20 cm Kantenlänge mit Butter bestreichen. Haferflocken, Mehl, Walnüsse und Natron in einer Rührschüssel oder in der Küchen-

DESSERTS UND GETRÄNKE

NEW MEXICO

ORANGE BIZCOCHITOS
Orangenbiskotten

Bizcochitos sind in New Mexico eine weihnachtliche Spezialität, die man mit heißer Schokolade serviert. Traditionell werden sie lieber mit Schmalz als mit Butter zubereitet und mit Anis gewürzt. Die hier vorgestellte leichtere Version ergibt zusammen mit einem Sorbet eine erfrischende Nachspeise.

375 g Mehl
1 TL Backpulver
375 g Zucker
250 g Butter, zimmerwarm
1½ TL Anissamen, zerstoßen
2 Eier, verquirlt
2 TL Triple Sec oder Grand Marnier
½ TL geriebene Orangenschale
Je 1 EL gemahlener Zimt und Zucker

Mehl und Backpulver in eine Schüssel sieben. Den Zucker und die Butter schaumig rühren. Anis, Eier, Triple Sec beziehungsweise Grand Marnier und Orangenschale unterrühren. Nach und nach das Mehl zufügen und zu einem glatten, weichen Teig verarbeiten. Den Teig zu einem Fladen formen, in Klarsichtfolie wickeln und mindestens 2 Stunden kalt stellen. Er sollte so fest sein, daß man ihn ausrollen kann.

Den Ofen auf 190 °C vorheizen. Ein Backblech mit Backpapier belegen. Den Teig auf einer bemehlten Arbeitsfläche 6 mm dick ausrollen und Plätzchen ausstechen, möglichst mit Kaktus- oder Kojote-Ausstechern. Zimt und Zucker vermischen und das Gebäck großzügig damit bestreuen. Die Biskotten auf das Backblech setzen und 10 Minuten backen, bis sie leicht gebräunt sind. Auf einem Rost abkühlen lassen.

Ergibt etwa 24 Stück

NEW MEXICO

MEXICAN HOT CHOCOLATE
Heiße mexikanische Schokolade

Mexikanische Schokolade bekommt durch eine Prise Zimt ihr charakteristisches Aroma. Dieses köstliche Getränk ist besonders gut nach dem Skilaufen, als Morgentrunk oder als Seelentröster an einem kalten Winterabend.

45 g ungesüßtes Kakaopulver
90 g Zucker
1 TL gemahlener Zimt
1¼ l Vollmilch
125 ml Mischung aus Milch und Sahne (nach Belieben)
1 Vanilleschote, längs aufgeschlitzt, ersatzweise
    1 TL Vanille-Essenz
125 ml geschlagene Sahne
30 g halbbittere Schokolade, mit einem Sparschäler in Späne
    gehobelt

Kakao, Zucker und Zimt in einer kleinen Schüssel vermischen. In einem mittelgroßen Topf Milch und – nach Belieben – die Mischung aus Milch und Sahne miteinander verrühren. Die Vanilleschote in den Topf geben und das Ganze bei niedriger Temperatur zum Kochen bringen. Mit einem Schneebesen die Kakaomischung zugeben und unter Rühren köcheln lassen, bis alles gut miteinander vermischt ist. Die Vanilleschote entfernen. Wer anstelle der Vanilleschote eine Essenz verwendet, gibt diese ganz zum Schluß dazu.

Die heiße Schokolade in 6 Becher verteilen und auf jede Portion 2 Eßlöffel Schlagsahne und etwa 2 Teelöffel Schokoladenspäne geben.

Für 6 Personen

maschine vermischen, die Butter zugeben und das Ganze mit zwei Messern, einem elektrischen Handrührgerät oder in der Küchenmaschine zu einem bröseligen Teig verarbeiten. Die Hälfte des Teigs mit den Händen auf das vorbereitete Backblech drücken, die andere Hälfte beiseite stellen.

Die Zutaten für die Füllung in einem kleinen Topf unter Rühren zum Kochen bringen. Die Hitze reduzieren und 3–5 Minuten köcheln lassen, bis sich der Zucker aufgelöst hat. Die Mischung im Mixer glattpürieren und auf dem Teigboden verstreichen. Den restlichen Teig als Streusel darüber verteilen. Den Kuchen 25–30 Minuten backen, bis die Streusel goldbraun sind. Auf dem Blech abkühlen lassen.

Ergibt 16 Stück

DALLAS, TEXAS
Banana Tacos with Papaya and Strawberry Salsas
Bananen-Crêpes mit Papaya- und Erdbeer-Salsa

Von Dean Fearing, dem innovativen jungen Küchenchef des »Mansion on Turtle Creek« in Dallas, stammt das Rezept zu diesem großartigen Dessert. Die einzelnen Komponenten dieser Nachspeise lassen sich auch anderweitig einsetzen: Die salsas schmecken hervorragend zu Eis oder Creme, die glasierten Bananen kann man ohne weitere Beilagen servieren, und die Crêpes sind auch mit jeder anderen Füllung denkbar. Statt der Crêpes kann man auch dünne Weizenmehl-Tortillas (Rezept siehe Seite 137) zubereiten oder fertig kaufen. Sie werden in der heißen Pfanne ohne Fett weich.

CRÊPES

280 g Mehl
2 EL Zucker
1 Prise Salz
500 ml Milch
4 große Eier, verquirlt
4 große Eigelb, verquirlt
125 g zerlassene heiße Butter
60 ml Cognac

GLASIERTE BANANEN

125 g Butter
220 g brauner Zucker
2 EL frisch gepreßter Orangensaft
2 EL Grand Marnier
6 Bananen, geschält und in Scheiben geschnitten

GRAND-MARNIER-SAUCE

5 große Eigelb
125 g Zucker
3 EL Grand Marnier

ERDBEER-SALSA

250 g Erdbeeren, gewaschen und Stielansatz entfernt
3 EL brauner Zucker

PAPAYA-SALSA

1 Papaya, geschält, halbiert und die Samen entfernt
3 EL Zucker
1 TL gemahlener Zimt

Für die Crêpes Mehl, Zucker und Salz in einer großen Schüssel vermischen. Nach und nach Milch, Eier und Eigelb zugeben und zu einem glatten Teig verrühren. Butter und Cognac unterrühren und den Teig 15–20 Minuten ruhen lassen.

Für die glasierten Bananen Butter und braunen Zucker in einem kleinen Topf bei mittlerer Temperatur etwa 3 Minuten rühren, bis sich der Zucker aufgelöst hat. Orangensaft und Grand Marnier unterrühren und 5 Minuten köcheln lassen. Den Topf vom Herd nehmen und die Bananenscheiben unterheben.

Für die Grand-Marnier-Sauce das Eigelb mit dem Zucker im heißen Wasserbad in etwa 10 Minuten zu einer dickschaumigen Masse aufschlagen oder so lange, bis ein Häufchen des dicken Schaums etwa 3 Sekunden auf der Oberfläche liegenbleibt. Vom Herd nehmen und etwas abkühlen lassen. Den Grand Marnier unterrühren.

Für die Erdbeer-*salsa* die Hälfte der Erdbeeren in etwa 6 mm große Würfel schneiden, die andere Hälfte mit dem braunen Zucker im Mixer pürieren. Das Erdbeerpüree mit den Erdbeerwürfeln vermischen.

Für die Papaya-*salsa* eine Hälfte der Frucht in etwa 6 mm große Würfel schneiden, die andere Hälfte zusammen mit dem Zucker und dem Zimt im Mixer pürieren. Das Püree mit den Papayawürfeln vermischen.

Eine Bratpfanne von 20 cm Durchmesser oder eine Crêpespfanne leicht mit Butter ausstreichen und bei mittlerer Temperatur heiß werden lassen. Etwa 1 Eßlöffel Teig hineingeben und die Pfanne schwenken, bis der Boden dünn mit Teig bedeckt ist. 2–3 Minuten auf jeder Seite goldbraun braten. Fortfahren, bis der Teig aufgebraucht ist. Die Crêpes aufeinanderschichten, jeweils ein Stück Pergamentpapier dazwischenlegen, damit sie nicht aneinanderkleben, und warm stellen.

Bananen-Crêpes mit Papaya- und Erdbeer-Salsa

Von oben nach unten: *Pinienkernplätzchen; Überbackene Grapefruithälften*

Kurz vor dem Servieren den Grill vorheizen. Jeweils 6–8 Bananenscheiben in der Mitte der Crêpes plazieren und wie *tacos* aufrollen. Auf ofenfesten Tellern anrichten, mit der Grand-Marnier-Sauce beträufeln und für etwa 2 Minuten unter dem Grill ganz leicht bräunen lassen. Mit weiteren 4–5 Bananenscheiben belegen, mit den beiden *salsas* anrichten und servieren.

Für 8 Personen

TAOS, NEW MEXICO
Piñon Cookies
Pinienkernplätzchen

Pinienkerne verleihen diesen leichten, lockeren Plätzchen ein zartes, nussiges Aroma, das durch das Rösten der Kerne noch unterstrichen wird. Die einfach zubereiteten, nicht zu süßen Pinienkernplätzchen schmecken gut zum Nachmittagskaffee oder zum Tee.

2 Eier
175 g Zucker
160 g Mehl
45 g Pinienkerne, geröstet (siehe Glossar)

Eier und Zucker in einem schweren Topf bei niedriger Temperatur unter ständigem Rühren in 3–5 Minuten mit dem Schneebesen zu einer schaumigen Masse lauwarm aufschlagen. Den Topf vom Herd nehmen und den Schaum unter Rühren kalt werden lassen. Nach und nach mit dem Mehl zu einem glatten Teig verrühren.

Den Ofen auf 190 °C vorheizen. 2 Backbleche mit Butter bestreichen oder mit Backpapier belegen und den Teig teelöffelweise daraufgeben, dabei einen Zwischenraum von 2½ cm lassen. 5 Minuten ruhen lassen, dann jedes Plätzchen mit 4 oder 5 Pinienkernen belegen und weitere 5 Minuten ruhen lassen.

In den Ofen schieben und die Plätzchen in 12–15 Minuten goldgelb backen. Die Plätzchen vom Blech nehmen und auf einem Rost auskühlen lassen.

Ergibt etwa 35 Plätzchen

VALLEY OF THE SUN, ARIZONA
Baked Grapefruit
Überbackene Grapefruithälften

Grapefruits werden seit 1894 in Phoenix kultiviert. Trotz des schnellen wirtschaftlichen Aufschwungs wurden die vielen Zitrusplantagen in dieser Gegend noch nicht verdrängt. Die überbackenen Grapefruits sind ein erfrischendes Dessert nach einer gehaltvollen Mahlzeit.

3 große Grapefruits, halbiert
3 EL Zucker
2 TL gemahlener Zimt
2 EL Mehl, gesiebt
2 EL kalte Butter, in Stücke geschnitten
6 Zweige frische Minze

Den Ofen auf 230 °C vorheizen. Mit einem scharfen Messer das Fruchtfleisch der Grapefruits rundum von der Schale und die Filets zwischen den dünnen Trennhäuten lösen. Zucker, Zimt und Mehl vermischen. Die Butter mit einer Gabel einarbeiten.

Gleich große Häufchen der Buttermischung auf den Grapefruithälften verteilen, auf ein Backblech setzen und für etwa 7 Minuten in den Ofen schieben, bis die Oberfläche leicht gebräunt ist. Jeweils eine halbe Grapefruit auf einem Teller anrichten und mit einem Zweig Minze garnieren.

Für 6 Personen

DESSERTS UND GETRÄNKE

SCOTTSDALE, ARIZONA

Strawberry Margarita Sorbet
Erdbeer-Margarita-Sorbet

Erdbeer-Margaritas findet man überall im Südwesten auf den Speisekarten der Restaurants. Dieses Sorbet, dessen Rezept auf dem gleichnamigen Cocktail basiert, ist ein erfrischender Abschluß nach jeder Mahlzeit. Garnieren Sie das Sorbet mit einem Zweig Minze und servieren Sie es mit Orangenbiskotten (Rezept siehe Seite 223) oder Mexikanischem Mürbegebäck (Rezept siehe rechte Spalte). Wenn man dieses Sorbet etwas antauen läßt, wird daraus ein erfrischender Drink für einen heißen Sommerabend.

250 g Zucker
500 ml Wasser
500 g frische Erdbeeren
80 ml frisch gepreßter Limonensaft
80 ml Tequila
60 ml Triple Sec oder Grand Marnier
Minzezweige zum Garnieren

Zucker und Wasser in einem mittelgroßen, schweren Topf bei hoher Temperatur zum Kochen bringen und den Zucker unter ständigem Rühren vollständig auflösen, kalt werden lassen.

Die Erdbeeren im Mixer oder in der Küchenmaschine pürieren. Limonensaft, Tequila, Triple Sec oder Grand Marnier und den Zuckersirup unterrühren und abschmecken. Eventuell noch etwas Limonensaft zugeben. Kalt stellen.

Die Mischung in eine Eismaschine geben und nach Anleitung des Herstellers gefrieren lassen. Wer keine Eismaschine besitzt, kann die Mischung in eine flache Schale füllen und ins Gefrierfach stellen, bis sie gerade fest zu werden beginnt. Das Sorbet aus dem Gefrierfach nehmen, mit einer Gabel oder in der Küchenmaschine kräftig durchrühren und wieder ins Gefrierfach stellen. Diese Prozedur noch zwei- bis dreimal wiederholen. Das Sorbet muß glatt und weich sein und sollte keine Eiskristalle enthalten. Zum Servieren in Gläser füllen und mit einem Zweig Minze garnieren.

Für 6 bis 8 Personen

Espresso-Zimt-Eis

PHOENIX, ARIZONA

Espresso-Cinnamon Ice Cream
Espresso-Zimt-Eis

Die Aromen von Kaffee, Zimt und Vanille sind in dieser Eiscreme harmonisch vereint, geröstete Haselnüsse geben ihr den letzten Schliff. Sie schmeckt ohne weitere Zugaben, doch wird sie bevorzugt in süßen »Tacos« (Rezept siehe Seite 216) mit Mexikanischer Schokoladensauce (Rezept siehe Seite 189) serviert.

625 ml Milch
500 ml Sahne
2 Zimtstangen
1 Vanilleschote, längs aufgeschlitzt, ersatzweise
    $1/2$ TL Vanille-Essenz
60 g Instant-Espressopulver
150 g Zucker
4 Eigelb
75 g Haselnüsse, geröstet und grob gehackt
    (siehe Glossar)

Milch, Sahne, Zimtstangen, Vanilleschote und Espressopulver in einem schweren Topf bei mittlerer Temperatur kurz aufkochen lassen. Den Topf vom Herd nehmen und die Mischung 45 Minuten ziehen lassen. Durch ein feines Sieb gießen und wieder in den Topf geben. Bei mittlerer Temperatur zum Kochen bringen. 250 ml davon abgießen.

Zucker und Eigelb in einer mittelgroßen Schüssel aufschlagen, dann nach und nach die 250 ml der heißen Mischung mit dem Schneebesen einrühren und zur restlichen Milchmischung in den Topf geben. Etwa 8 Minuten bei mittlerer Temperatur rühren, aber nicht kochen lassen (das Eigelb könnte gerinnen), bis die Mischung dick ist. Durch ein Sieb in eine saubere Schüssel gießen, abkühlen lassen und kalt stellen.

Die kalte Mischung in die Eismaschine füllen und nach Anweisung des Herstellers gefrieren lassen. Wenn das Eis fast gefroren ist, die Haselnüsse zugeben und die Eiscreme fertigstellen.

Ergibt etwa 1,5 Liter

SÜDWESTEN

Mexican Shortbread
Mexikanisches Mürbegebäck

Dieses zartschmelzende Gebäck ist ohne Mühe herzustellen. Es läßt sich in einem luftdichten Behälter gut aufbewahren.

180 g Butter, zimmerwarm
185 g Zucker
4 TL gemahlener Zimt
2 Eigelb
280 g Mehl
$1/4$ TL Salz

Butter, 125 g Zucker und 2 Teelöffel Zimt in eine Rührschüssel geben und mit dem elektrischen Rührgerät weißschaumig aufschlagen. Das Eigelb unterrühren. Mehl und Salz zugeben und zu einem glatten Teig verarbeiten. Falls der Teig zu weich ist, etwas mehr Mehl zugeben. Den Teig zu einer Rolle von 5 cm Durchmesser formen, fest in Klarsichtfolie wickeln und mindestens 2 Stunden oder über Nacht kalt stellen.

Den Ofen auf 180 °C vorheizen und ein Backblech leicht mit Butter bestreichen oder mit Backpapier belegen. Die Klarsichtfolie entfernen und die Teigrolle in etwa 6 mm dicke Scheiben schneiden. Diese mit ausreichendem Abstand auf das Backblech legen und in etwa 15 Minuten goldgelb backen.

Den restlichen Zucker und Zimt in einer flachen Schale oder Schüssel vermischen und die noch warmen Plätzchen darin wenden. Auf einem Rost auskühlen lassen.

Ergibt etwa 48 Plätzchen

Im Uhrzeigersinn von oben links: *Grapefruit-Champagner-Sorbet; Erdbeer-Margarita-Sorbet; Mexikanisches Mürbegebäck*

VALLEY OF THE SUN, ARIZONA
GRAPEFRUIT AND CHAMPAGNE SORBET
Grapefruit-Champagner-Sorbet

Ein erfrischendes, leicht säuerliches Sorbet – gerade recht als Zwischengang oder Nachspeise. Es wird zu einem phantastischen Drink bei heißem Wetter, wenn man es nicht so stark gefrieren läßt. Das Sorbet schmeckt etwas lieblicher und bekommt eine hübsche Farbe, wenn man es aus rosa Grapefruits zubereitet. Der Alkoholgehalt des Champagners verhindert, daß dieses Sorbet zu fest wird.

1 l frisch gepreßter Grapefruitsaft
250 g Zucker
60 ml trockener Champagner
Champagner zum Aufgießen

250 ml Grapefruitsaft mit dem Zucker in einen kleinen Topf geben und den Zucker bei mittlerer Temperatur auflösen. Diese Mischung unter den restlichen Grapefruitsaft rühren und kalt stellen.

Den Champagner unter den kalten Grapefruitsaft mischen und in der Sorbetiere gemäß Anweisung des Herstellers gefrieren lassen. Serviert man das Sorbet als Dessert, kann man es nach Belieben mit etwas Champagner aufgießen.

Ergibt etwa 1 Liter

Von links nach rechts: *Apfel-Sorbet; Kaktusfeigen-Sorbet*

SÜDLICHES ARIZONA
Prickly Pear Sorbet
Kaktusfeigen-Sorbet

Die Früchte des Feigenkaktus sind im Südwesten der USA fast das ganze Jahr über erhältlich. Nach einer Navajo-Legende muß sich derjenige, der eine Kaktusfeige pflückt, ein Haar auszupfen, um den Geist der Pflanze nicht zu kränken. Eine ähnliche Nachspeise wie diese bereiteten die Indianer in den Wintermonaten zu und ließen sie über Nacht im Freien gefrieren. Für die Zubereitung dieses kräftigen Sorbets, das man als Zwischengang oder als Dessert reichen kann, sollte man weiche, aber nicht zu reife Kaktusfeigen verwenden.

500 g Kaktusfeigen, geschält und grob gehackt
250 g Zucker
250 ml Wasser
1 EL Grand Marnier

Das Fruchtfleisch der Kaktusfeigen im Mixer oder in der Küchenmaschine pürieren. Durch ein Sieb in eine Schüssel passieren.

DESSERTS UND GETRÄNKE

TEXANISCHES HÜGELLAND
APPLE CIDER SORBET
Apfel-Sorbet

Vor allem im Herbst, wenn der Apfelwein abgefüllt wird, ist dieses Sorbet ein angenehmes Zwischengericht oder ein erfrischendes Dessert. An einem heißen Sommertag schmeckt es hervorragend in einer kalten Apfelsuppe (Rezept siehe Seite 77).

250 ml trockener Cidre
250 ml süßer Cidre
185 g Zucker
1 säuerlicher Apfel, geschält, entkernt und in
   dünne Scheiben geschnitten
1 EL Calvados

Cidre und Zucker in einem schweren Topf bei mittlerer Temperatur erhitzen. Den Zucker unter Rühren darin auflösen. Die Apfelscheiben zufügen, in etwa 3 Minuten weich werden lassen und im Mixer oder in der Küchenmaschine zu einem glatten Püree verarbeiten. Den Calvados unterrühren, das Ganze in die Sorbetiere geben und nach Gebrauchsanweisung des Herstellers gefrieren lassen.

Ergibt etwa 500 Milliliter

SCOTTSDALE, ARIZONA
TOFFEE CARAMEL FLAN
Karamel-Creme

Sarah Labensky, Chef-Beraterin des Scottsdale Community College's Culinary Arts Program, hat dieses Dessert kreiert, als sie noch Pâtissière im »Saguaro Restaurant« in Scottsdale war. Man kann die Creme ohne weitere Garnierung servieren oder mit Früchten, karamelisierten Mandeln oder Schlagsahne anrichten.

300 g Zucker
125 ml Wasser
375 ml Milch
375 ml Sahne
1 Zimtstange
1 Vanilleschote, längs aufgeschlitzt
4 Eier
2 Eigelb
75 g brauner Zucker
2 TL Melasse (siehe Glossar)
1 EL Amaretto (italienischer Mandellikör)

6 glattwandige Förmchen von 180 ml Inhalt mit Butter ausstreichen. Zucker und Wasser in einem kleinen, schweren Topf zum Kochen bringen und den Zucker karamelisieren lassen. Sobald der Karamel einen dunklen Goldton angenommen hat, jeweils 2 Eßlöffel davon in die Förmchen träufeln, schwenken und die Böden gleichmäßig damit überziehen. Die Förmchen in eine 5 cm tiefe, feuerfeste Form stellen.

Milch, Sahne, Zimtstange und Vanilleschote in einem schweren Topf kurz aufkochen lassen. Den Topf vom Herd nehmen und die Mischung zugedeckt 30 Minuten ziehen lassen.

Den Ofen auf 165 °C vorheizen. Eier, Eigelb, braunen Zucker, Melasse und Amaretto in einer mittelgroßen Schüssel miteinander verrühren. Die Milch-Sahne-Mischung unbedeckt wieder aufkochen lassen. Etwa ein Drittel der heißen Milch vorsichtig unter die Eier-Zucker-Mischung rühren, damit die Eier nicht gerinnen, dann die restliche Milch unterrühren. Die Mischung durch ein feinmaschiges Sieb gießen und die Förmchen damit fast randvoll füllen. So viel heißes Wasser in die feuerfeste Form gießen, daß die Förmchen halbhoch darin stehen, und für 30–40 Minuten in den vorgeheizten Ofen schieben, bis die Creme fest geworden ist.

Vor dem Servieren kalt stellen. Mit einem spitzen Messer den Flan vom Förmchenrand lösen und auf Teller stürzen, dabei das Förmchen mit dem Teller kräftig schütteln, damit sich der Flan aus der Form löst.

Zucker und Wasser in einem kleinen Topf kochen lassen, bis sich der Zucker aufgelöst hat, und den Sirup kalt werden lassen.

Zuckersirup und Grand Marnier unter das Kaktusfeigenpüree rühren und in der Sorbetiere nach Gebrauchsanweisung des Herstellers gefrieren lassen. Oder die Mischung in eine flache Schale füllen und ins Gefrierfach stellen, bis sie gerade fest zu werden beginnt. Herausnehmen, mit einer Gabel aufschlagen und das Sorbet wieder ins Gefrierfach stellen. Den Vorgang einige Male wiederholen, bis das Sorbet die richtige Konsistenz hat.

Ergibt etwa 500 Milliliter

Für 6 bis 8 Personen   *Foto siehe Seite 220*

DESSERTS UND GETRÄNKE

CANYON DE CHELLY, NEW MEXICO

PEACH COBBLER
Pfirsiche unter der Teigdecke

1864 vernichtete Kit Carson die Viehherden und die Anbaugebiete der Navajos, darunter auch ihre berühmten Pfirsichgärten, und schickte viele der Indianer auf »The Long Walk«, den langen Weg in die Gefangenschaft. Heute haben die Navajos wieder ein intaktes Gemeinwesen geschaffen, und auch ihre Pfirsichbäume blühen wieder im Canyon de Chelly. Die in den Reservaten der Wüste wachsenden Früchte sind kleiner, dafür aber süßer als die Pfirsiche, die im Handel zu bekommen sind, doch passen für dieses Rezept alle frischen, reifen Pfirsiche. Als Cobbler werden in Südwest unter einem Teigdeckel gebackene Früchte bezeichnet.

5 Pfirsiche (etwa 1,25 kg), geschält, entsteint und in 12 mm dicke Scheiben geschnitten (Nettogewicht etwa 1 kg)
60 g Zucker
1 EL frisch gepreßter Zitronensaft

BELAG
90 g Butter, zimmerwarm
185 g Zucker
1 Ei
125 g Mehl
½ TL Backpulver

Den Ofen auf 190 °C vorheizen. Eine feuerfeste, quadratische Form von 20 cm Kantenlänge mit Butter ausstreichen. Den Boden mit den Pfirsichscheiben auslegen, Zucker und Zitronensaft darüber verteilen und beiseite stellen.

Butter und Zucker in einer mittelgroßen Schüssel mit dem elektrischen Handrührgerät weißschaumig aufschlagen. Das Ei zugeben und 1 weitere Minute schlagen. Mit Mehl und Backpulver zu einem glatten Teig arbeiten.

Den Teig über die Pfirsichscheiben verteilen. Dabei die Früchte nicht vollständig bedecken, damit der Dampf entweichen kann. Etwa 40 Minuten backen, bis die Oberfläche goldbraun ist.

Für 6 bis 8 Personen

Pfirsiche unter der Teigdecke

DESSERTS UND GETRÄNKE

Von links nach rechts: *Weiße Sangría; Sangría*

SÜDWESTEN
SANGRIA
Sangría

Sangría ist die spanische Bezeichnung für »Aderlaß«. Dieses traditionelle Getränk, das aus Rotwein und Früchten zubereitet wird, ist wohl wegen seiner blutroten Farbe mit dem gleichen Namen bedacht worden. Die Sangría schmeckt am besten, wenn man sie sehr kalt, entweder auf Eis oder eisgekühlt, in hohen Gläsern serviert.

875 ml gekühlter trockener Rotwein
Je 125 ml gekühlter frisch gepreßter Zitronen- und Orangensaft
125 g Zucker
60 ml Cognac
300 ml gekühltes Mineralwasser
Je 1 Zitrone und Orange, in dünne Scheiben geschnitten
90 g kernlose blaue Trauben (nach Belieben)

Rotwein, Zitronen- und Orangensaft, Zucker und Cognac in einer großen Glaskaraffe verrühren und bis zum Servieren kalt stellen. Kurz vor dem Servieren Mineralwasser und Früchte unterrühren und die Sangría in hohe, eisgefüllte Gläser gießen.

Für 6 Personen

TEXANISCHES HÜGELLAND
WHITE SANGRIA
Weiße Sangría

Wie die traditionelle Sangría wird auch ihre weiße Variante aus Wein und Früchten bereitet. Sie ist ein erfrischendes Getränk für heiße Abende und paßt gut zu den typischen Speisen des Südwestens. In einem Glaskrug kommen die Früchte am besten zur Geltung.

875 ml gekühlter trockener Weißwein
125 ml Cointreau, Triple Sec oder Grand Marnier
60 ml Cognac
60 g Zucker
300 ml gekühltes Mineralwasser
1 Zitrone, in dünne Scheiben geschnitten
2 Limonen, in dünne Scheiben geschnitten
90 g kernlose grüne Trauben (nach Belieben)

Weißwein, Likör, Cognac und Zucker in einer Karaffe verrühren und bis zum Servieren kalt stellen. Kurz vor dem Servieren Mineralwasser und Früchte unterrühren und die Sangría in eisgefüllte Gläser gießen oder eisgekühlt in Cocktailgläsern auftragen.

Für 6 Personen

SANTA FE, NEW MEXICO
Pepper Vodka
Wodka mit Chillies

Dieses würzige Getränk kann man auch mit jeder anderen Chilisorte bereiten, aber mit der chiltepín-Chilischote ist absolute Schärfe garantiert. Hier liefern ein paar der höllisch-scharfen Schoten, die im südlichen Arizona wild wachsen, so viel »Feuer«, daß man einen weiteren Liter Wodka gut damit würzen könnte. Je länger die Chilischoten im Wodka ziehen, desto schärfer wird er. Man muß also immer wieder den Schärfegrad überprüfen und dann die Chillies entfernen.

Wodka mit Chillies sollte man gut gekühlt auf Eis trinken, man kann ihn aber auch für die Zubereitung von Bloody Marys oder anderen Wodka-Cocktails verwenden, um den Mixturen einen besonderen Kick zu geben.

4 *chiltepín*-Chilischoten
1 l Wodka

Die Chilischoten unzerteilt in die Wodkaflasche geben, die Flasche verschließen und 7–10 Tage ziehen lassen. Gelegentlich prüfen, ob der Wodka den gewünschten Schärfegrad erreicht hat. Durch ein feinmaschiges Sieb gießen und zurück in die Flasche füllen.

Ergibt 1 Liter

Wodka mit Chillies

Von links nach rechts: *Margarita; Sonnenuntergang in Südwest; Tequila Sunrise*

SONORA-WÜSTE
SOUTHWESTERN SUNSET
Sonnenuntergang in Südwest

Das kräftige Orange und das leuchtende Rot dieses Cocktails erinnern an die spektakulären Sonnenuntergänge in Arizona und New Mexico, die den Himmel in unbeschreiblichen Rottönen einfärben. Der »Sonnenuntergang« ist nicht zu süß und kann auch ohne Alkohol zubereitet werden, indem man den Kaktusfeigensaft mit Zuckersirup oder Grenadine mixt und über den Orangensaft gießt.

1,1 l Orangensaft
250 ml Tequila
6 Kaktusfeigen, geschält, püriert und durch ein Sieb passiert (ergibt 250 ml)
125 ml Triple Sec oder Grand Marnier

Orangensaft mit Tequila vermischen, in 6 eisgefüllte Gläser gießen. Kaktusfeigensaft mit Triple Sec beziehungsweise Grand Marnier verrühren und davon jeweils 2 Eßlöffel über die Orangensaft-Tequila-Mischung geben. Nicht umrühren. Sofort servieren.

Ergibt 6 Drinks

ARIZONA
TEQUILA SUNRISE
Tequila Sunrise

Dieser Drink, der durch den gleichnamigen Song der »Eagles« unsterblich geworden ist, hat die Farben eines Sonnenaufgangs im Südwesten. Dem Tequila, aus der mexikanischen Agave gewonnen, wird nachgesagt, daß er auch Vitamine enthalte. Servieren Sie Tequila Sunrise als morgendlichen Muntermacher zu Ihrem nächsten Brunch.

360 ml Tequila
360 ml Orangensaft
180 ml Soda
3 EL Grenadine
6 Orangenscheiben

Jeweils 60 ml Tequila in 6 hohe Gläser gießen, dreiviertelhoch mit zerstoßenem Eis füllen, jeweils 60 ml Orangensaft und 2 Eßlöffel Soda hineingeben und umrühren. In jedes Glas ½ Eßlöffel Grenadine geben, jedoch nicht umrühren. Mit einer Orangenscheibe garnieren und sofort servieren.

Ergibt 6 Drinks

EL PASO, TEXAS
MARGARITAS
Margarita

Fast jedes Restaurant und sein Wirt im Südwesten der USA beanspruchen für sich, die wirklich perfekte Margarita zuzubereiten. Deswegen gibt es hier auch häufig Wettbewerbe, bei denen man diese Behauptung unter Beweis stellen kann. Es gibt fast ebenso viele Margarita-Rezepte wie Barkeeper: Margarita im Glas mit oder ohne Salzrand, auf Eiswürfeln, mit gestoßenem Eis verrührt, mit Eis im Shaker gemixt und durch ein Sieb gegossen, mit Triple Sec statt Cointreau oder mit pürierten frischen Früchten wie Erdbeeren. Die beiden wichtigsten Bestandteile sind jedoch frisch gepreßter Limonensaft und ein guter Tequila. Das nachfolgende Basisrezept läßt sich ganz nach dem persönlichen Geschmack variieren und erweitern.

125 ml frisch gepreßter Limonensaft
Grobes Salz für die Gläser
125 ml Cointreau oder Triple Sec
250 ml weißer Tequila
250 g gestoßenes Eis

Mit den ausgepreßten Limonenschalen die Ränder von 6 Cocktailgläsern einreiben, die Ränder sofort in das Salz drücken und beiseite stellen. Limonensaft, Cointreau oder Triple Sec, Tequila und gestoßenes Eis in einen Mixer geben, gründlich vermischen und in die vorbereiteten Gläser füllen.

Ergibt 6 Drinks

GLOSSAR

Achiote Der mexikanische Name für die winzigen ziegelroten Samen des tropischen Orleansstrauches *(Bixa orellana)*. Man benutzt sie vor allem zum Färben von Speisen, besonders für dem Cheddar ähnliche Käse. (Der Farbstoff wird aus der roten, fleischigen Samenschale gewonnen und heißt Bixin.) Annatto-Samen, wie sie auch genannt werden, haben einen erdigen, leicht moschusartigen Geschmack. Auf der mexikanischen Halbinsel Yucatán zerstampft man sie mit Knoblauch, Chillies und Gewürzen und verwendet sie für *adobo*-Saucen (scharfe, würzige Sauce auf Essigbasis) oder Gewürzpasten.

Anaheim chili Siehe Chillies, frische.

Ancho chili Siehe Chillies, getrocknete.

Anissamen Kleine, gekrümmte Samen der Anispflanze *(Pimpinella anisum)*, die zum Aromatisieren von Gebäck, Süßspeisen und pikanten Gerichten dienen. Anissamen sind in den Gewürzständern von Lebensmittelläden und Supermärkten erhältlich.

Asadero Siehe Käse.

Bohnenpüree (frijoles refritos) Wird aus gekochten Bohnen zubereitet, die man zerstampft und vorzugsweise in Schmalz brät. In den Restaurants Mexikos Bestandteil vieler Gerichte. Man kann *frijoles refritos* auch als Dip oder als Belag für *tostadas* und ausgebackenes indianisches Brot verwenden.

Brühe, Rinder- und Hühnerbrühe Eine Brühe läßt sich einfach zubereiten. Es ist sinnvoll, eine größere Menge zu kochen und portionsweise einzufrieren. Man kann natürlich auch ein Fertigprodukt aus dem Glas verwenden, sollte dann jedoch beim Salzen vorsichtig sein.
Für die Rinderbrühe 2 kg Rinderknochen in einer Bratenpfanne im 230 °C heißen Ofen 30 Minuten rösten, dabei die Knochen einmal wenden. Die gerösteten Knochen in einen großen Topf umfüllen, 2 geschälte und halbierte Zwiebeln, je 3 unzerteilte Möhren und Stangensellerie, 1 Lorbeerblatt, eine Handvoll Petersilienstengel, 1 Teelöffel Salz und ½ Teelöffel zerstoßenen Pfeffer zugeben. Aus der Bratenpfanne das Fett abschöpfen und den Bratensatz mit ½ Liter Wasser loskochen. In den Topf gießen, mit etwa 3,5 Liter Wasser aufgießen und das Ganze aufkochen lassen. Die Hitze reduzieren und nicht ganz zugedeckt bei sehr niedriger Temperatur etwa 5 Stunden leise köcheln lassen. Dabei den gerade in den ersten 30 Minuten aufsteigenden Schaum immer wieder abschöpfen. Die Brühe durch ein mit einem Mulltuch ausgelegtes Sieb in einen sauberen Topf gießen und ohne Deckel abkühlen lassen. Ergibt etwa 3 Liter.
Für die Hühnerbrühe etwa 2 kg Hühnerklein (Karkasse, Hälse, Flügel und Reste eines Brathuhns) in einen großen Topf geben. 2 geschälte und halbierte Zwiebeln, je 2 unzerteilte Möhren und Stangensellerie, eine Handvoll Petersilienstengel, 1 Lorbeerblatt, 6 zerstoßene Pfefferkörner, 1 Teelöffel getrockneten Thymian und 1 Teelöffel Salz zugeben. Etwa 4,5 Liter Wasser zugießen, das Ganze sollte gut bedeckt sein, und aufkochen lassen. Die Hitze reduzieren und nicht ganz zugedeckt etwa 4 Stunden leise köcheln lassen. Dabei den gerade in den ersten 30 Minuten aufsteigenden Schaum immer wieder abschöpfen. Durch ein mit einem Mulltuch ausgelegtes Sieb in einen sauberen Topf gießen und ohne Deckel abkühlen lassen. Ergibt etwa 3 Liter.

Cayenne chili Siehe Chillies, getrocknete.

Chayote Hellgrüne, birnenförmige Frucht aus der Familie der Melonen- und Kürbisgewächse, auch Gemüsebirne oder *choko* genannt, mit einem Gewicht bis zu 1 Kilogramm. Chayote *(Sechium edule)* besitzt ein mild schmeckendes weißes Fruchtfleisch, ähnlich dem der Zucchini, und verträgt deshalb eine kräftige Würzung. Chayote wird meist roh in Salaten verwendet oder in Gerichten, die zur Zubereitung Sommerkürbis verlangt wird. Chayoten gibt es bei uns speziell im Winter in gutsortierten Gemüseläden, Feinkostgeschäften oder in den Gemüseabteilungen großer Kaufhäuser.

Chile de árbol Siehe Chillies, getrocknete.

Chillies, frische

Frische Chilischoten gibt es in fast unzähligen Sorten. Sie unterscheiden sich in Farbe, Aroma und Schärfe. Während ihres Wachstums sind Chilischoten grün. Im Laufe des Reifeprozesses verfärben sie sich zunächst gelb, später rot, und ihr Geschmack wird lieblicher und aromatischer. Der Boden, auf dem sie wachsen, beeinflußt auch ihr Aroma. So kann es sogar vorkommen, daß Geschmack und Schärfe ein und derselben Chilisorte variieren. Bei der Wahl frischer Chillies sollten Sie darauf achten, daß sie glänzen, fleckenlos und trocken sind und das ihrer Größe entsprechende Gewicht haben. Frische Chilischoten sollte man am besten in Papier und nicht in Plastik im Kühlschrank aufbewahren.

Capsaicin, das in den Scheidewänden der Chilischoten enthalten ist, sorgt für etwa 60 Prozent der Schärfe. 30 Prozent Schärfe enthalten die Samen, und die restlichen 10 Prozent sind im Fruchtfleisch enthalten. Kleinere Chillies sind schärfer, weil der Anteil an Scheidewänden und Samen höher ist. Wichtig ist, Chilischoten mit der nötigen Sorgfalt zu handhaben: Man sollte möglichst Handschuhe tragen, weder die Augen noch das Gesicht berühren und die Hände gründlich mit Seife waschen, wenn man die Schoten geputzt und für die weitere Verwendung vorbereitet hat.
Viele Rezepte aus dem Südwesten und aus Mexiko sehen vor, die Chillies zu rösten, zu enthäuten und die Samen zu entfernen. Durch das Rösten läßt sich zum einen die manchmal etwas bittere Haut leichter abziehen, zum anderen wird das erdige, rauchige Aroma der Chilischoten noch zusätzlich unterstrichen.
Frische Chillies rösten und enthäuten: Es gibt verschiedene Möglichkeiten, Chillies zu rösten: über offenem Feuer, über einer Gasflamme oder unter beziehungsweise auf dem Grill. Die Haut sollte Blasen werfen und sich schwarz färben, ohne daß das Fruchtfleisch verbrennt. Wenn die Chilischote von allen Seiten gleichmäßig schwarz geröstet ist, gibt man sie in einen Papier- oder Gefrierbeutel, verschließt ihn und läßt die Schote etwa 15–20 Minuten darin schwitzen und abkühlen. Anschließend läßt sich die Haut mit den Händen oder einem Messer ganz leicht von oben nach unten abziehen. Auf keinen Fall sollte man die Haut unter fließendem Wasser entfernen, dabei würden die ätherischen Öle der Chilischote und ihr rauchiges Aroma weggespült. Nach dem Enthäuten die Chilischote mit einem kleinen, spitzen Messer aufschlitzen und Scheidewände, Samen und den Stielansatz entfernen. Geröstete, enthäutete Chillies lassen sich bis zu 2 Tage im Kühlschrank aufbewahren.

Anaheim Leuchtendgrüne Chilischote von etwa 15 cm Länge, häufig auch *long green* (lange Grüne) oder *California chili* genannt. Die *Anaheim* wuchs ursprünglich in Süd-Kalifornien und ist mit der grünen *New-Mexico*-Chilischote verwandt. Grüne *Anaheims* gehören in den USA zu den am häufigsten angebotenen Chilischoten, während die ausgereiften roten Schoten seltener zu finden sind. *Anaheim*-Chilischoten mit ihrem milden Aroma werden häufig geröstet und mit einer Farce gefüllt.

Habanero Leicht kugelförmige Chilischote von etwa 4 cm Durchmesser, die in den Farben Dunkelgrün bis Leuchtendrot auf dem Markt ist. *Habaneros* sind die schärfsten Chillies, daher ist es sehr ratsam, sie mit besonderer Vorsicht zu behandeln. Sie verleihen *salsas* und Marinaden eine intensive Schärfe und eine leichte Fruchtigkeit. *Habaneros* sind auch getrocknet im Handel.

Jalapeño Leuchtendgrüne, spitz zulaufende Chilischote von etwa 5 cm Länge und 2½ cm Breite. Unter den scharfen Chilischoten ist die *jalapeño*-Chilischote in den Vereinigten Staaten am beliebtesten. Auch bei ihr ist wegen ihrer Schärfe äußerste Sorgfalt geboten. *Jalapeños* eignen sich zum Würzen fast aller Speisen, man gibt sie sogar in Desserts. Reife *jalapeños* sind leuchtend rot und schmecken etwas lieblicher als die grünen. Sowohl die roten als auch die grünen *jalapeños* werden eingelegt.

New Mexico green, New Mexico red Die *New-Mexico-green*-Chilischote ist mittelgrün, etwa 18 cm lang und 4 cm breit. Sie wird häufig mit der *Anaheim* verwechselt, doch ist die *New Mexico green* schärfer und hat ein lieblicheres, erdiges Aroma. Meist wird sie geröstet in grünen Chilisaucen, Eintöpfen, *rellenos* und *salsas* verwendet. Die frische *New Mexico red* ist die ausgereifte Form der *New Mexico green*. Auch die *New Mexico red* wird – wie die unreife grüne Schote – meist geröstet und für die Zubereitung von Saucen, *rellenos* und *salsas* verwendet. Die *New Mexico red* ist eine dunkelrote Chilischote und schmeckt lieblicher als die grüne. Auch getrocknet ist sie erhältlich.

Poblano Dunkelgrüne, kegelförmige und dickfleischige Chilischote. Sie wird bis zu 10 cm lang und etwa 6 cm breit. Die *poblano* wird fälschlicherweise häufig auch *pasilla* genannt. Durch das Rösten kommt ihr rauchiger, erdiger Geschmack besonders gut zur Geltung. Meist werden *poblanos* gefüllt oder in Saucen verwendet.

Serrano Kleine, dickfleischige, zylindrische Chilischote mit einem schlanken, abgerundeten Ende. In der Farbe kann sie von dunkelgrün bis leuchtend rot variieren. Die *serrano* wird 2½–5 cm lang und hat einen Durchmesser von etwa 12 mm. Sie ist etwas schärfer und kleiner als die *jalapeño* und von dunklerem Grün. Man gibt sie roh in frische *salsas* und geröstet in gekochte Saucen.

Chillies, getrocknete

Vollreife oder frische rote Chilischoten bekommen durch das Trocknen ein intensiveres Aroma. Getrocknet lassen sie sich unbegrenzt in luftdichten Behältern aufbewahren. Man sollte bei getrockneten Chillies darauf achten, daß sie noch etwas biegsam und von gleichmäßiger Farbe sind und keine weißen Flecken aufweisen. Getrocknete Chillies werden in einer Pfanne ohne Fettzugabe etwa 3–4 Minuten geröstet, bis sie biegsam sind.

GLOSSAR

Scheidewände, Samen und Stiele entfernen und die Schoten je nach Rezept in Stücke schneiden und im Mixer oder in der Küchenmaschine zerkleinern. Man kann sie auch in sehr heißem, jedoch nicht kochendem Wasser 20–30 Minuten einweichen. Damit sie immer ganz mit Wasser bedeckt sind, werden sie mit einem kleineren Deckel oder Teller beschwert. Für die Zubereitung einer Sauce werden die Chillies mit etwas Einweichwasser im Mixer oder in der Küchenmaschine zu einer Paste verarbeitet, bevor man die weiteren Zutaten zugibt. Die Aromen getrockneter Chilischoten sind von unterschiedlicher Intensität. Die Südwest-Küche wird interessanter, wenn man verschiedene Chilisorten auf immer neue Weise miteinander kombiniert.

Ancho Getrocknete *poblano*-Chilischote, deren Farbpalette von Dunkelrot bis Dunkelbraun reicht. Sie wird etwa 10 cm lang und $7\frac{1}{2}$ cm breit und hat einen leicht fruchtigen, etwas milderen Geschmack als andere getrocknete Chillies. Man bezeichnet sie fälschlicherweise häufig auch als *pasilla*, eine lange, dünne und kräftig dunkelbraune getrocknete Chilischote.

Cayenne Die leuchtendroten, dünnhäutigen Cayenne-Chillies von etwa $7\frac{1}{2}$ cm Länge werden normalerweise getrocknet und für die weitere Verwendung gemahlen. Die Schoten sind von beißender Schärfe und haben ein leicht säuerliches und rauchiges Aroma.

Chile de árbol Kleine rote Chilischote von etwa 5 cm Länge und 12 mm Breite. Wird häufig gemahlen verwendet und verleiht den Speisen eine leicht rauchige Schärfe.

Chiltepín Auch *tepín* genannt. Eine mittelrote, runde Chilischote mit einem Durchmesser von etwa 12 mm, die wild im Norden Mexikos und im Süden Arizonas wächst. *Chiltepíns* sind sehr scharf und sollten sparsam verwendet werden. Man zerstößt sie, bevor man sie in Suppen, Eintöpfe und *salsas* streut. Sie lassen sich durch die gezüchtete *pequín* ersetzen.

Chipotle Getrocknete und geräucherte *jalapeño*-Chilischote. Sie ist tabakbraun und etwa $7\frac{1}{2}$ cm lang. *Chipotles* werden meist konserviert in *adobo*-Saucen angeboten. Sie haben ein mildes und rauchiges Aroma.

Getrocknete rote Paprikaflocken Zerstoßene getrocknete Chilischoten. Die Paprikaflocken werden meist aus *New-Mexico*-Chillies hergestellt. Sie sind bei uns auch in türkischen Lebensmittelläden erhältlich. Man verwendet sie für die Zubereitung von Salat- und anderen Saucen, *salsas*, Suppen und Eintöpfen, denen sie eine prononcierte Schärfe verleihen.

Guajillo Leuchtendrote Chilischote von etwa 13 cm Länge und 4 cm Durchmesser, die in Mexiko wächst. Sie ist etwas milder und wird meist zum Würzen von *salsas*, Saucen und Suppen verwendet.

New Mexico Getrocknete, spitz zulaufende rote *New-Mexico*-Chilischote von etwa 15 cm Länge, auch *chile colorado* genannt. Die scharlachrote getrocknete *New Mexico* gibt Gerichten eine frische Schärfe und wird hauptsächlich für die Zubereitung der traditionellen roten Saucen verwendet. Im Südwesten sieht man sie häufig in den Veranden der Häuser, wo sie zum Trocknen als Girlanden, sogenannten *ristras*, aufgehängt werden.

Chili powder und Powdered chili

Diese Würzmischung wird aus gemahlenen getrockneten roten Chilischoten, Knoblauch, Oregano, Kreuzkümmel und anderen Gewürzen hergestellt. *Chili powder* wird häufig in *chilis*, Suppen, Eintöpfen, Salatsaucen usw. verwendet. *Powdered chili* besteht lediglich aus gemahlenen getrockneten Chilischoten, ohne die Zugabe anderer Gewürze oder Kräuter. Sowohl *chili powder* als auch *powdered chili* sollte man möglichst rasch verbrauchen, denn sie verlieren schnell ihr Aroma. Am besten bewahrt man sie an einem trockenen, dunklen Ort auf, damit sie Schärfe und Aroma beibehalten. Kein *chili powder* oder *powdered chili* kaufen, das in Klarsichttüten verpackt ist und lange Zeit dem Licht ausgesetzt war, denn es nimmt einen bitteren Geschmack an und verliert sein Aroma.

Chiltepín chili Siehe Chillies, getrocknete.

Chipotle chili Siehe Chillies, getrocknete.

Chorizo Eine pikant gewürzte frische Wurst, die aus Schweinefleisch, Knoblauch, *chili powder* und anderen Gewürzen hergestellt und in der mexikanischen und spanischen Küche verwendet wird. Die luftgetrocknete oder geräucherte Wurst gibt es in verschiedenen Größen: Sie reichen von salami- bis hin zu bratwurstgroß. Bei uns ist *chorizo* aus Spanien in spanischen Lebensmittel-, in Delikatessenläden oder gutsortierten Lebensmittelabteilungen großer Kaufhäuser erhältlich.

Cotija Siehe Käse.

Epazote Bei uns Wohlriechender Gänsefuß oder Mexikanisches Teekraut genannt (*Ambrosioides* var. *ambrosioides*). Wird gern für die Zubereitung von Bohnengerichten verwendet, denn es verhindert angeblich Blähungen. *Epazote* wächst wild in Mexiko und den Vereinigten Staaten. Seine glatten, spitzen Blätter haben einen anregenden Geschmack, ähnlich dem Koriandergrün. Frisches *epazote* ist bei uns kaum (einige Versandgärtnereien haben es in ihrem Angebot) erhältlich, man kann es jedoch getrocknet über Spezialfirmen (siehe Bezugsquellenverzeichnis) beziehen. Falls man Samen bekommt, läßt sich *epazote* einfach im Blumentopf ziehen.

Frijoles Mexikanische Bezeichnung für »Bohnen«, in der Regel für gekochte Pinto-Bohnen, die wegen ihrer Sprenkelung so heißen. Getrocknete Pinto-Bohnen sind auch bei uns in gutsortierten Lebensmittelgeschäften oder in den Lebensmittelabteilungen großer Kaufhäuser erhältlich. Man bekommt sie abgepackt oder auch lose. Die Bohnen werden verlesen, wobei man sämtliche Steinchen aussortiert, und über Nacht in kaltem Wasser eingeweicht. Sie sollten in ungesalzenem Wasser gegart werden, da Salz die Schalen zäh werden läßt.

Frijoles refritos Siehe Bohnenpüree.

Getrocknete rote Paprikaflocken Siehe Chillies, getrocknete.

Guajillo chili Siehe Chillies, getrocknete.

Habanero chili Siehe Chillies, frische.

Hominy Ganze, getrocknete Maiskörner, die in Löschkalk oder Lauge eingeweicht und anschließend geschält werden. Die alkalische Behandlung verbessert die Verdaulichkeit der Maiskörner. *Hominy* ist die Grundlage vieler heimischer Gerichte und wird fast von jedem Indianerstamm und nahezu überall im Südwesten Amerikas verwendet. *Hominy* ist auch die Hauptzutat eines traditionellen Eintopfgerichtes aus New Mexico, *posole*, in Mexiko *pozole* genannt. Gelben und weißen *hominy* gibt es in Dosen oder getrocknet in Spezialgeschäften (siehe Bezugsquellenverzeichnis) unter der Bezeichnung *maiz para pozole*. Verwendet man getrockneten *hominy*, muß man ihn vor dem Kochen in Wasser einweichen. Grobgemahlener getrockneter *hominy* führt die englische Bezeichnung *grits*.

Hühnerbrühe Siehe Brühe, Rinder- und Hühnerbrühe.

Jalapeño chili Siehe Chillies, frische.

Jalapeño jack Siehe Käse.

Jícama Eine Knollenfrucht (*Pachyrhizus erosus*), auch Yamsbohne oder Mexikanische Kartoffel genannt, mit einer faserigen, dicken braunen Schale und knackigem weißem Fruchtfleisch mit einem etwas süßlichen, nußartigen Geschmack. Meist ißt man das Fruchtfleisch roh. Aber auch gekocht bleibt es knackig und hat die Konsistenz von Wasserkastanien. *Jícama* ist in Geschäften, die exotische Früchte führen, oder in gutsortierten Lebensmittelabteilungen großer Kaufhäuser erhältlich. Ist die Schale intakt, läßt sich *jícama* lange Zeit im Kühlschrank aufbewahren. Am besten schmeckt sie roh in Salaten.

Käse

Der Hauptproduzent von mexikanischem Käse in Nordamerika ist Cacique, dessen Produkte man dort in lateinamerikanischen Läden und spezialisierten Lebensmittelgeschäften findet. *Monterey jack*, Cheddar usw. lassen sich notfalls durch andere Käsesorten ersetzen, der Geschmack des Gerichtes wird dann allerdings von der Originalzubereitung etwas abweichen.

Asadero Ein milder, weicher Käse mit dem Aroma von Provolone und der Konsistenz von Mozzarella. *Asadero* eignet sich gut zum Kochen. Da er schnell schmilzt, wird er gern für die Zubereitung von *quesadillas* und *enchiladas* verwendet. Man kann ihn durch Mozzarella oder Provolone ersetzen.

Cotija Ein gereifter, abgelagerter, vollaromatischer Hartkäse, vergleichbar mit Parmesan. *Cotija* verwendet man – in kleine Würfel geschnitten oder zerbröckelt – für *enchiladas*, Salate oder Bohnengerichte. Als Ersatz eignen sich Feta, Parmesan oder ausgereifter *Monterey jack*.

Jalapeño jack Monterey-jack-Käse (siehe unten) mit Chillies. Bei uns kaum erhältlich. Man kann ihn zur Not durch einen halbweichen, gepfefferten Käse ersetzen.

Manchego Ein würziger, ausgereifter Hartkäse, aus Schafmilch hergestellt, der sich hervorragend für Schmorgerichte, *quesadillas* und Sandwiches eignet. Generell auch bei uns erhältlich. Notfalls läßt er sich durch weißen Cheddar, Emmentaler oder Gouda ersetzen.

Monterey jack Halbweicher, relativ milder Käse, der in Oregon produziert wird und bei uns kaum erhältlich ist. Man kann ihn durch Bel Paese oder Fontina ersetzen.

Oaxaca In Geschmack und Konsistenz ähnelt er Mozzarella. Er wird in Mexiko in langen Strängen angeboten, die zu Bällen geformt sind und bei Kindern als Imbiß großen Anklang finden. *Oaxaca* (ausgesprochen: wa-ha-ka) schmilzt schnell und schmeckt besonders gut in *quesadillas* und *enchiladas*. Man kann ihn durch Mozzarella ersetzen.

GLOSSAR

Queso fresco Ein würziger, krümeliger Frischkäse, den man zum Kochen oder als Tafelkäse verwendet. Er läßt sich durch Feta ersetzen.

Ranchero Dieser Vollmilch-Frischkäse eignet sich sowohl als Tafelkäse als auch zum Kochen. *Ranchero* läßt sich leicht zerbröckeln und ähnelt im Geschmack dem *Monterey jack*. Er schmeckt am besten, wenn man ihn zerbröckelt und über *huevos rancheros*, Bohnen oder *tacos* streut oder in die Füllung von *chiles rellenos* und *enchiladas* mischt.

Kaktusfeigen Die purpurroten, birnenförmigen Früchte des Feigenkaktus *(Opuntia ficus-indica)* sind im Südwesten der USA das ganze Jahr über, bei uns leider nur im Sommer erhältlich. Man kann die Frucht nur geschält genießen (Handschuhe tragen!). Zum Schälen an beiden Enden einen Deckel abschneiden, die Schale von oben nach unten einmal einritzen und rundherum abziehen. Das Fruchtfleisch enthält harte schwarze Kernchen, die man vor dem Verzehr beziehungsweise vor der Zubereitung entfernen muß. Man kann das Fruchtfleisch entweder zerteilen und die Kerne entfernen oder pürieren und durch ein Sieb passieren. Die Kaktusfeige ähnelt mit ihrem süßen, feinen Aroma im Geschmack einer Melone. Man sollte weiche, aber nicht überreife Früchte von dunklem Rot auswählen. Grüne Kaktusfeigen läßt man bei Zimmertemperatur liegen, bis sie sich rot gefärbt haben. Ausgereift kann man sie im Kühlschrank aufbewahren.

Konservieren/Einwecken Heiße, sterilisierte Gläser sind eine wichtige Voraussetzung. Dafür gibt man die Gläser, Deckel und Ringe in einen Topf, bedeckt sie mit heißem Wasser und läßt sie zugedeckt 10 Minuten kochen. Den Herd abschalten und die Gläser bis zum Gebrauch im Wasser lassen. Zum Abtropfen umgekehrt auf ein sauberes Küchentuch stellen.
Marmeladen und Gelees lassen sich luftdicht mit einer Paraffindecke verschließen. Dafür läßt man Paraffin in einer sauberen Blechdose im Wasserbad schmelzen, deckt das Einmachgut mit zugeschnittenem Pergamentpapier ab und füllt das Glas mit dem flüssigen Paraffin auf. Das Wachs fest werden lassen, dann das Glas mit Zellophan bedecken und dieses mit einem Gummiring befestigen.

Koriandergrün Grünblättriges Kraut des Koriander, auch *cilantro*, Blattkoriander, Wanzenkraut oder Chinesische Petersilie genannt, das die Spanier nach Mexiko brachten. Koriander gehört zu den auf der Welt am weitesten verbreiteten Kräutern; man verwendet ihn in den Küchen Mexikos ebenso wie in denen der Karibik und Asiens, vor allem Indiens. Die dunkelgrünen Korianderblätter besitzen einen aromatischen, süßlichen Geschmack. Sie verleihen *salsas* und anderen Gerichten ein unverwechselbares Aroma. Beim Kauf von Koriandergrün sollte man darauf achten, daß die Blätter nicht welk und von gleichmäßiger dunkelgrüner Farbe sind. Koriandergrün läßt sich im Kühlschrank aufbewahren: Man spült es ab, wickelt in Küchenpapier und gibt es in einen Gefrierbeutel. Oder man stellt das Koriandersträußchen in ein Glas Wasser und deckt es lose mit einer Plastiktüte ab.

Koriandersamen Die getrockneten, pfefferkornähnlichen Früchte der Korianderpflanze besitzen einen angenehmen Geschmack. Man verwendet die ganzen Körner zum Einlegen von Gemüse. Gemahlen sind sie für Backwaren, vor allem für die Weihnachtsbäckerei, oder zum Würzen diverser Speisen geschätzt.

Kreuzkümmel Getrocknete Samen einer petersilienähnlichen Pflanze *(Cuminum cyminum)*. Kreuzkümmel besitzt ein würziges, scharfes, bitterdurchdringendes nußartiges Aroma und wird häufig unter *chili powders* und Currypulver gemischt. Er ist auch bei uns in Gewürz- oder Orientläden erhältlich. Man kann ihn als Samen oder zu Pulver vermahlen kaufen. Kreuzkümmelsamen, kurz vor der Zubereitung frisch gemahlen, sind einem vorgemahlenen Produkt in jedem Fall vorzuziehen, denn sie sind wesentlich aromatischer.

Kürbisblüten Blüten der verschiedenen Kürbispflanzen, die seit Jahrhunderten von den Indianern gesammelt werden. Ihre Farbskala reicht von Goldgelb bis Orange. Obwohl jede Kürbispflanze Blüten hervorbringt, sind am schönsten doch die Zucchiniblüten. Falls erhältlich, sollten Sie männliche Blüten verwenden; sie sind größer, weil sie sich nicht zu Früchten entwickeln. Die zarten Blüten sollten am Morgen, bevor sie sich öffnen, gepflückt und nach Möglichkeit am selben Tag zubereitet werden. Mann kann sie in einen leichten Teig tauchen und in heißem Öl ausbacken – einfach so oder mit einer Käsefüllung. Die Blüten sind, ganz oder in Streifen geschnitten, eine attraktive Garnitur für Suppen, Salate und Hauptgerichte. Den Stengelansatz etwa 2½ cm einkürzen. Bei uns bekommt man Zucchiniblüten von Frühling bis Herbst in gutsortierten Gemüseläden oder auf Märkten. Sie lassen sich im Körbchen, auf keinen Fall in einer Plastiktüte, 1–2 Tage im Kühlschrank aufbewahren.

Kürbiskerne/Pepitas Enthülste dunkelgrüne Kürbiskerne, geröstet und gesalzen, sind eine köstliche Knabberei. Die knackigen, aromatischen *pepitas* schmecken aber auch in Salaten und Hauptgerichten. Gemahlen gibt man sie in *moles* und Saucen. Kürbiskerne bekommt man bei uns unter anderem in Reformhäusern, Naturkostläden oder gutsortierten Lebensmittelabteilungen großer Kaufhäuser.

Mais Eine in Nordamerika heimische Pflanze *(Zea mays)* und traditionelles Nahrungsmittel der meisten Pueblo-Indianer. Dem Mais wird von vielen Indianerstämmen große symbolische Bedeutung beigemessen. So repräsentieren die sechs verschiedenen Farben der Maiskörner (Gelb, Weiß, Rot, Blau, Schwarz und Gesprenkelt) in einigen Pueblo-Kulturen jeweils eine dieser Richtungen: Norden, Süden, Osten, Westen, oben und unten. Aus getrockneten Maiskörnern wird *hominy*, *masa harina* und Maismehl (siehe unten) hergestellt. Frischen Zuckermais, der in den Sommermonaten geerntet wird, sollte man möglichst bald nach der Ernte essen, da sich der natürliche Zucker schnell in Stärke umwandelt und die Körner ihre angenehme Süße verlieren. Frische Maiskolben sollten beim Einkauf von den Hüllblättern fest umschlossen sein, hellbraune Fäden und glatte, pralle Körner haben, die in gleichmäßigen, dichten Reihen angeordnet sind.

Maishüllblätter Die Hüllblätter der Maiskolben werden getrocknet und für die Zubereitung von *tamales* und anderen mexikanischen Spezialitäten verwendet. Für die Verwendung in der Küche müssen sie etwa 30 Minuten in heißem Wasser liegen, bis sie weich und geschmeidig sind. Anschließend sind sie eine ausgezeichnete Hülle für Speisen, die gedämpft werden. Getrocknete Maishüllblätter bekommt man bei uns in Spezialitätenläden.

Maismehl Wird aus getrockneten, veredelten Maiskörnern gemahlen. Die Farbe des Maismehls kann je nach verwendeter Maissorte variieren. Gelbes und weißes Maismehl wird häufiger angeboten als blaues. Das blaue Maismehl, das ein intensiveres Aroma hat als gelbes oder weißes, bekommt seine lavendelblaue Farbe, wenn gemahlene blaue Maiskörner (die eigentlich dunkelgrau sind) mit alkalischen Substanzen wie Wacholderasche oder Kalziumkarbonat behandelt werden.

Manchego Siehe Käse.

Masa Das Wort bedeutet »Teig«. Aber *masa* ist ein spezieller Teig, der aus getrockneten Maiskörnern hergestellt wird, die zuerst gekocht, über Nacht in Kalklauge eingeweicht und dann püriert werden. Aus diesem Teig werden Tortillas oder *tamales* zubereitet. Er muß innerhalb weniger Tage verarbeitet werden, weil er leicht verdirbt. *Masa* bekommt man in Amerika als Fertigprodukt frisch oder gefroren in Latino-Märkten oder Tortilla-Betrieben. Auch bei uns ist es in manchen Spezialitätenläden zu finden oder auf Vorbestellung zu beziehen (siehe Bezugsquellenverzeichnis).

Masa harina Ein Mehl, das aus getrockneten Maiskörnern hergestellt und, mit Flüssigkeit angerührt, zu Tortillas und *tamales* verarbeitet wird. *Masa harina* läßt sich – luftdicht verschlossen oder im Gefrierfach des Kühlschranks – unbegrenzt aufbewahren und ist über Spezialfirmen erhältlich.

Melasse Sirupartiger Rückstand der Zuckergewinnung aus Rohr- oder Rübenzucker mit leicht bitterem Geschmack. Dunkle Melasse wird zum Kochen, helle als Tafelsirup verwendet.

Mesquite Wild wachsender, robuster Hartholzbaum, der das Landschaftsbild des Südwestens der USA und Nord-Mexikos prägt. Bei den Farmern und Viehzüchtern ist dieser Baum nicht sonderlich beliebt, da er ihre Ernteerträge beeinträchtigt und die Weideflächen verkleinert. Er verhindert jedoch Erosion und dient somit dem Landschaftsschutz. Zudem bietet er Vögeln und anderen Tieren Lebensraum. Seine süßen, johannisbrotartigen Früchte, Algarobe oder auch Schraubenbohne genannt, wurden von den Indianern der Sonora-Wüste auf den Dächern getrocknet, um sie zu Mehl zu mahlen und daraus Brote zu backen. Heute wird das dunkel getönte Holz des Mesquite-Baumes nicht nur von Zimmerleuten und Tischlern, sondern auch von Köchen geschätzt, denn Mesquite-Holzkohle verleiht Gegrilltem ein unverwechselbares Aroma.

Monterey jack Siehe Käse.

New Mexico chili Siehe Chillies, getrocknete.

New Mexico green chili, New Mexico red chili Siehe Chillies, frische.

Nopales Die Farbtöne der fleischigen, ovalen Sprossen oder »Blätter« des stacheligen Feigenkaktus reichen von Hell- bis Dunkelgrün. Die kleineren dunkelgrünen Sprossen sind am zartesten, ihr Geschmack ähnelt dem grüner Bohnen. Von den frischen *nopales* vorsichtig (Handschuhe tragen!) die Stacheln samt den Höckern, in denen sie festsitzen, mit einem scharfen Messer entfernen, die verdickte Basis und die Ränder abschneiden und das Fleisch in Würfel oder Scheiben schneiden. *Nopales* verwendet man für Salate, *salsas*, Gemüse- und Eiergerichte. Frisch sind sie bei uns kaum erhältlich. Man kann sie durch *nopalitos* (siehe nachfolgend) ersetzen.

Nopalitos In Würfel oder in Scheiben geschnittene *nopales*, die in Dosen oder im Glas in Spezialgeschäften (siehe Bezugsquellenverzeichnis) erhältlich sind.

Oaxaca Siehe Käse.

Paprikaflocken, getrocknete rote Siehe Chillies, getrocknete.

Pepitas Siehe Kürbiskerne.

Pinienkerne/Piñones Samen aus den Zapfen der Pinie, die im Südwesten *piñon* heißt und der Wappenbaum New Mexicos ist. Geschälte Pinienkerne ähneln kleinen weißen Maiskörnern. Sie sind weich im Biß, besitzen ein angenehmes Aroma und sind leider nicht ganz billig. Meist werden sie geröstet, bevor sie Suppen, Saucen, Salaten, Desserts, Vorspeisen und Hauptgerichten zugegeben werden. Die Indianer zermahlen frische Pinienkerne und mischen sie unter das Mehl für ihren Brotteig. Italienische Pinienkerne *(pignolas)* sind ein guter Ersatz.

Poblano chili Siehe Chillies, frische.

Queso fresco Siehe Käse.

Ranchero Siehe Käse.

Red hot pepper sauce In Flaschen erhältliche scharfe Sauce aus roten Chilischoten. Am bekanntesten ist die überall erhältliche Tabasco-Sauce.

Rinderbrühe Siehe Brühe, Rinder- und Hühnerbrühe.

Rösten von Nüssen Geröstete Nüsse haben ein intensiveres Aroma, eine dunklere Farbe und sind knackiger. Zum Rösten werden die Nüsse auf einem Backblech ausgebreitet und im Abstand von 15 cm für etwa 3–5 Minuten unter den Grill geschoben. Dabei die Nüsse häufig wenden, damit sie gleichmäßig goldbraun werden. Man kann sie aber auch im Backofen rösten oder in einer beschichteten Pfanne (ohne Fett).

Serrano chili Siehe Chillies, frische.

Sonnenblumenkerne Die Samen der Sonnenblume werden seit Jahrhunderten von den Indianern ganz oder gemahlen verwendet. Sonnenblumenkerne sind geschält, ungeschält und geröstet im Handel. Kauft man sie ungeschält, muß man ihre schwarzweiß gestreifte Schale entfernen. Die getrockneten gerösteten Sonnenblumenkerne geben Salaten, Sandwiches, Saucen, Suppen, Gemüsen, Backwaren und Hauptgerichten ein köstliches Aroma und einen besonderen Biß.

Tequila Klarer Likör, der ursprünglich aus Tequila in Mexiko stammt und aus dem süßen Saft der mittelamerikanischen Agave *(Agave tequilana)* destilliert wird. Tequila hat einen hohen Alkoholgehalt von gewöhnlich 38–44 Vol.-% und wird im Südwesten für die Zubereitung vieler beliebter Drinks verwendet, speziell auch für Margaritas.

Tomatillo Nachtschattengewächs der Gattung Physalis *(Physalis philadelphica)*, das in Mexiko heimisch ist. Eine süß-säuerlich schmeckende Frucht mit einem zarten Hauch von Zitrone und Apfel. *Tomatillos* sehen wie kleine grüne Tomaten aus. Sie sind von einem dünnen, papierartigen braunen Kelch umgeben und werden auch *tomates verdes* genannt. Die Beeren sind bei uns frisch kaum erhältlich. Man bekommt sie jedoch in Dosen in Spezialgeschäften (siehe Bezugsquellenverzeichnis). Roh werden sie in Salaten und frischen *salsas* verwendet, gekocht in Suppen und Saucen.

Tortilla Dünner, runder Teigfladen, der mit der Hand, mit dem Nudelholz oder in der Tortilla-Presse geformt und in einer heißen Pfanne oder auf dem Grill geröstet wird. Tortillas, das Brot von Mexiko, gibt es in einer Vielzahl von Größen und Farben, je nachdem, aus welchem Mehl sie hergestellt sind. Zu Weihnachten sind im Südwesten Tortillas in den Farben Rot und Grün besonders beliebt, sie werden allerdings mit Hilfe von Lebensmittelfarben hergestellt. Die gelben Mais-Tortillas werden aus frischer *masa* oder aus einem Teig aus getrockneter *masa harina* und Wasser zubereitet. Die weißen Weizenmehl-Tortillas entstehen, wie der Name schon sagt, aus einem Weizenmehlteig; sie sind vor allem im nördlichen Mexiko und im südlichen Arizona, Gebieten mit großen Weizenfeldern, beliebt. Tortillas werden täglich frisch hergestellt und noch warm verkauft. Man findet sie überall im Südwesten und in den Gegenden der Vereinigten Staaten mit einer spanischsprechenden Minderheit. Handgemachte Tortillas bekommt man nur noch in einigen Restaurants und auf besonderen Märkten; meistens werden sie heute maschinell hergestellt. Während in den USA nahezu alle Lebensmittelläden Tortillas zumindest tiefgefroren anbieten, findet man sie bei uns bisher noch selten; die Lebensmittelabteilungen großer Kaufhäuser sowie Feinkostgeschäfte verfügen meist nur über eine kleinere Auswahl von Tortilla-Chips in verschiedenen Geschmacksrichtungen. In Spezialitätenläden sind Tortillas jedoch zu bekommen (siehe Bezugsquellenverzeichnis). Es lohnt sich also, eine Tortilla-Presse anzuschaffen oder sich die Herstellung der Fladen dadurch zu erleichtern, daß man den Teig zwischen Plastikfolien oder Backpapier mit dem Nudelholz ausrollt. Man backt die Tortillas in einer beschichteten Pfanne ohne Fettzugabe so lange, bis sie auf beiden Seiten braun gesprenkelt, aber noch weich sind.

Vanilleschote Die etwa handlange Frucht einer immergrünen Kletterorchidee *(Vanilla planifolia)*, die lianenähnlich in amerikanischen Tropenwäldern wächst und von den Azteken zuerst gezüchtet wurde. Die Vanilleblüten müssen künstlich bestäubt und per Hand gelesen werden, das verursacht den hohen Preis der Schoten und der reinen Vanille-Essenz. Nach der Ernte läßt man die Schoten trocknen und an der Luft fermentieren, die eingeschrumpften Schoten sind dann dunkelbraun und haben ein intensives, süß duftendes, feines Aroma. Mit den ganzen Schoten werden Speisen wie Saucen, feine Cremes oder Speiseeis aromatisiert; sie müssen etwa eine halbe Stunde in der heißen Zubereitung ziehen. Ein intensiveres Aroma wird erreicht, wenn man die Schoten aufschlitzt und das Mark ausschabt, das man Cremes, Süßspeisen, Backwaren, Saucen und vor allem Zubereitungen mit Schokolade zufügt, denn Vanille unterstreicht das Schokoladenaroma ganz besonders kräftig. Wer die Schoten im ganzen zugibt, kann sie nach Gebrauch trocknen lassen und wiederverwenden. Sie werden dann in Klarsichtfolie gewickelt und in einem Glas im Kühlschrank aufbewahrt. Vanilleschoten werden im Handel in Glasröhrchen angeboten.

Vanillezucker herstellen: Eine Schote, die man bereits zum Aromatisieren verwendet hat – ganz oder auch aufgeschlitzt – trocknen lassen und zusammen mit 250 g Kristall- oder 125 g Puderzucker in ein fest verschließbares Glas füllen. Nach einigen Tagen hat der Zucker das Vanille-Aroma angenommen und läßt sich fast unbegrenzt lange aufbewahren.

Wacholderbeeren Die reifen blauen Früchte des Wacholderbaumes werden in der Regel getrocknet und zum Würzen von deftigen Gerichten wie Eintöpfen, für Marinaden, Füllungen und Saucen verwendet. Auch Gin wird aus Wacholderbeeren gebrannt. Man sollte die Beeren leicht zerdrücken, damit sie ihr angenehm würziges, bitter-süßes Aroma voll entfalten können. Wacholderbeeren werden in den Gewürzregalen von Lebensmittelgeschäften, Supermärkten und Kaufhäusern angeboten.

Zucchiniblüten Siehe Kürbisblüten.

Bezugsquellennachweis

Fordern Sie bei den genannten Anschriften Produkt- und Preislisten an (frankierten Rückumschlag beilegen).

La Tortilla
Inh. Jesús Nevaréz
Achentalstr. 10
81671 München
Tel. 0 89/40 51 78
Fax 0 89/49 65 66

El Taco
Mendoza & Ammann
Eppinghofer Str. 124
45468 Mühlheim an der Ruhr
Tel. 02 08/47 11 39

Gewürzhaus Alfred Ewert
Internationale Spezialitäten
Weender Str. 84
37073 Göttingen
Tel. 05 51/5 70 20

Gewürzhaus Alsbach
An der Staufenmauer 11
60311 Frankfurt am Main
Tel. 0 69/28 33 12

Gärtnerei Kräuterzauber
Auf dem Berg
27367 Horstedt

Postanschrift:
Daniel Rühlemann
Am Himpberg 32
27367 Stuckenborstel
Fax 0 42 64/22 30

Mexiko-Haus
Gaedke GmbH
Import-Export
Wichmannstr. 4
22607 Hamburg
Tel. 0 40/89 46 84

Mex-Al
Feldchen 12
52070 Aachen
Tel. 02 41/91 18 37

Taste of America
Leonrodstr. 46
80636 München
(Versand nur bei größeren Bestellungen)

KaDeWe
Lebensmittelabteilung
Tauentzienstr. 21–24
10789 Berlin
Tel. 0 30/2 13 24 55

Erläuterungen zu den Vignetten

INHALT
Obwohl der Stil dieses Pferdemotivs an prähistorische Malerei erinnert, wurde es erst 1938 vom Stamm der Qahatika auf ein Kochgeschirr aus rotem Lehm gemalt. Ein besonderes Kennzeichen der Stämme im südlichen Arizona sind ihre polierten roten Töpferwaren, die sie im Laufe der letzten hundert Jahre entwickelten.

EINFÜHRUNG
Die in den Pueblos lebenden Gemeinschaften erreichten schon in prähistorischer Zeit ein für Nordamerika einzigartig hohes Kulturniveau. Ihre Töpferkunst reichte weit über den Rang bloßer Gebrauchsware hinaus. Die religiösen Verfolgungen, denen die Bevölkerung des Rio-Grande-Tals ausgesetzt war, zwangen die Pueblo-Einwohner, ihre Riten und die damit verbundenen Kunstformen versteckt und verschlüsselt auszuüben. Deswegen begannen die Maler von Töpferwaren, rituelle Symbole mit den dekorativen Mustern, mit denen sie ihre Alltagsware verzierten, zu verbinden. Einfachheit und Zurückhaltung kennzeichnen dieses Vogelmotiv auf einem um 1770 entstandenen farbigen Acomita-Krug der Laguna-Pueblo-Stilrichtung.

DIE WÜSTEN DES SÜDWESTENS
Die Pima, ein Indianerstamm, der bevorzugt an Flüssen lebte und aus den Bereichen der Sonora-Wüste, die zu Arizona und Mexiko gehören, stammte, sind weithin bekannte Korbflechter. Ihre Körbe werden wegen der Ausgeglichenheit, Symmetrie und Finesse der Muster hochgeschätzt. Dieses seltene Schmetterlingsflügel-Motiv aus einer geflochtenen Eßschale geht auf ein uraltes Muster zurück.

ZENTRALES HOCHLAND
Die Apachen-Frauen waren geschickte Korbmacherinnen; vor allem die im Westen wohnenden Stämme stellten Körbe mit äußerst kunstvollen Ornamenten her. Die ursprünglichen Muster waren rein geometrisch. Doch seit sich Sammler für ihre Kunst interessierten, begannen die Apachen, ausgefallenere Muster zu flechten wie dieses, das auf einer Korb-Plakette aus dem Jahr 1950 dargestellt ist. Im Vordergrund stehen männliche und weibliche Figuren, was darauf hindeutet, daß der Korb zum Verkauf bestimmt war.

DAS COLORADO-PLATEAU
Die Anasazi, was in der Sprache der Navajos »die Altehrwürdigen« heißt, entwickelten sich aus einem Stamm von Höhlenbewohnern und Nahrungssammlern zu einem Kulturvolk, das höchste landwirtschaftliche und architektonische Leistungen vollbrachte. Die ersten Anfänge der Anasazi-Töpferei dürften um das Jahr 700 n. Chr. zu datieren sein; bis zum Jahr 1150 hatte der Stamm die Töpferkunst so hoch entwickelt, daß man fast jede Art von Schüsseln, Krügen, Bechern und Schöpfkellen für den täglichen Gebrauch herstellen konnte. Die Bildersprache der Anasazi, die oft sorgfältig ausgearbeitet auf der Töpferware angebracht wurde, ist normalerweise nicht figurativ, sie enthält festgefügte, geometrische Muster, die sich mit symmetrischer Regelmäßigkeit wiederholen.

DAS RIO-GRANDE-BECKEN
Die Stämme der Mogollon-Kulturen im Mimbres-Tal von Mexiko schufen Töpferwaren, die in der Vorzeit des Südwestens einzigartig waren. Die Künstler des 11. und 12. Jahrhunderts malten phantasievolle Szenen auf die Innenflächen von Schüsseln, die sie mit neuartigen Tier- und Menschenmotiven bereicherten. Viele der Mimbres-Schüsseln waren Grabbeigaben und in der Mitte des Bodens durchlöchert, das heißt symbolisch »getötet«, um den Geist der gemalten Figur freizulassen.

DAS RIO-GRANDE-TAL
Dieses Motiv stammt von einem Lampenschirm aus Keramik, der zwischen 1940 und 1960 entstand und für den Tewa-Pueblo in New Mexico typisch ist. Der Tewa-Stamm kann auf eine lange Geschichte zurückblicken. Er zählt zu den wenigen Kulturen der Neusteinzeit, die Glasuren für Keramik herstellen konnten. Obwohl die Kunst des Glasierens 1700 ausstarb, entwickelten die Töpfer in den Pueblos eine Reihe von Stilen und Mustern, die bis zum Bau der Eisenbahn 1880 von der Außenwelt relativ unbeeinflußt blieben.

DER LLANO ESTACADO
Die Kunstgegenstände der Apachen sind fast ausnahmslos Spiegelbild der Unabhängigkeit des Stammes und seines Nomadenlebens: Meist gewinnt die Funktion die Oberhand über die Form. Während die meisten Motive immer wieder zu finden sind, ist dieses Symbol, das das Wildlederhemd eines Medizinmannes schmückt, einzigartig und in der traditionellen Kunst sonst nicht zu finden. Diese Hemden galten als heilig, sogar als übernatürlich.

DIE GRENZREGIONEN
Dieses Keramikmotiv stammt aus einer präkolumbischen Ausgrabungsstätte in Casas Grandes im Norden des mexikanischen Bundesstaates Chihuahua. Es erinnert sowohl an die Muster der Mogollon-Töpfer der Zentralen Hochebenen als auch an die der Anasazi aus der Four-Corners-Region. Aus diesen Ähnlichkeiten leiten die Wissenschaftler ab, daß die Ansiedlungen im Südwesten und in Nord-Mexiko im 11. Jahrhundert sehr engen Kontakt miteinander hatten.

Danksagung

Barbara Pool Fenzl dankt vor allem ihrem Ehemann Terry und ihren drei Kindern Allison, Andrew und Ashley für ihre Geduld, ihr Verständnis und ihre Hilfe beim Entstehen dieses Buches. Sie dankt ebenfalls Linda Hopkins, Susan Begin und Patty Hart für ihre Hilfe beim Testen von Rezepten sowie den Schülern der Les Gourmettes Cooking School für ihre Ermutigung und Unterstützung.

Norman Kolpas möchte auf diesem Weg John Sedlar danken.

Die Verleger und Fotografen danken den folgenden Personen und Organisationen für ihre Hilfe bei der Vorbereitung dieses Buches:

John Harrison, Sigrid Chase, Anne Greensall, Richard Van Oosterhout, Dawn Low, Janique Poncelet, Tori Ritchie, Fee-ling Tan, Jonette Banzon, Patty Hill, Angela Williams, Laurie Wertz, Wendely Harvey, Roger Smoothy, Jennifer Mullins, Jennifer Hauser, Bruce Bailey, Bob Firken. Besonderer Dank gilt Derith Bogard, die Requisiten aus ihrer Privatsammlung auslieh; The Red Rooster, Whitney Arnold, Scottsdale, Arizona, dem wir die Requisiten für die Schutzumschlag-Fotos verdanken; Bill und Jan Frieder, die freundlicherweise ihre Hazienda für den Hintergrund des Schutzumschlag-Fotos zur Verfügung gestellt haben; Barbara Pool Fenzl für ihre Hilfe bei den Fotoarbeiten vor Ort; Mike und Robin Showers von The Robin's Nest, Fred Cly, Duane Salisbury und David Salisbury.

Bildnachweis

Der Verlag dankt den folgenden Fotografen und Organisationen für die Erlaubnis, ihre Fotos in diesem Buch zu veröffentlichen.
u = unten, o = oben

Allstock/Greg Probst 23, 84; Allstock/James Randklev 23o; Allstock/David Muench 33; Allstock/David Barnes 86; Allstock/Tom Benoit 88u; Allstock/Tom Bean 91, 155; Allstock/Liz Hymans 148–149. Armstrong Roberts/G. Ahrens 14; H. Armstrong Roberts/David Muench 18; H. Armstrong Roberts/P. Kresan 26–27; H. Armstrong Roberts/F. Sieb 30; H. Armstrong Roberts/Craig Aurness 37o; H. Armstrong Roberts/E. Cooper 87; H. Armstrong Roberts/T. Algire 202–203. Australian Picture Library/Leo Meier 19o, 178–179, 182, 183, 206. John Callanan 95o, 154o. Lois Ellen Frank 36, 37u. FPG International/Lee Kuhn 20; FPG International/David Noble 82–83; FPG International/Farrell Grehan 154u; FPG International/Scott Fischer 187; FPG International/G. Randall 204; FPG International/Ron Thomas 207. Bruce Hands 25. Catherine Karnow 95u. David Muench 2–3, 12–13, 15, 19u, 21, 56–57, 61, 90, 124, 127, 131u, 150, 153. Tom Stack & Associates/John Cancalosi 32. Larry Stoiser 10. Tony Stone Worldwide/Donovan Reese 6–7; Tony Stone Worldwide/Rick Rusing 28; Tony Stone Worldwide/David Carriere 31; Tony Stone Worldwide/Cliff Hollenbeck 65u; Tony Stone Worldwide/Bob Thomason 94; Tony Stone Worldwide/David James 122–123; Tony Stone Worldwide/Kane Palmer 126; Tony Stone Worldwide/Danny Lehman 180; Tony Stone Worldwide/Keith Wood 209. Harold Sund 17, 23u, 24, 58, 60, 64, 65o, 88o, 89, 130, 131o, 152, 156, 157, 160, 161o, 161u, 186o, 186u, 208, 212, 213o, 213u, Vorsatz.

REGISTER

Ziffern in *Kursivschrift* beziehen sich auf die Abbildungen.

Achiote 234
Anaheim-Chili 234
Ananas-Salsa *200–201*, 201
Ancho-Chili 235
Anissamen 234
Äpfel
    Apfelkuchen mit Jalapeño-Gelee 215, *215*
    Apfel-Sorbet *228*, 229
    Kalte Apfelsuppe 76–77, *77*
    Kürbis-Apfel-Muffins 138, *138*
Aprikosen-Pekannuß-Törtchen 218, *218–219*
Asadero-Käse 235
Auberginen mit Tomaten aus dem Ofen 168, *169*
Ausgebackene Cocktail-Chillies *54–55*, 55
Ausgebackene Kürbisblüten 174, *175*
Ausgebackene Maisküchlein *166–167*, 167
Ausgebackene scharfe Zwiebelringe *166*, 167
Ausgebackene Teigkissen 136, *137*
Ausgebackenes indianisches Brot 132, *132–133*
Avocados
    Avocado-Mais-Salsa 51, *51*
    Avocadobutter 196, *196*
    Avocadonudeln 145, *145*
    Guacamole *184*, 191
    »Törtchen« aus Garnelen, Avocados und Tomaten mit Kaviar 49, *49*
    Tostaditas mit Huhn, Paprika und Avocado 54, *54–55*
»Aztekischer Kalender« 46, *46–47*

Bananen-Crêpes mit Papaya- und Erdbeer-Salsa 224, *224*
Blattsalat mit Chayote und Chorizo 42, *42–43*
Blaubeeren-Mais-Muffins, in Maisblättern gebacken *140*, 141
Bohnen 235
    Bohnengemüse *170–171*, 171
    Bohnenpüree 163, *163*
    Chalupa 101, *101*
    Chili mit schwarzen Bohnen 70, 71
    Chili sin carne 80, *80–81*
    Fladen aus schwarzen Bohnen 8, *162*
    Grüne Bohnen mit Pinienkernen *172*, 173
    Maissalat mit Lima-Bohnen 48, *48*
    Pinto-Bohnen-Dip 44, *45*
    Salat aus schwarzen Bohnen, Mais und gerösteten Kürbiskernen *42*, 43
    Schwarze Bohnen 8, *162*
    Schwarze-Bohnen-Suppe *63*, 80
    Schwarze-Bohnen-Torte *164–165*, 165
    Weißer Chili 70, *71*
Bratkartoffeln mit grünen Chillies 172, *173*
Brühe 234
Bunter Krautsalat 52, *52*
Burritos
    Chimichangas mit Rindfleisch-Machaca 100, *101*
    Frühstücks-Burritos 102, *102–103*
Buttermischungen
    Avocadobutter 196, *196*
    Grüne Chili-Butter *159*, 172
    Pekannuß-Honig-Butter 138, *138–139*
Butternut-Kürbis-Suppe *62*, 79

Cäsar-Salat auf Südwest-Art 44, *44*
Cayenne-Chili 235
Chalupa 101, *101*
Chayoten 234
    Blattsalat mit Chayote und Chorizo 42, *42–43*
    Chayoten in Sahnesauce *158*, 176
Chile de árbol 235
Chili mit schwarzen Bohnen 70, 71
Chili powder 235
Chili sin Carne 80, *80–81*
Chillies
    Ancho-Chili-Sauce 99, *99*
    Ausgebackene Cocktail-Chillies *54–55*, 55
    Ausgebackene Maisküchlein *166–167*, 167
    Chili-Ketchup 189, *189*
    Chili-Nudeln 144, *144*
    Chili-Vinaigrette 112, *112*
    Cranberry-Chili-Sauce 116, *116–117*
    Eierauflauf mit Chillies 102, *103*
    Gefüllte Chillies 170, *170–171*
    Grüne Chili-Butter *159*, 172
    Grüne Chili-Salsa *199*, 199
    Grüne Chili-Sauce *194*, 195
    Grüne Chilisuppe *78*, 79
    Habanero-Pilaw *9*, 169
    Jalapeño-Brötchen 141, *141*
    Jalapeño-Chutney 190, *191*
    Jalapeño-Gelee 192, *192*
    Kürbisgemüse 172, *172–173*
    Poblano-Creme *63*, 66
    Rote Chilisauce 195, *195*
    Schokoladen-Nuß-Kuchen mit Ancho-Chili *210*, 218
    Tortilla-Suppe *73*, 73
    Wodka mit Chillies 232, *232*
Chillies, frische 234
Chillies, getrocknete 234–235
Chiltepín 235
Chimichangas
    Chimichangas mit Rindfleisch-Machaca 100, *101*
    Schokoladen-Chimichangas 217, *217*
Chipotle 235
Chorizo 235
    Blattsalat mit Chorizo und Chayote 42, *42–43*
    Frühstücks-Burritos 102, *102–103*
    Maisbrot-Chorizo-Füllung 136, *136*
    Mexikanische-Wurst-Eier-Torte *114*, 115
Cilantro 236
Cotija-Käse 235
Cranberries
    Cranberry-Chili-Sauce 116, *116–117*
    Cranberry-Kaktusfeigen-Torte 220, *221*
    Cranberry-Salsa 110, *111*
Crêpes 224, *224*

Datteln
    Dattel-Streusel-Kuchen 222, *222*
    Orangen-Dattel-Muffins 140, *140*
Dip aus gerösteten roten Paprikaschoten 45, *45*

Eier
    Eier nach Rancher-Art *114*, 115
    Eier und Tortillas in Tomatillo-Sauce 114, *114*
    Eierauflauf mit Chillies 102, *103*
    Mexikanische Wurst-Eier-Torte *114*, 115
    »Teufels-Eier« *35*, 46

Elchfleisch-Chili 75, *75*
Enchiladas
    Enchiladas mit Hühnerfleisch und Tomatillo-Salsa 96, *97*
    Enchiladas mit Truthahnfleisch und Sahnesauce 110, *111*
    Geschichtete grüne Enchiladas 133, *133*
    Rote Enchiladas 142, *143*
Entenbrüste mit Wacholderbeeren und Rotweinsauce *4*, 120
Epazote 235
Erdbeer-Margarita-Sorbet 226, *227*
Erdbeersalsa 224, *224*
Espresso-Zimt-Eis 226, *226*

Fajitas 96, *97*
Festlicher Reissalat 44, *44*
Fladen aus schwarzen Bohnen 8, *162*
Forelle
    Forelle im Pekannuß-Mantel 118, *119*
    Marinierte Forellen 118, *118–119*
Frijoles 235
Fritierte, pikante Süßkartoffeln 166, *166*
Frühstücks-Burritos 102, *102–103*

Garnelen, siehe Krustentiere
Gazpacho 76, *77*
Gazpacho-Salat 38, *38*
Gebratene gefüllte Wachteln *4*, 102
Gedämpfter Broccoli mit grüner Chili-Butter *159*, 172
Gedünstete Cocktailtomaten mit Tequila *159*, 168
Gefüllte Chillies 170, *170–171*
Gefüllte Garnelen mit Cotija und Koriandergrün 49, *49*
Gefüllte Hühnerbrust mit Käse und Paprika 106, *106*
Gefülltes Rinderfilet mit Ancho-Chili-Sauce 99, *99*
Gegrillte Maiskolben *9*, 177
Gegrillte Spareribs *108–109*, 109
Gegrilltes Kaninchen mit Achiote-Paste *92*, 118
Gegrilltes Zicklein *93*, 108
Gekochte Maiskolben *9*, 177
Gemüse-Tamales 142, *142–143*
Geräucherter wilder Truthahn 110, *111*
Geschichtete grüne Enchiladas 133, *133*
Gewürzmischung »Südwest« *184–185*, 196
Glasierte Bananen 224, *224*
Grand-Marnier-Sauce 224, *224*
Grapefruit-Champagner-Sorbet 227, *227*
Grüne Bohnen mit Pinienkernen *172–173*, 173
Grüne Chili-Salsa *199*, 199
Grüne Chili-Sauce *194*, 195
Grüne Chilisuppe *78*, 79
Grüne Mais-Tamales 134, *134*
Grüner Chili *70*, 71
Guacamole *184*, 191
Guajillo-Chili 235

Habanero-Chili 234
Habanero-Pilaw *9*, 169
Heiße mexikanische Schokolade 222, *223*
Hominy 235
    Mais nach Art von Santa Fe 162, *163*
    Posole 78, *78–79*
Huhn
    Enchiladas mit Hühnerfleisch und Tomatillo-Salsa 96, *97*

    Gefüllte Hühnerbrust mit Käse und Paprika 106, *106*
    Grüne Chilisuppe *78*, 79
    Marinierte, gegrillte Hühnerbrust *92–93*, 97
    Nachos mit Hühnercreme 53, *53*
    Quesadillas mit gegrilltem Hühnerfleisch und Papaya 40, *41*
    Tortilla-Suppe *73*, 73
    Tostaditas mit Huhn, Paprika und Avocado 54, *54–55*
    Warme Hühnerbrust mit Ziegenkäsefüllung auf dem Salatbett 120, *121*
    Weißer Chili 70, *71*
Hühnerbrühe 234

Jalapeño-Brötchen 141, *141*
Jalapeño-Chili 234
Jalapeño-Chutney 190, *191*
Jalapeño-Gelee 192, *192*
Jalapeño-jack-Käse 235
Jícama 235

Kaktusfeigen 236
    Cranberry-Kaktusfeigen-Torte 220, *221*
    Kaktusfeigen-Sorbet *228*, 229
    Kaktusfeigengelee 192, *192*
    Rinderschmorbraten mit Orangen-Kaktusfeigen-Sauce 98, *98*
    Weinsauce mit Kaktusfeigen 192, *193*
Kaktussprossen 236
    Mexikanischer Salat 46, *47*
    Rindfleisch-Chili mit Kaktussprossen 74, *74*
Kalte Apfelsuppe 77, *77*
Kalte Tomatensuppe mit Chinakohlstreifen 76, *77*
Kaltes Zitronen-»Soufflé« 214, *214*
Karamel-Creme 220, *229*
Karamelsauce mit Pinienkernen 188, *189*
Kartoffeln
    Bratkartoffeln mit grünen Chillies 172, *173*
    Fritierte pikante Süßkartoffeln 166, *166*
    Pikanter Kartoffelsalat 52, *52*
Käse 235–236
Knoblauchsuppe 68, *68*
Koriandergrün 236
Koriandergrün-Zitrus-Vinaigrette 198, *198*
Koriandersamen 236
Krabbenküchlein mit Avocado-Mais-Salsa 51, *51*
Kreuzkümmel 236
Kreuzkümmelbrot 136, *136*
Krustentiere
    Gefüllte Garnelen mit Cotija und Koriandergrün 49, *49*
    Krabbenküchlein mit Avocado-Mais-Salsa 51, *51*
    Marinierte Garnelen *35*, 40
    Nachos mit Krebsfleisch und gerösteten Paprikaschoten 53, *53*
    Roter Schnapper mit Garnelen *112*, 113
    »Törtchen« aus Garnelen, Avocados und Tomaten mit Kaviar 49, *49*
Kürbis
    Ausgebackene Kürbisblüten 174, *175*
    Butternut-Kürbis-Suppe *62*, 79
    Kürbis mit Mais und Paprika 168, *168*
    Kürbis-Apfel-Muffins 138, *138*
    Kürbisbrot mit Pekannüssen und Sonnenblumenkernen 146, *146–147*

REGISTER

Kürbisgemüse 172, *172–173*
Kürbissuppe mit Limonen-Ingwer-Sahne 69, *69*
Kürbisblüten 236
Kürbiskerne 236
Kürbiskern-Salsa *200*, 201
Salat aus schwarzen Bohnen, Mais und gerösteten Kürbiskernen *42*, 43
Wachtelsalat mit gerösteten Kürbiskernen *4*, 117

Lachs
Lachs auf Lagerfeuerart mit Chili-Vinaigrette 112, *112*
Quesadilla mit Räucherlachsfüllung 38, *38*
Lamm
Lammeintopf nach Art der Navajos 74, *75*
Marinierte, grillte Lammkeule *93*, 105
Tacos mit Lammfleisch *104*, 105

Mais 236
Ausgebackene Maisküchlein *166–167*, 167
Avocado-Mais-Salsa 51, *51*
Blaubeeren-Mais-Muffins, in Maisblättern gebacken *140*, 141
Grüne Mais-Tamales 134, *134*
Kürbis mit Mais und Paprika 168, *168*
Kürbisgemüse 172, *172–173*
Mais-Nachos 53, *53*
Mais-Paprika-Brot 146, *146–147*
Mais-Tortillas *129*, 132
Maisauflauf 168, *168*
Maisbrot-Chorizo-Füllung 136, *136*
Maiskolben, gegrillt und gekocht *9*, 177
Maissalat mit Lima-Bohnen 48, *48*
Maissuppe 66, *67*
Maistörtchen mit Salsa *54*, 55
Maishüllblätter 236
Maismehl 236
Manchego-Käse 235
Margarita 233, *233*
Margarita-Marmelade *192*, 193
Margarita-Roulade 214, *214*
Marinierte Forelle 118, *118–119*
Marinierte Garnelen *35*, 40
Marinierte Thunfischsteaks 113, *113*
Marinierte, grillte Büffellende *108*, 109
Marinierte, grillte Hühnerbrust *92–93*, 97
Marinierte, grillte Lammkeule *93*, 105
Masa 236
Masa harina 236
Melasse 236
Mesquite 236
Mexikanische Pizza 50, *50*
Mexikanische Schokoladensauce *188*, 189
Mexikanische Schokoladentorte *216*, 217
Mexikanische Wurst-Eier-Torte *114*, 115
Mexikanischer Reis *170–171*, 171
Mexikanischer Salat 46, *47*
Mexikanisches Mürbegebäck 226, *227*
Möhren mit saurer Sahne und Koriandergrün 176, *176–177*
Mole 194, *194*
Monterey-jack-Käse 235

Nachos
Mais-Nachos 53, *53*
Nachos mit Hühnercreme 53, *53*
Nachos mit Krebsfleisch und gerösteten Paprikaschoten 53, *53*
New-Mexico-Chili 235

New-Mexico-green-Chili 234
New-Mexico-red-Chili 234
Nopales 236
Nopalitos 236

Oaxaca 235
Orangen-Dattel-Muffins 140, *140*
Orangen-Koriandergrün-Hollandaise 197, *197*
Orangen-Tomaten-Suppe mit Melonen, Blaubeeren und Trauben 72, *72*
Orangenbiskotten *222–223*, 223

Papaya-Salsa 224, *224*
Paprikaflocken, getrocknete rote 235
Paprikaschoten
Dip aus gerösteten roten Paprikaschoten 45, *45*
Kürbis mit Mais und Paprika 168, *168*
Mais-Paprika-Brot 146, *146–147*
Nachos mit Krebsfleisch und gerösteten Paprikaschoten 53, *53*
Rote Paprikasauce 190, *190*
Rote Paprikasuppe mit Poblano-Creme 63, 66
Tostaditas mit Huhn, Paprika und Avocado 54, *54–55*
Pekannüsse
Aprikosen-Pekannuß-Törtchen 218, *218–219*
Forelle im Pekannuß-Honig-Mantel 118, *119*
Kürbisbrot mit Pekannüssen und Sonnenblumenkernen 146, *146–147*
Pekannuß-Honig-Butter 138, *138–139*
Pekannuß-Sauerteig-Waffeln 138, *138–139*
Pepitas 236
Pfannkuchen mit Pinienkernen 141, *141*
Pfirsiche unter der Teigdecke 230, *230*
Pikant mariniertes, gegrilltes Rindfleisch 100, *100*
Pikanter Kartoffelsalat 52, *52*
Pikantes Zucchinigemüse 174, *175*
Pinienkerne 237
Karamelsauce mit Pinienkernen *188*, 189
Pfannkuchen mit Pinienkernen 141, *141*
Pinienkernplätzchen 225, *225*
Römischer Salat mit Pinienkernen 40, *40*
Schweinefilet, gefüllt mit Chili, Käse und Pinienkernen 116, *117*
Piñones 237
Pinto-Bohnen-Dip 44, *45*
Poblano-Chili 234
Posole 78, *78–79*
Powdered Chili 235

Quesadillas mit gegrilltem Hühnerfleisch und Papaya 40, *41*
Quesadillas mit Räucherlachsfüllung 38, *38*
Queso fresco 236

Ranchero-Käse 236
Reis
Festlicher Reissalat 44, *44*
Habanero-Pilaw *9*, 169
Mexikanischer Reis *170–171*, 171
Rinderbrühe 234
Rindfleisch
Chimichangas mit Rindfleisch-Machaca 100, *101*
Fajitas 96, *97*
Gefülltes Rinderfilet mit Ancho-Chili-Sauce 99, *99*

Pikant mariniertes, gegrilltes Rindfleisch 100, *100*
Rinderschmorbraten mit Orangen-Kaktusfeigen-Sauce 98, *98*
Rindfleisch-Chili mit Kaktussprossen 74, *74*
Rote Tamales 135, *135*
Taco-Salat 96, *97*
Tacos mit Hackfleisch 104, *104*
Römischer Salat mit Pinienkernen 40, *40*
Rote Chilisauce 195, *195*
Rote Enchiladas 142, *143*
Rote Paprikasauce 190, *190–191*
Rote Paprikasuppe mit Poblano-Creme 63, 66
Rote Tamales 135, *135*
Roter Schnapper mit Garnelen *112*, 113

Salat aus rohen Meeresfrüchten 38, *39*
Salat aus schwarzen Bohnen, Mais und gerösteten Kürbiskernen *42*, 43
Salat aus Tangerinen, Yamsbohne und Blattsalaten *39*, 39
Salsas
Ananas-Salsa *200–201*, 201
Avocado-Mais-Salsa 51, *51*
Cranberry-Salsa 110, *111*
Erdbeer-Salsa 224, *224*
Grüne-Chili-Salsa 199, *199*
Guacamole *184*, 201
Kürbiskern-Salsa *200*, 201
Papaya-Salsa 224, *224*
Salsa fresca *184*, 201
Tomatillo-Salsa 200, *200–201*
Sangría 231, *231*
Schokolade
Heiße mexikanische Schokolade *222*, 223
Mexikanische Schokoladensauce *188*, 189
Mexikanische Schokoladentorte *216*, 217
Schokoladen-Chimichangas 217, *217*
Schokoladen-Nuß-Kuchen mit Ancho-Chili 210, *218*
Schwarze Bohnen *8*, 162
Schwarze-Bohnen-Torte *164–165*, 165
Schwarze-Bohnen-Suppe *63*, 80
Schweinefleisch
Chalupa 101, *101*
Chili mit schwarzen Bohnen 70, *71*
Grüner Chili 70, *71*
Posole 78, *78–79*
Rote Tamales 135, *135*
Schweinefilet, gefüllt mit Chili, Käse und Pinienkernen 116, *117*
Schweinefilet mit Cranberry-Chili-Sauce 116, *116–117*
Serrano-Chili 234
»Sonnenblumen«-Artischocke *34*, 43
Sonnenblumenkerne 237
Sonnenuntergang in Südwest 233, *233*
Spanische Creme *218–219*, 219
Spinatsalat mit Zitrusfrüchten 48, *48*
Süße »Tacos« *210–211*, 216

Tacos
Bananen-Crêpes mit Bananen- und Erdbeer-Salsa 224, *224*
Taco-Salat 96, *97*
Taco-Sauce *185*, 197
Tacos mit Fisch *104*, 105
Tacos mit Hackfleisch 104, *104*
Tacos mit Lammfleisch *104*, 105
Tamales
Gemüse-Tamales 102, *102–103*
Grüne Mais-Tamales *134*, 134

Rote Tamales 135, *135*
Tamales mit Meeresfrüchten und Chilicreme 106, *106*
Tequila 237
Tequila Sunrise 233, *233*
»Teufels-Eier« *35*, 46
Tomaten
Auberginen und Tomaten aus dem Ofen 168, *169*
Gedünstete Cocktailtomaten mit Tequila *159*, 168
Kalte Tomatensuppe mit Chinakohlstreifen 76, *77*
Orangen-Tomaten-Suppe mit Melonen, Blaubeeren und Trauben 72, *72*
Taco-Sauce *185*, 197
Tomatensauce nach Rancher-Art 190, *190*
»Törtchen« aus Garnelen, Avocados und Tomaten mit Kaviar 49, *49*
Tomatillo 237
Tomatillo-Salsa 200, *200–201*
Tomatillo-Salsa 114, *114*
Tomatillo-Suppe *66–67*, 67
»Törtchen« aus Garnelen, Avocados und Tomaten mit Kaviar 49, *49*
Tortillas 237
Mais-Tortillas *129*, 132
Tortilla-Chips *128*, 132
Tortilla-Suppe 73, *73*
Weizenmehl-Tortillas *128–129*, 137
Tostadas mit Truthahnsalat und Cranberry-Salsa 110, *111*
Tostaditas mit Huhn, Paprika und Avocado 54, *54–55*
Truthahn
Enchiladas mit Truthahnfleisch und Sahnesauce 110, *111*
Geräucherter wilder Truthahn 110, *111*
Tostadas mit Truthahnsalat und Cranberry-Salsa 110, *111*

Überbackene Grapefruithälften 225, *225*

Vanilleeis mit Zimtkruste 220, *220*
Vanilleschote 237

Wacholderbeeren 237
Wachtel
Gebratene gefüllte Wachteln *4*, 102
Wachtelsalat mit gerösteten Kürbiskernen *4*, 117
Warme Hühnerbrust mit Ziegenkäsefüllung auf dem Salatbett 120, *121*
Weinsauce mit Kaktusfeigen 193, *193*
Weiße Sangría 231, *231*
Weißer Chili 70, *71*
Weizenmehl-Tortillas *128–129*, 137
Wildsalami 106, *107*
Wodka mit Chillies 232, *232*
Würziges Gurken-Dressing 198, *198*

Yamsbohne 235
Mexikanischer Salat 46, *47*
Salat aus Tangerinen, Yamsbohne und Blattsalaten *39*, 39

Zucchini
Pikantes Zucchinigemüse 174, *175*
Zucchinifächer mit Kräutern 176, *177*
Zucchinipuffer *164*, 165
Zucchinitorte 174, *175*
Zwiebeln
Ausgebackene scharfe Zwiebelringe *166*, 167
Zwiebelbrötchen 147, *147*